Gonglu Wenhua Jingguan Jianshe Lilun yu Shijian

公路文化景观建设理论与实践

李大勇　王成平　**编著**

人民交通出版社股份有限公司
China Communications Press Co.,Ltd.

内 容 提 要

本书从公路文化景观建设基础问题、公路文化景观建设与公路的关系、公路文化景观建设基本思路、公路文化景观建设基本内容、公路文化景观建设理念创新和技术创新、公路文化景观建设评价和启示、公路文化建设理论探索与思考等方面，多视角分析公路文化景观建设的内在联系，并以西藏拉萨至贡嘎机场专用公路等多项公路文化景观建设案例为样本，具体展示公路文化景观建设谋划决策、策划创意、规划设计、施工营建和管理维护等各个环节取得的成果，总结近年来公路文化景观建设的实践经验，分析存在的共性问题，提出公路文化景观建设发展思路和建议。

本书可供公路文化建设理论研究工作者、公路文化建设单位人员和相关专业领域高校学生参考。

图书在版编目(CIP)数据

公路文化景观建设理论与实践 / 李大勇，王成平编著. —北京：人民交通出版社股份有限公司，2015.1
ISBN 978-7-114-11983-5

Ⅰ.①公… Ⅱ.①李… ②王… Ⅲ.①高速公路-公路景观-建设-研究-西藏 Ⅳ.①U418.9

中国版本图书馆 CIP 数据核字(2015)第 012259 号

书　　名：公路文化景观建设理论与实践
著 作 者：李大勇　王成平
责任编辑：赵瑞琴
出版发行：人民交通出版社股份有限公司
地　　址：(100011)北京市朝阳区安定门外外馆斜街 3 号
网　　址：http://www.ccpress.com.cn
销售电话：(010)59757973
总 经 销：人民交通出版社股份有限公司发行部
经　　销：各地新华书店
印　　刷：北京市密东印刷有限公司
开　　本：720×960　1/16
印　　张：15
字　　数：253 千
版　　次：2015 年 2 月　第 1 版
印　　次：2015 年 2 月　第 1 次印刷
书　　号：ISBN 978-7-114-11983-5
定　　价：46.00 元
(有印刷、装订质量问题的图书由本公司负责调换)

目　　录

第一章　公路文化景观建设概述

第一节　公路文化景观基本概念

一、公路与公路路域

(一)公路

1. 道路

道路最早的含义是“导路”。“道路”之称在周朝时出现。秦朝开始较大规模修筑道路网,道路被称作“驿道”。到了元朝,把道路叫作“大道”。清时,把从皇城到各省会的道路称作“管道”。

历史上也有将区域性的通道用地名称呼,如南方道路的某段,称作“蜀身毒道”(古称印度为“身毒”)、五尺道等。因为马和马车是古代常见的陆上交通工具,故也将道路称作“马路”。至现代,汽车诞生后,用于汽车行驶的道路则称为公路、汽车路。

广义的道路泛指可供人、交通工具通行的主要以岩土为基础的工程设施。按其使用特点分为城市道路、公路、厂矿道路、林区道路及乡村道路等。

2. 公路

公路即公共道路,在我国,一般是指连接城市、乡村和工矿基地之间,主要供汽车行驶并具备一定技术标准和设施的道路。公路主要由路基、路面、桥梁、涵洞、渡口码头、隧道、隔离栅、路面标线、护栏、绿化带、通信、照明、交通标志等设备及其他沿线设施组成,属于现代社会最重要的基础设施之一。

《中华人民共和国公路管理条例》(1987年10月13日国务院发布,根据2008年12月27日《国务院关于修改〈中华人民共和国公路管理条例〉的决定》修订;2011年7月1日起《公路安全保护条例》施行后,该条例同时废止。)中,第三十六条对公路的释义是:“本条例下列用语的含义是:‘公路’是指经公路主管部门验收认定的城间、城乡间、乡间能行驶汽车的公共道路。公路包括公路的路基、路面、桥梁、涵洞、隧道。‘公路用地’是指公路两侧边沟(或者截水沟)及边沟（或者截水沟）以外不少于1米范围的土地。公路用地的具体范围由县级以上人民政府确定。'公路设施'是指公路的排水设备、防护构造物、交叉道口、界碑、测桩、安全设施、通信设施、检测及监控设施、养护设施、服务设施、渡口码头、花草林木、专用房屋等"。

3. 公路的组成

（1）公路的主要结构物

公路的结构主要有路基、路面、桥涵、隧道、排水系统、防护工程、特殊构造物等部分。

路基：路基是公路线形结构的主体，是公路的基本结构，是支撑路面结构的基础，与路面共同承受行车荷载的作用，同时承受气候变化和各种自然灾害的侵蚀和影响，是由土、石按照一定尺寸和结构要求所构成的带状土建工程构造物。路基结构必须稳定、坚实，具有足够的力学强度，同时又要经济合理。路基结构形式可以分为：填方路基、挖方路基和半填半挖路基三种形。为保证路基的安全、稳定，在修建路基时要同步修建边沟、挡墙等排水及防护设施。

路面：路面是用各种路面材料按照一定的比例经混合搅拌后分层铺筑在公路路基上与车轮直接接触的结构层。路面承受和传递车轮荷载，承受磨耗，经受自然气候的侵蚀和影响。路面是公路与行驶车辆直接接触的结构物，必须满足行驶车辆安全、迅速和舒适的需要，须有足够的强度、稳定性、平整度和抗滑性。路面一般分为面层、基层、垫层和土层。路面按技术条件分为高级、次高级、中级和低级路面；按力学性质分为柔性路面和刚性路面；按路面材料分为沥青路面、水泥混凝土路面、块料路面和粒料路面等。

桥涵：桥涵是指为保证公路的连续性而修建的跨越水域、沟谷以及其他障碍物的结构物。按照《公路工程技术标准》规定，当结构物的单孔跨径小于5m或多孔跨径小于8m时，称为涵洞；大于此值时称为桥梁。桥梁主要由桥跨结构、桥墩及基础两个基本部分组成。桥梁的类型，按结构不同分为梁式桥、拱式桥、刚架桥、吊桥和组合体系桥；按用途不同分为公路桥、生产桥和人行桥等；按跨越障碍不同分为跨河桥、跨线桥、高架桥和栈桥等；按上部结构行车道位置不同分为上承式、下承式和中承式；按桥梁全长和跨径不同分为特大桥、大桥、中桥和小桥。

隧道：隧道通常是指公路建造在山岭、江河、海峡和城市地面下或置于地层内的工程结构物。在山区修建公路，特别是一级公路和高速公路，隧道往往占较大比例，是公路的重要结构物，一些长大隧道甚至是关键工程。较长隧道通常需要照明、通风、消防及报警等其他应急设施。

除上述公路主要结构物外，由于公路的性能、用途和线路环境等不同，还有诸如跨线设施（桥、架）、公路渡口、排水系统、防护工程以及特殊构造物等结构物。

（2）交通工程

现代公路建设不仅广泛运用先进的技术、材料保证线形和结构满足行车安全、舒适的需要，同时，也十分重视沿线设施对提高公路文化品质的影响。公路沿线主要有交通安全设施、交通管理设施、交通服务设施和其他沿线设施。不同等级、类型的公路沿线设施的要求是不一样的。在越来越重视公路文化品质的背景下，不少干线公路、通往重要城市或旅游目的地的公路，除满足交通工程技术要求外，常常利用交通工程设施营造沿线文化氛围。

交通安全设施：交通安全设施主要有防护设施、照明设施、视线诱导标志等。

防护设施是为避免行驶车辆碰撞和伤及行人或因失误驶出路外等交通事故而建造的设施。如波形钢护栏、隔离栅、护柱、护墙等。

为使夜间、隧道内交通畅通和行车安全，通常在整个路段或者局部路段设置路灯。

视线诱导标志主要设置在高速公路和一级公路两侧路缘，采用醒目的主动发光或被动发光件标示车道；隧道内往往设置多重视线诱导标志，以确保行车安全。

交通管理设施：交通管理设施主要有交通标志、交通标线、紧急电话、公路情报板、交通监视等设施。

交通标志是对司机、行人等产生禁止、限制、警告、指示等作用的交通管理设施；中华人民共和国国家标准 GB 5768—1999《道路交通标志和标线》对交通标志有明确的规定。

交通标线用作引导交通，它可单独使用，也可以与交通标志配合使用；交通标线由路面标线、箭头、文字、立面标记、突起路标和路边线轮廓标等构成。

紧急电话一般设置在高速公路和一级公路上，用于司机及时报告事故、故障和求援等。

公路情报板一般设置在高速公路和一级公路的特定路段上，供管理机构随时通告公路、交通、气象、旅游等情况；现在常使用 LED 显示屏作为公路情报板。

交通监视设施一般设置在高速公路、一级公路以及其他重要公路或路段上，用于管理机构监管公路交通。

（3）沿线设施

服务设施：服务设施是为旅客、驾驶人员、车辆提供休息、饮食、加油加水、检修等服务而设立的各种公路附属设施。主要有:停车设施、公路养护设施和营运设施等。

停车设施一般设置在车站、服务区、游览区等地,是用于驾驶人员和旅游者休息、消除疲劳以及汽车检修的设施。

高速公路和一些一级公路的服务区内设有加油站、保修间、餐厅、休息室、洗手间、商店等。

公路养护和营运设施是公路交通运输正常运转的保障系统,支持和维护公路的正常状态以及交通运输的通畅。

其他设施:公路沿线其他设施主要有绿化、观景台、景观小品及装饰等。

公路绿化是生态型公路建设的需要,是防止环境污染和水土流失从而稳定公路路基、美化路容的需要。公路绿化同时也是公路文化景观建设的重要组成部分,它不仅为文化景观提供不可或缺的生态背景,还影响公路的美观度以及文化景观的融合性。

观景台既是观赏公路设施景观和路域环境景观的设施,同时也是打造公路文化景观的重要平台。不少新建公路特别是重要的国道和旅游公路,越来越重视公路文化景观建设,在公路沿线设置观景台,展示路域文化和旅游资源,提高公路的文化品位。例如,云南省保腾高速公路(保山至腾冲),通过实施公路文化建设项目,打造蒲缥观景台、佛掌山观景台、怒江大桥观景台和松山观景台,展示历史文化、生态文化、公路建设文化和抗战文化,提高了公路文化品质。

4. 公路的分类

按照不同的标准,公路有多种分类。

(1)行政等级分类

交通运输部颁发的《中华人民共和国公路管理条例实施细则》中规定,我国公路分为:国家公路、省公路、县公路和乡公路(简称为国、省、乡道)以及专用公路5个等级。一般把国道和省道称为干线,县道和乡道称为支线。

国道是指具有全国性政治、经济意义的主要干线公路,包括重要的国际公路、国防公路,连接首都与各省、自治区、直辖市首府的公路,连接各大经济中心、港站枢纽、商品生产基地和战略要地的公路。

省道是指具有全省(自治区、直辖市)政治、经济意义,并由省(自治区、直辖市)公路主管部门负责修建、养护和管理的公路干线。

县道是指具有全县(县级市)政治、经济意义,连接县城和县内主要乡(镇)、主要商品生产和集散地的公路,以及不属于国道、省道的县际间公路。县道由县、市公路主管部门负责修建、养护和管理。

乡道是指主要为乡(镇)村经济、文化、行政服务的公路,以及不属于县道以上公路的乡与乡之间及乡与外部联络的公路。乡道由人民政府负责修建、养护和管理。

专用公路是指专供或主要供厂矿、林区、农场、油田、旅游区、军事要地等与外部联系的公路。专用公路由专用单位负责修建、养护和管理,也可委托当地公路部门修建、养护和管理。

(2)技术分类

按使用任务、功能、通行能力和服务水平等技术标准,我国现行的《公路工程技术标准》(JTG B01—2003)将公路分为高速公路、一级公路、二级公路、三级公路、四级公路 5 个等级。

高速公路为专供汽车分向分车道行驶并应全部控制出入的多车道公路。一级公路为供汽车分向分车道行驶并可根据需要控制出入的多车道公路。二级公路为供汽车行驶的双车道公路。三级公路为主要供汽车行驶的双车道公路。四级公路为主要供汽车行驶的双车道或单车道公路。

(二)公路路域

从公路线路技术层面而言,公路路域概念鉴定的范围是确定的。公路路域是指在公路建设、维护和运行管理过程中受到改变和影响的地面自然带状空间,这种带状空间规划有明确的地域界限,既包括公路建筑设施,还涵盖与公路产生相互作用和影响的环境。从景观学的角度看,公路路域是一个相对区域,它既包括技术层面的范围,也包括构成公路景观的沿线周边自然生态系统、社会文化系统等相关区域,甚至包括公路所跨越的地区。在景观生态学中,路域又称为公路廊道。

公路路域的范围通常大于公路用地范围。公路是穿越自然环境的一个人工构造物,其显著影响一般表现在公路用地范围内,但有些影响可延伸和跨越很远的距离。另外,由于公路经过不同区域,对自然生态系统和社会文化系统产生的影响范围、程度、持续时间也有所不同,因而路域范围是不规则的,同时也是动态变化的。如公路自身特征、交通量特征、公路沿线生态系统特征和人类行为干扰特征、公路沿线旅游及经济特征等,都是相关的影响因素。

公路路域系统是由人、车、公路及公路路域等构成的复合系统,是一个能够完成交通运输要求的功能体系。公路路域系统的基础是自然生态系统,但带有很强的人工色彩,体现的是人的意志,其包含的具体要素及其结合方式受经济、技术、社会条件等的制约,它是自然性、经济性和社会性的统一体。一般而言可以将这个复合系统划分为 3 个子系统:公路路域生态系统、公路路域经济系统和

公路路域社会系统。

路域系统状况对公路文化景观建设有直接影响。特别是自然生态系统比较脆弱的地区,文化景观建设更要合理利用路域平台。以西藏、云南公路文化景观建设为例,由于所处环境条件差异较大,生态系统脆弱,地质条件复杂,施工难度大,相对于低海拔地区公路,高原公路和公路文化景观建设从设计理念到修建和管养,都有其自身的规律。云贵高原,特别是滇西地区处于地震活动频发区,抗震关键技术要求高,同时深切河谷多,延展线长,特大桥与特长隧道多。青藏高原海拔高,生态环境脆弱,高寒稀氧,修筑、管养难度大,路域绿化十分困难,景观空旷。本文所论及的青藏高原与云贵高原公路文化景观建设,充分考虑高原自然环境和生态系统的特征,遵循高原地质、地形、地势和气候等客观情规律,科学营造文化景观。

二、文化积淀丰富的中国公路

(一)历史悠久的中国古代陆路交通

我国具有悠久的陆路交通历史。早在公元前2600年,中国就有了舟车;公元前2500年就有了掌管道路的司空官,开始有组织地修筑道路、发展交通。据《世本》载,公元前1800年前,就发明了马车和牛车。公元前11世纪的周朝建立了比较完善的道路系统,将陆路交通分为径、畛、道、路。周穆王是中国古代最著名的旅行家之一,他从当时的洛阳出发,向西穿过河西走廊,到达新疆等地巡游,使许多方国部落归顺于周的统治,对周的巩固和发展具有积极意义。到秦朝,为满足帝王巡游和传递军事、行政公文需要,开始大规模地修筑驰道和驿道,形成四通八达的陆上交通网。秦始皇在位时,利用便捷的驰道多次巡游泰山、太湖、洞庭湖、桂林等地。

西汉时,全国驿道已约有90万公里。以大城市为中心的道路逐渐形成。当时的都城长安有城门12座,街道宽阔,可同时并行12辆车。随着交通条件的不断改善,旅游活动逐渐增加,汉代时涌现出了张骞、司马迁等著名旅行家,其中张骞受汉武帝派遣3次出使西域。汉代开辟了世界著名的“丝绸之路”,把中国与中亚、西亚、欧洲地中海沿岸的罗马帝国联系起来。丝绸之路以长安(今西安)为起点,经甘肃河西走廊,到达敦煌;在敦煌分成南北两路:南路出阳关进入新疆,经大月氏(其主要地区在阿富汗境内)到波斯(伊朗);北路出玉门关进入新疆吐鲁番,经中亚地区到伊朗。南北两路在伊朗汇合后,又经过伊拉克、叙利亚、黎巴嫩、地中海,到达终点——意大利的罗马和威尼斯。后来,又开辟了一条新北路:经新疆的哈密、伊宁等地,穿中亚地区到伊朗。从西汉开始一直到唐朝的

1000 多年间，这两条路都是运销丝织物的主要通道。丝绸之路全程 7000 多公里，是古代历史上最长的一条商路。汉代在丝绸之路上设置驿站、邮亭，置有车马、轿子、驴、骆驼，供商人和旅行者使用。公元前 106 年，第一个丝绸商队从中国到达伊朗。丝绸之路沿途串连起古都西安、秦兵马俑、仰韶文化遗址、嘉峪关、敦煌莫高窟、吐鲁番的高昌故城和交河故城等名胜古迹和壮观的西北自然风光，是享誉中外的文化之路。

驿站文化是我国古代交通文化的重要内容。唐朝时期，伴随驿传制度不断完善的需要，构建了以都城长安为中心，通向全国各地的几条主要交通大道，里程达 1.9 万公里之多。大通道沿途每隔 15 公里设驿站，置驿卒，陆驿备车马，水驿备舟船。当时全国共设置了 1600 多所驿站，其中陆驿 1297 所、水驿 260 所、水陆相兼的驿站 68 所。从某种意义上说，唐朝的道路驿站就是当时的高速公路服务区。

（二）快速发展的中国现代公路交通

中国第一条现代公路，广西镇南关（今友谊关）至龙津的公路于 1903～1906 年修筑。到 1949 年，全国共修建公路 13 万公里，但真正能通行汽车的不到 40%。1949 年全国公路客运量 1809 万人次，客运周转量为 7.96 亿人公里。

1949 年以后的 30 年里，中国现代公路交通得到了初步发展。除恢复、整修原有公路外，规划建设了一些重点干线，包括重点建设了川藏、青藏和兰新等边疆地区的公路，初步形成了遍布城乡、干支线相连的公路运输网。1978 年，全国公里里程达到 89 万公里，比 1949 年增长 10 倍；民用汽车保有量达到 135.8 万辆，比 1949 年增长 25 倍多；公路汽车客运量达到 14.9 亿人次，比 1949 年增长 81 倍。

改革开放以来，我国现代公路交通得到快速发展，现代公路交通从初具规模迅速发展成为具有完善、便捷的国家公路网。到 1990 年全国公路里程达到 102.8 万公里，比 1978 年增长 15.5%；民用汽车保有量达到 551.4 万辆，比 1978 年增长 3 倍；1990 年公路客运量达到 64.8 亿人次，比 1978 年增长 3.3 倍。1984 年 12 月～1988 年 10 月，中国内陆第一条高速公路上海—嘉定高速公路建成通车，此后沈大、京津等高速公路相继开通。“七五”期间，还建成京津塘高速公路北京—天津杨村、西安—临潼、沈阳—大连、广州—佛山、上海莘庄—松江等 5 条高速公路，从而使中国内陆高速公路总里程达到 522 公里。1990 年至今，中国现代公路交通路网不断升级完善。1992 年，全国高等级公路 5.9 万公里，其中高速公路 652 公里；到 1994 年底，中国大陆高速公路总里程达到 1603 公里；到 1999 年底，中国大陆高速公路总里程达到 11605 公里；2000 年 12 月，全长 1262

公里的北京至上海高速公路建成开通。中国公路建设重点向高等级公路方向转移,为公路旅游交通的高效化、快速化奠定了基础。2007 年,中国公路总里程(不含村道)达到 190 多万公里,高速公路里程达到 5.4 万公里。2011 年 12 月 30 日召开的 2012 年全国交通运输工作会议上公布:2011 年我国新增公路通车里程 7.14 万公里,其中高速公路 1.1 万公里,新改建农村公路 19 万公里。

2012 年末,全国公路总里程已达 423.75 万公里,公路密度为 44.14 公里/百平方公里,其中高速公路总里程达 9.8 万公里。2013 年 6 月,国务院批准的《国家公路网规划(2013 年~2030 年)》,确定了国家公路网总规模约 40 万公里,到 2030 年将建成布局合理、功能完善、覆盖广泛、安全可靠的国家干线公路网络,实现首都辐射省会、省际多路连通、地市高速通达、县县国道覆盖。国家公路网由普通国道和国家高速公路两个路网层次构成,其中普通国道网由 12 条首都放射线、47 条北南纵线、60 条东西横线和 81 条联络线组成,总规模约 26.5 万公里。国家高速公路网由 7 条首都放射线、11 条北南纵线、18 条东西横线以及地区环线、并行线、联络线等组成,约 11.8 万公里,另外还规划了远期展望线 1.8 万公里,主要位于西部地广人稀的地区。

三、公路文化与公路文化景观

(一)公路文化

公路文化是交通文化的重要组成部分。交通文化是交通行业在长期的交通发展实践中逐步形成并不断积累的,体现行业价值理念的各种精神文化、制度文化和物质文化,是交通事业发展的重要成果,是行业文明程度的重要标志。在整个交通文化体系中,精神文化是交通行业的核心价值理念,是交通行业的核心文化;制度文化是体现交通行业价值理念,规范交通行业行为的规章制度;物质文化是体现交通行业价值理念,展现交通行业外在形象的工作环境和形象标识。精神文化是物质文化和制度文化建设的精神基础,制度文化是物质文化和精神文化建设的制度保障,物质文化是制度文化和精神文化建设的物质条件。加强交通文化建设,对于推进创新型行业与和谐行业建设,实现交通事业又快又好发展具有十分重要的意义。

2006 年,交通运输部在部署全国交通行业十一五时期精神文明建设工作和交通文化建设工作中要求,“加强交通文化建设,努力增强行业软实力”。交通文化建设,就是按照以人为本的价值理念,建设具有鲜明时代特点和交通行业特色的各种物质文化、制度文化和精神文化,其核心内容是建设交通精神文化,以不断增强广大干部职工的精神力量,增强行业的凝聚力,提高行业的影响力,为

交通事业又快又好发展营造良好的文化环境。各系统、各地区、各单位都要把交通文化建设摆在重要的议事日程，采取有效措施，扎实推进，力争文化建设在今后5年内取得明显进展。

一是要紧紧围绕建设创新型行业的战略目标，大力弘扬拼搏进取、自觉奉献的爱国精神，求真务实、勇于创新的科学精神，不畏艰险、勇攀高峰的探索精神，团结协作、淡泊名利的团队精神，不断推进创新文化建设，营造有利于创新的良好文化氛围。

二是要积极开展特色文化建设活动。各系统、各地区、各单位要结合自己的实际情况，组织开展交通精神提炼和讨论活动，积极培育和发展行业文化、系统文化、专业文化和组织文化，努力形成具有浓郁交通行业特点、体现交通行业价值理念和符合时代要求的交通文化。要适时推出交通文化建设示范单位，将推进特色文化创建过程变成增强凝聚力、提高干部职工队伍文化素质和树立行业良好社会形象的过程。

三是要积极引导交通文化产品的创作。十一五期间，要围绕弘扬社会主义荣辱观，实施五个一工程，即形成一批交通文化研究成果，总结提炼一种交通精神，征集确定一个交通行业徽标，创作一批交通文艺作品，完善一批交通博物馆，全面增强交通文化的吸引力和感召力。

四是要广泛开展丰富多彩的干部职工文化体育活动。要加强基层文化基础设施建设，经常组织开展一些形式多样、职工喜闻乐见、健康有益的文化体育活动，丰富广大交通干部职工的精神文化生活，促进职工的全面发展。①

在《交通文化建设实施纲要》中，明确了交通文化建设的基本内容和总体目标。交通文化建设的基本内容是：培育、总结和提炼鲜明的交通行业核心价值观，增强行业的凝聚力；结合交通发展战略，提炼行业理念，形成以服务人民、奉献社会为核心的职业道德体系；完善相关行业制度，寓行业价值观和行业理念于制度之中，规范职工行为；统一规范行业外在形象，寓行业价值观和行业理念于外在形象之中，美化工作生活环境，建立行业标识体系，树立行业的良好社会形象；积极引导交通文化产品创作，广泛开展丰富多彩的文化体育活动，提高员工身心素质，促进职工的全面发展。交通文化建设的总体目标是：力争用5年左右的时间，初步建立起符合社会主义先进文化前进方向和交通发展战略，具有鲜明时代特征和行业特色的交通文化体系。通过交通文化建设，凝练交通行业核心

① 交通部《关于印发〈全国交通行业十一五时期精神文明建设工作指导意见〉和〈交通文化建设实施纲要〉的通知》，2006年。

价值观和行业理念，树立行业的良好社会形象，营造团结和谐、充满活力的良好氛围，增强行业凝聚力和影响力，激发行业的创造力，推进交通事业又快又好发展。

《交通文化建设实施纲要》还从6个方面部署了交通文化建设的主要任务。

一是大力加强交通精神文化建设。要以建设更安全、更便捷、更通畅、更经济、更可靠、更和谐的公路水路交通体系为目标，以弘扬爱国主义为核心的民族精神和以改革创新为核心的时代精神为重点，以为人民服务到白头的“小扁担”精神，爱岗敬业、默默奉献的“铺路石”精神，以苦为荣的“航标灯”精神，四海为家、不畏风险的航海精神，把安全带给别人、把危险留给自己的交通救捞精神，起帆精神、振超精神、刚毅精神以及其他先进典型所代表的精神为基础，开展交通精神提炼和讨论活动，对交通精神进行总结、提炼和宣传，增强交通行业的凝聚力和战斗力，使广大干部职工始终保持奋发有为、昂扬向上的精神状态。

二是注重加强交通制度文化建设。要围绕建设创新型行业，大胆进行制度创新、体制创新和机制创新，开展现有制度清理工作，完善交通职业道德规范、岗位行为规范、文明服务标准等，组织编写职工行为手册，建立科学、规范的内部制度体系。制定、完善有关制度，既要注重体现以人为本的价值理念和职业道德建设的要求，又要体现交通行业自身的特性和生产经营、管理工作要求。要逐步完善自律与他律相互补充和促进的运行机制，把思想引导与利益调节、精神奖励和物质奖励结合起来，加强督促检查，严格考核奖惩，有效地引导职工思想，规范职工行为，努力将各项制度转化为自觉遵循的行为准则，精心打造一批新的知名服务品牌。

三是稳步推进交通物质文化建设。要根据事业发展的需要和经济条件的可能，逐步推行行业形象统一战略，开展交通行业徽标征集和评选活动，改善工作环境和工作条件，统一规范交通行业工作场所、指示标志、公示栏、宣传牌、公务交通工具、主要办公用品的外观，统一行业标准字、标准色。通过物质文化建设，向社会展示交通行业的良好形象。

四是着力培育交通特色文化。要结合实际情况，积极培育和发展行业文化、系统文化、专业文化和组织文化，努力形成具有浓厚交通行业特点、体现交通行业精神内涵和符合时代发展要求的机关文化、企业文化、公路文化、航运文化、海事文化、救捞文化、执法文化、廉政文化等。

五是积极引导交通文化产品的创作。要组织实施五个一工程，即形成一批交通文化研究成果，总结提炼一种交通精神，征集确定一个交通行业徽标，创作一批交通文艺作品，完善一批交通博物馆，全面增强交通文化的吸引力和感召

力,提高交通行业的软实力。

六是广泛开展交通文化体育活动。要加强交通文化基础设施建设,根据实际情况和职工需要,建设体育场、阅览室、活动室等文化场所。经常组织开展形式多样、职工喜闻乐见、健康有益的文化体育活动,丰富广大干部职工的精神文化生活,提高广大干部职工的身心素质,促进干部职工的全面发展。①

按照上述构想,我们可以给交通文化梳理一个组成结构,见图 1-1。

交通文化
- 精神文化:核心价值观,行业精神,典型代表,职业道德
- 制度文化:法规体系,制度体系,机制体系,行为规范
- 物质文化:建设成就文化,组织系统(特色)文化,品牌形象文化

图 1-1　交通文化组成结构图

公路文化是公路行业在长期的公路建设、管理养护和交通营运实践中逐步形成并不断积累的,体现行业价值理念的精神、制度和物质的系统总和。公路文化既包括人类历史上积淀的道路文化,也含现代公路文化。现代公路发展历史尽管只有 100 多年,但是,伴随工业革命带来的汽车、道路、桥梁、隧道等技术上的突飞猛进,公路交通理念的更新,公路文化的内涵得到了前所未有的丰富。尤其是 20 世纪第二次世界大战之后,人文理念、生态理念、景观理念的注入,使得公路文化不断地朝路、人、自然和谐共存的方向贴近。在公路文化建设中,公路精神文化和公路制度文化具有鲜明的时代特征,融入不同时期的社会价值观,体现了人们对公路交通的多层面需求。公路物质文化更多体现在满足精神文化、制度文化价值取向基础上的技术创新、人性化服务、审美、生态与环境保护等方面。

公路文化内容组成见图 1-2。

公路文化
- 精神文化:公路行业核心价值观、行业精神、典型代表、职业道德
- 制度文化:公路制度文化,公路机制文化,公路建管运行为规范文化
- 物质文化:公路建设文化,公路生态文化,公路景观文化(公路环境景观、公路文化景观、公路构筑物景观),公路服务文化

图 1-2　公路文化组成结构图

另一个视角看,公路文化建设带来了文化公路的诞生。文化公路以文化学

① 交通部《关于印发〈全国交通行业十一五时期精神文明建设工作指导意见〉和〈交通文化建设实施纲要〉的通知》,2006 年。

理论为指导，在公路建设过程中把文化作为一种因素自觉地注入到建设体系中。文化公路在尊重社会文化的前提下，将人、文化和公路有机结合，强调人、文化与公路的和谐相处，形成一路一特色，一路一风景的公路建设和发展模式。同时，文化公路也是文化产业的重要组成部分。同生态公路一样，文化公路理念体现在公路建设、管护和营运全过程，是未来公路建设的发展方向。

（二）景观

景观，是人们经常谈及的一个词，也是许多领域经常使用的一个概念。但是，古今中外对“景观”含义的理解和解释却众说纷纭，无一定论。

景观一词在欧洲文献中的出现，最早见于希伯来文本的《圣经》中。其中所述景观用于对圣城耶路撒冷的所罗门寺庙、城堡、宫殿等在内的对象的总体描述。在不同的语系中，景观表义有所不同。在英文中为 landscape，在德语中为 Landschaft，法语为 paysage。这些表述与较早在中文文献中出现的景观一词，都有相同的基础意义，那就是所指对象具有某种审美特征。

学术上的释义更是千差万别，基于各自的领域给予景观特定的含义。不同的学术立场，形成了对景观释义的不同流派，主要有专家学派、心理物理学派、认知学派或称心理学派和经验学派等。

《中国大百科全书》（地理学卷）从地理学的角度，概括了景观的几种理解。

①某一区域的综合特征，包括自然、经济、文化诸方面；

②一般自然综合体；

③区域单位，相当于综合自然区划等级系统中最小的一级自然区；

④任何区域单位。

从公路文化景观建设的实际运用上看，景观释义应该更多地立足于审美的需要。景观指一定区域内具有审美特征的自然和人工的地表物的空间综合体，义同风光、景色、风景。景观不仅是一个具有时间属性的动态整体系统，由地理圈、生物圈、和人类文化圈共同作用形成，涉及到地理、生态、园林、建筑、文化、艺术、哲学、美学等多个方面，同时，它更是体现人与自然和谐共生的生态系统。

（三）公路景观

1. 公路景观及公路景观要素

公路景观是由公路建设而形成的人造景观与公路路线所穿越的路域自然环境和人文景观所构成的空间综合体。它包括公路构筑物及附属设施、文化展示物、雕塑与其他室外景观艺术品、路域绿化、沿线建筑物、路域周边自然环境、气象变化及人类活动等因素。

从景观分布的相对关系看，公路景观呈线性分布。路域环境可视景观通常

是不间断连续带状，比如高速公路中间隔离带景观、公路两侧绿化景观、可视范围外侧景观等。这种连续性较强的景观带，一般都是比较稳定的生态景观，其色彩、形状往往都较平和、单一和稳定。公路景观在呈线状分布的同时，还有不少点状分布的景观，它们除路域环境本身留存的景观外（如山峰、河流、独木、建筑等），更多的是公路修建过程中形成的以及人为营造的（如公路线型、隧道、桥梁、边坡等）公路构筑物景观以及观景平台、主题雕塑、服务区景观、文化展示景观、小品等。

从路域与环境关系看，公路景观可以分为外部景观和内部景观两部分。外部景观通常是指公路周边自然环境、沿线路外建筑与设施、人类活动等因素构成的空间综合体，它包括公路穿越领域的各种自然、人文景观要素。内部景观主要是指道路本身构成的景观和在线路内人工营造的景观，它包括道路线路（线型）景观、构筑物景观、辅助设施景观、文化主题景观、雕塑景观、观景平台景观、出入口景观、服务区景观等。

总的说来，公路景观要素主要包括自然景观要素和人文景观要素两个方面。

（1）自然景观要素

公路景观自然景观要素，是指天然形成的构成路域可视景观综合体系的各种因素。这些因素是由具有审美特性的景观资源承载的，以其固有的色彩、形状、体量、运动以及空间组合给人美的享受。公路自然景观要素主要存在于地上景观、水域风光、生物景观、天象与气候景观等资源类别中。就构成公路自然景观要素基本类型而言，最常见的是平原、山峰、峡谷、水域、林地、沙漠、草原等地形、地貌和地物。自然景观要素是公路营造景观的平台和背景，包括公路的选线走向、构筑建造、辅助设施铺设、绿化、文化景观等，都必须尊重自然要素的存在关系，通过合理的科学方式有机融入自然环境。

（2）人文景观要素

公路景观人文景观要素，是指人类活动创造的构成路域可视景观综合体系的各种因素。这些因素是人们为满足物质和精神生活需要，用不同的手法创造的各种遗存物。公路景观人文景观要素主要有公路建筑物、交通设施、水工建筑、城镇、村落、田野、庙宇以及历史、习俗、人物事件等。人文景观要素是公路文化景观建设必不可少的资源，为公路文化景观主题确定、元素提炼、表现形式选择、传播路径遴选等提供直接的支撑。通过公路文化景观设计，可以将基于相关文化景观要素的主题文化景观生动地在公路构筑物、观景平台、服务区、出入口、线路两侧与跨线空间合理地展示出来。

2. 国外公路景观建设简况

20世纪两次世界大战期间,现代公路交通得到快速发展。由于军工技术迅速向民用转移,汽车制造技术、公路建造技术显著提高,汽车产量和公路里程也大幅度增加。公路运输不仅成为客运的主要方式,而且逐渐成为旅游观光的重要手段。现代公路交通的迅速发展,推动了公路景观建设兴起。从20世纪20年代起,在近100年的公路景观建设进程中,从无到有,许多国家逐渐建立起一套从设计、营造到管理、养护的体系,在公路景观建设理论、制度和实践方面积累了较为成熟的经验。

德国、美国和日本是较早进行公路景观研究和实践的国家。

德国早在20世纪30年代就开始重视对公路与路域环境景观协调问题的研究。其研究成果在公路工程的实践中得以实际应用,逐渐形成系统的道路线形理论。根据生态、环保需要,通过环保法规要求从公路设计阶段就必须解决沿线的生态和环保问题,维护路域地形地貌及地表物原有特征和自然生态系统完整。至今,这一公路生态环保建设理念所产生的深远影响,我们还能从行驶在欧洲的高速公路上,映入眼帘的公路和自然和谐的美景中感受到它的魅力所在。

在公路建设中,美国重视人与自然的依存关系和谐与统一,修建公路一般不大挖大填,不破坏自然景色,尽可能使生态功能少受或不受影响,并在公路景观绿化美化方面,从科研到设计到营造逐步建立起一整套制度。美国公路景观建设始于20世纪20年代修建风景区道路时开始进行的专门景观设计,这是公路景观设计的雏形。在此后的数十年,其理论探索、设计创新、制度法规制定和建设实践,积累丰富的经验。1961年美国各州公路工作者协会编制了美国州际和国防公路景观发展方针。4年后,在总结景观设计经验的基础上编制了公路景观设计指南。1965年美国国会通过了《道路美化条例》。1969年通过了《国家环境政策法》。1970年编制了《公路景观和环境设计指南》等。宾夕法尼亚大学研究生院风景园林设计及区域规划系创始人及系主任,英国著名园林设计师、规划师和教育家伊安麦克·哈格教授(1920~2001年)率先提出生态景观规划的理念,在他撰写的《设计结合自然》中建立了当时景观规划的准则,使景观设计承担起第二次世界大战后工业时代人类整体生态环境规划设计的重任,并将其设计思想成功运用到风景区道路路线选线与景观规划设计中。公路景观建设实践,在自然景观资源管理、土地利用规划、景观规划与评价、生态和公众参与等方面都获得许多成功案例,为理论提升提供了源泉。1977年出版的《实用公路美学》一书中指出:"支配公路外观的原则对乡村与城市道路均适用,乡村公

路主要把路融入背景，不破坏自然，而城市要在视觉上把道路与城市环境融为一体要困难得多，并且效果不大。”这一观点正是生态景观公路设计的基本原则。20 世纪 50 年代后，随着公路的大量兴建，公路建设对环境的影响越来越受到社会的关注，为此美国制订法律要求新建公路必须进行绿化。美国交通部（USDOT）联邦公路局（FHWA）于 20 世纪 80 年代颁布了《公路项目视觉影响评价》。它以评价公路项目建设给原风景的特点和质量带来多大的冲击为目标，从公路的主体、路侧、用地、构筑物、视觉元素和视觉特征等方面评价公路与沿线环境的协调性。

日本对高速公路生态环境的保护、恢复研究以及公路景观设计、建设也十分重视。国家专门成立了全国 SF 绿化法协会，来研究和指导公路绿化。在生态景观设计、建设中，采取具体可行的技术措施推进湿地保护和生态绿廊建设。这些措施包括：将公路融入自然景观，不破坏山体结构，减少填挖方工程，桥梁采用与周围环境相协调的桥型；挡土墙、隧道洞口采用特殊工艺；设置防止发生碰撞事故的“动物专用通道”，努力保护动物的栖息场所，设置“动物诱导栅栏”，设置小动物可以逃脱的边坡侧沟；采用较低的道路照明设备；绿化区栽植与周围环境相同的树种；为使人与大自然融合，设置散步的人行道，休息长凳等设施；设置接近于大自然形态的停车带等。例如：日本西部的交通大动脉，山阳汽车专用公路在高速公路的设计中融入了景观设计，并提出了景观评价的必要性。

20 世纪 70 年代，苏联和东欧国家也开始注重公路景观设计和环境保护问题。1974 年苏联俄罗斯加盟共和国公路工程部制定并颁布了《公路建筑艺术和景观设计须知》，指导公路景观设计和建设。

3. 我国公路景观建设

我国对公路景观研究、设计和建设工作起步较晚，大致在 20 世纪 80 年代初进入行业视野。改革开放使我国交通事业得到迅速发展，“要想富，先修路”的强大愿景推动，公路建设更是以一日千里之势追赶西方国家。1983 年我国交通部制定颁发了《公路标准化美化标准》，规范公路建设应畅通、整洁、绿化、美化，道路景物应交叉协调，构成流畅、安全、舒适、优美的道路环境。伴随我国交通事业的蓬勃发展，人们对公路的行驶环境提出了更高的要求。随后的二三十年间，人们对公路景观、环境问题越来越关注，引起国内许多学者对公路景观、生态进行深入研究探讨。

近年来，在国内高速公路建设及景观设计、环境保护方面涌现出不少理论研究成果。李敏等人针对我国当前高速公路建设与景观设计脱节的问题，系统地分析了高速公路景观设计发展的背景、原因和发展趋势，以及所产生的经济效益，提出了建设以人为本具有中国民族审美特色区域个性化的“花园式高速公路”。李家春等人根据云南西双版纳自然保护区热带雨林生态环境特点和高速公路的建设条件，运用植被的生态恢复与重建理论、技术途径，对思茅至小勐养高速公路的生态恢复绿化工程进行研究，提出了热带雨林地区高速公路生态恢复绿化的方法，将公路绿化与景观上升到公路美学的高度，论证了公路生态恢复的目标是生物乡土化和多样性。戴聆春提出了公路规划环境影响评价指标体系的建立步骤和原则，用矩阵筛选法确定了公路规划环境影响重点因子。张军峰和解琦认为在高速公路建设中，不但应该考虑其经济价值和使用价值，还应该考虑高速公路建设与周边景观建设的协调性，从而实现人、车、路和环境要素的完美统一。黄浩等人研究认为山区高速公路边坡的生态防护及构造物的景观环境设计应与地势及当地生长植被相结合，使人工构造物与自然更加融洽协调，营造出宽松舒适、令人愉悦的景观路、生态路。罗鹏程以百罗高速公路景观绿化设计为例，运用景观绿化设计手段和方法充分体现了百色当地革命老区、红色政权、少数民族多的地域特色，就山岭重丘区高速公路景观绿化设计进行了探讨，以在有限的投资范围内力争恢复沿线原生植被，恢复环境自然。余少华通过对景婺黄常高速公路景观设计理念和实践，为高速公路设计特别是景观设计拓展了思路。程森和赵宁曦通过徽杭高速公路安徽段景观设计的实践，探讨了旅游区域内高速公路景观设计的理念及其引景空间功能的表达，分析了通往旅游地高速公路景观设计的旅游意义。陈修林等人根据铜陵至黄山高速公路沿线自然景观与地理区位的现状，系统地阐述公路景观设计的基本方法与施工技术。袁国林从相对地面坡度、周围环境景观距离公路使用者的距离、景观在视域内出现的概率、环境景观的醒目程度等方面研究了公路景观的敏感度。

一些理论成果不同程度地用于指导公路景观建设，对我国公路景观建设进步产生积极推动作用。孙丙湘编著《道路绿化和美化工程》，重点介绍了道路绿化防护及道路环境美化工程类型的选择和布局设计。魏常林和王健分别编著了《交通美学》，前者对交通工程及工具、环境、材料和公路、桥梁、汽车等的美学知识做了有益的探讨，后者对交通的发展历程、技术经济特征、人因素、审美问题以及汽车、公路和交通工程中的美学实践做了论述。任福田教授的论著《交通工程心理学》成为公路景观设计的基础。刘朝晖、张映雪所著《公路线形与环境设计》，张阳所著《公路景观学》，对公路景观相关理论方法、景观设计、公路线形自身协调以及与环境的协调等问题都做了深入探讨。

在公路景观建设方面，近些年也出现不少成功的例子。如云南省保龙高速公路(保山至龙陵高速公路)以新南方丝绸之路为总体形象概念，通过蒲缥、佛

掌山、怒江大桥、松山等4个主题文化观景台的打造，潞江坝云南公路馆的建设以及桥梁、隧道的文化形象命名，将这条高速公路建设成为高品质、高品位的生态之路、景观之路、文化之路。又如四川的川九路(川主寺至九寨沟公路)是交通部重点建设工程，通过实施生态环保设计与施工，建造了我国第一条舒适、美观的高原生态公路，营造了良好的旅游环境。

随着公路交通事业的不断发展，在以人为本、天人合一的理念指导下，在生态文明建设、文化产业建设的宏观背景驱动下，立足于安全、生态、环保、人文的公路景观建设，必将在今后的公路建设实践中得到长足的进步。

(四)公路文化景观

公路文化景观是基于各种文化要素在公路线路范围内营造的景观。从广义的角度讲，公路文化景观不仅包括公路内部营造的文化景观，也包括公路外部现存的文化景观。但是，从公路文化景观建设的自觉性看，本文所指的公路文化景观，主要是公路内部以文化素材为基础的各种人工营造景观。公路文化景观是公路文化建设的重要组成内容，是公路文化物质形态的最直观表达方式，也是公路文化品质、公路形象不可替代的载体。

按照本文所论及的范围，公路文化景观体系主要由以下几个方面构成。

(1)公路构筑物及辅助设施文化景观

前文已述，公路公路构筑物主要有路基、路面、桥涵、隧道、排水系统、防护工程、特殊构造物、交通工程设施、服务设施等。这些构筑物和设施的大部分，除本身具备公路文化景观特性外，同时还是文化景观营造的技术平台。一条公路可以赋予一个总体和多级文化形象概念，一段公路可以用区域文化元素命名。如西藏拉贡机场路的总体形象概念为“天高云淡，拉贡高速”，一级形象概念为“雪莲之路”。公路的桥梁、隧道等也可用路域文化元素命名，改变单一用地名或者枯燥乏味的技术术语命名的习惯，使这些构筑物生动形象地展现在驾乘人员面前。云南省保龙高速公路用高黎贡山特有珍稀动植物名称命名穿越该山体的隧道，如杜鹃隧道、铁杉隧道、金鹰隧道、芭蕉林隧道等，既简洁、形象、易记，又传播了高黎贡山生态文化。公路隧道口三角地带、隧道口洞壁及挡墙、桥头、跨线桥以及某些特殊路段，都可以用文化的视角进行审视，在确保公路技术要求前提下，打造成文化景观。如笔者在主持设计云南保山市昌肴公路(昌宁县城至肴街公路)文化景观时，将濒临澜沧江一段弯道命名为“沧江大道38弯”，并设标识展示。

(2)主题文化景观

公路主题文化景观是利用路域文化资源提炼一个文化主题，或者植入一个文化主题,用相应的文化元素,采取适当的表现形式而营造的文化景观。文化主题往往具有鲜明的象征性和代表性,通常是与公路建设理念和路域相关地区人文积淀相联系的要素,甚至具有人文地理标志价值,能展示一条公路以及路域地区最高精神境界。西藏拉贡机场路文化景观设计方案中,选择高原文化为景观设计的主题,充分展示了高原藏民族悠久的历史文化、广袤宏伟的高原生态文化魅力。

有的公路路域文化资源相对单一,缺少代表区域文化特征的元素,可以考虑联系公路的主要功能,植入相关文化主题,营造主题文化景观。如云南昆明市西山区乐水公路(乐亩镇到陡咀大叠水景区公路)设计方案,考虑公路为景区旅游公路,并且有溪流相伴,大胆植入水文化要素,设计出路、水相伴的水文化主题文化景观方案。

(3)公路建设文化景观

公路建设文化景观主要是展示公路建设成就、公路建设者风采以及公路建设技术创新等文化。云南省保龙高速在各施工单位标段路侧塑立景观石碑,雕刻标段工程简介、施工单位名称及 LOGO 等文字和图形,铭记建设者的"铺路石"精神。

(4)驾乘服务文化景观

驾乘服务文化景观以服务驾驶人员、乘客为宗旨,将人性化服务巧妙融入各种形式的景观体中,既展示公路交通服务人们出行的行业精神,又美化公路服务设施。如在服务区设立区域旅游景区导游图、电子显示屏服务温馨提示、形象化的交通安全标识、休息区景观服务设施等景观。

(5)其他文化景观

公路文化景观除上述主要类别外,还包括旅游文化景观、生态环境景观、室外雕塑与建筑小品艺术景观等。

公路文化景观构成如图 1-3 所示。

公路文化景观
- 公路构筑物及辅助设施文化景观:路线、桥梁、隧道、跨线物、隧道三角区、出入口、服务区、观景平台、交通设施、服务设施等
- 主题文化景观:历史遗迹、民族民俗、风景名胜、文学艺术、经济社会、生态文明、科学技术、人物事件
- 公路建设文化景观:工程成就、建设单位、建设者风采
- 驾乘服务文化景观:服务区、休息区、观景平台、其他服务设施
- 其他文化景观

图 1-3 公路文化景观构成图

四、公路生态景观

(一)生态与生态景观

1. 生态

生态一词一般指生物的生存状态,以及生物与生物之间、生物与环境之间的相互关系。

生态学的产生最早也是从研究生物个体开始的。最早提出生态学概念的是德国生物学家E·海克尔(Ernst Haeckel,1834~1919年)。他以发展达尔文进化论为学术己任,其名著《宇宙之谜》,内容涉及生物学、心理学、宇宙学及神学。1866年出版的《生物体普通形态学》一书,提出了反映动、植物演化关系的系统树,以及生态学、生物地理学等名词及定义,当时认为它是研究动植物及其环境间、动物与植物之间及其对生态系统的影响的一门学科。

现在,生态一词被人们衍生广泛使用,涉及的范畴也越来越广。许多时候,人们常常用生态来衡量事物的相互关系的健康、美好、和谐状态,来鉴定某一系统内在因素的平衡和与系统外的正常关联,也就是哲学意义上的关联。多样性是自然界的生态乃至文化界的生态的价值属性,只有多样性存在,才有系统的平衡发展。

生态系统是由生物群落及其地理环境相互作用构成的自然系统,系统范围内所有生物因子和非生物因子,通过能量流动和物质循环过程形成彼此关联、相互作用的统一整体。生态系统的范围可大可小,大到地球生物圈是一个完整的生态系统,小到一块湿地是一个相对独立的小生态系统,大小生态系统相互交错。但是,从生物圈构成机理看,生态系统是开放的系统,系统需要不断输入能量,以避免崩溃的危险。同时,生态系统又是一个循环系统,许多基础物质在系统中不断循环,以不同的物质存在形式进行转换。除自然生态系统外,在一定条件下人们可以营造局部人工生态系统。

2. 生态景观

广义的生态景观是自然、人文复合生态系统的空间综合体,包括自然景观(地文景观、水文景观、气象景观、生物景观等)和人文景观(历史文化古迹景观、宗教文化景观、建筑园林景观、民族民俗风情景观、文学艺术景观、聚落景观、城镇与产业景观和人类活动景观等)。这一释义强调的是人与自然的复合生态系统的平衡与和谐,将生态景观视为复合生态系统,生态景观系统是地表各自然要素之间以及与人类之间作用、制约所构成的统一整体。它关注自然要素、社会经济要素之间的相互作用、联系以及植物、大气、水体、岩石、动物和人类之间的物质迁移和能量转换,以及景观的优化利用和保护。

狭义的生态景观专指自然生态系统景观及人工生态系统景观,主要包括地文景观、水文景观、气象景观、生物景观以及人工的绿化、山水、动物景观等。基于对文化景观在本文中的主导地位,本书所述生态景观特指狭义的生态景观。

(二)路域生态与公路生态景观

路域生态、公路生态、生态公路等表述,起源于20世纪初我国公路勘察设计,之后又逐渐扩展到公路工程建设和营运管理等领域。尤其是“川九路”的成功经验推广后,在公路行业,生态成为热议话题,倍受多方关注,不少公路建设项目也冠以“生态公路”之名对外宣传。但是,生态公路究竟该怎样释义,路域生态到底该如何界定,到目前为止,这些概念都还存在不少争议。

就本书所收集的公路文化景观建设和公路生态景观建设案例而言,路域生态,是指公路线路延伸范围内因公路建设直接和间接影响到生物空间系统状态,包括公路本身。任何一条新建的公路,都会对路线经过的区域生态系统带来影响,造成破坏,不同的只是范围大小、程度深浅而已。从这个意义上讲,生态公路一说较为牵强。然而,不论是否认同生态公路,公路的修建不可避免地要面对破坏生态系统的问题。工程中必须采取的技术措施,如避让重要生态保护对象、减少开挖、排水固土、合理取料与弃渣、恢复植被、绿化、修建动物通道等等,都是直接解决生态问题,都是对路域生态系统最大限度地减少破坏和修复。因此,路域生态、生态公路概念的提法,不是简单地把公路看作生态系统,而是一种新的交通发展理念,是以生态学的理论与规律指导公路这一人工生态系统的建设,使公路的发展与环境相协调,有助于生态环境的保护与和谐公路建设,有助于公路品质提升,有助于生态文明建设。

将生态公路外延扩大,它不仅指自然生态系统,也包括社会经济和建设技术等因素。“生态公路是建立在交通发展与环境相互协调的基础上,以生态系统(自然)的良性循环为基本原则,综合考虑决策、设计、施工、运营、管理的全过程,在一定区域范围内结合环境、经济和社会发展状况而建立起来的公路系统。它是生态学与公路建设相结合的产物,其发展应遵循自然生态规律与区域公路的发展要求。”①

公路生态景观包括路域现存自然生态景观和人工修复植造的生态景观。现存自然生态景观为我们所熟知,也就是大自然生物天生的生存系统综合体。人工修复植造的生态景观最常见的是公路绿化景观,是在路界范围内绿化美化,以

① 牛玉娟,杨坤。生态公路浮出水面,中国交通建设监理,2008-02。

草皮护坡、绿树分割防眩为特点，再加以大面积的路旁行道树减噪吸尘等形成的植物景观。公路生态景观还包括公路选线、构筑物和辅助设施与自然环境协调融合等形成的景观。

西藏和云南所处的高原环境，生态系统十分脆弱，尤以西藏高原更严重。在高原修建公路，保护生态系统减少对生态环境的破坏，甚至比修建公路本身更为重要。在西藏，生态和文化的密切关系十分突出，以藏族为主的各民族人民已经在这一区域中居住了数千年，数千年来他们使用的都是该地区的可及资源（绝大部分都用于生存必需），在许多方面都体现出他们丰富的文化和自然生态之间具有明显关联，他们的宗教信仰、他们的神话、艺术、舞蹈、音乐、诗歌和歌曲等。相对封闭的生态系统，为各民族灿烂文化在雪域高原传承提供了稳定的生态环境和不竭的源泉。

前些年，在生态公路和公路生态景观建设实践中，出现了诸如川九路、思小路（云南思茅至小勐养高速公路）等高原生态公路建设成功案列。这为云贵高原、青藏高原生态公路和公路生态景观建设提供了十分宝贵的经验。川九路位于四川省西北部高原，路域海拔高，人烟稀少，生态环境脆弱，项目区生态保护和恢复是该工程的中心内容。公路建设者通过制定严格的生态保护原则，合理的设计和方案，严密的施工措施，采用常规绿化技术和创新的生态恢复技术，很好地保护了沿线的生态环境。

生态自我修复能力较强的云南热带雨林地区，同样面临公路与生态环境融合的问题。思小高速公路全长97.75公里，穿越西双版纳热带雨林地区，为实现公路建设与环境保护的有效协调，公路建设者们提出了“保护自然、融入自然、回归自然、享受自然”的定位和人文关怀建设新理念，公路与生态系统高度有机融合，公路生态景观与自然生态景观天人合一。

第二节　公路文化景观建设与公路的关系

一、公路文化景观建设

公路文化景观建设是指以公路线路构筑物为平台，以文化素材为基础，通过专门设计、施工营造可视景观物的过程。

公路文化景观建设是一个系统工程，涉及公路建设、管理、营运以及路域环境等多个方面，尤其是新建公路的公路文化景观建设，更是与依托工程紧密联系。公路文化景观建设离不开依托工程构筑物平台，并以此为景观营造的技术支撑。同时,公路文化景观建设工程与公路建设工程之间存在相互协调关系,在工程时间进度、空间转换等技术环节,需协同运筹和优化整合。当然,公路文化景观建设与公路构筑物建设毕竟分属不同的工程领域,期间有各自的技术特点和要求,这就更加需要将两者有机地融为一个整体,系统安排建设工程合理开展。

文化素材是公路文化景观的基础和灵魂,是其区别于自然生态景观的本质内核。公路沟通了不同的地域,也沟通了异域文化。路域丰富的文化资源,为公路文化景观建设提供了广博的素材。通常情况下,公路文化景观建设的选材大多以路域沿线文化资源为主,从中筛选适合展示的文化元素,这样可使公路文化景观与路域自然生态和人文环境和谐地融为一体。

公路文化景观建设是艺术与工程的结合,专业性、综合性极强。它不仅需要文化、艺术、园林景观、生态环境等方面的支持,还必须与公路工程、交通等方面结合;不仅要营造符合视觉审美需要的景观,还要满足工程技术、交通安全和营运管理的技术规范。

在公路文化景观建设中,存在简单照搬的现象。比如,将隧道口三角区按照城市园林标准来打造,不考虑交通安全与动态观赏的需要。还有一些公路沿线文化景观,套搬城市街区雕塑、建筑小品、壁画等作品,复杂的造型和花哨的色彩,既与路域生态环境不协调,又不便于观赏,甚至影响行车安全。许多时候,当人们驱车从一个省市进入另一个省市时,除了醒目的欢迎标语外,往往还会看见路旁或者跨路线上建造的大型雕塑、壁画、立柱、牌坊、门楼等景观。这些现象,都是简单照搬城市街区环境景观建设造成的,忽视了公路的首要功能是安全交通。

二、公路文化景观建设与路域生态的关系

(一)公路文化景观建设与路域文化、生态的关系

公路文化景观建设中生态、文化、技术、经济等因素相互影响制约,组成一个复杂系统。公路是生态的,也是文化的。生态是文化的基础,文化制约着生态,生态与文化的协调是社会和谐的基本要求。

公路文化景观建设以丰富的路域文化资源为主要素材。遍布在广袤大地上的通往城乡的公路就像是密集分布的血管,联系着千家万户,同时也联系着丰富多彩的文化。路域千姿百态的文化资源,为公路文化景观建设提供了不竭的源泉。在西藏拉贡机场专用路文化景观建设研究中,收集整理了历史、文学、建筑、舞蹈、绘画、语言文字、民族、民俗、宗教、服装、交通、市政、风景名胜、山岳、河流、

湖泊、动植物等数十种文化形态资料，建立了较为完整的文化元素资料库，为公路文化景观设计提供了丰富的素材。仅以唐卡为例，课题组通过各种途径，现场考察唐卡绘制过程，了解唐卡历史和技术问题，收集了数百幅唐卡图片资料，并从中提炼出用于拉贡机场专用路文化景观建设需要的题材、元素，设计了主题文化景观。云南保龙高速松山观景台，是一处展示滇西抗战著名战役松山血战的历史文化主题景观平台。设计者深入挖掘抗日战争历史资料，提炼中国人民抗战的民族精神，用简洁、震撼的手法，艺术地再现了松山血战的悲壮场面。

包括公路构筑物及辅助设施文化景观、主题文化景观在内的所有公路文化景观，都以路域生态景观为平台和背景。生态景观在公路文化景观建设中，起着先导和限制作用。路域生态景观系统提供的地表空间条件，制约着公路文化景观的布局、营造，影响着公路文化景观造型、体量、色彩以及空间组合的选择。如西藏拉贡专用公路所处的生态景观系统，相对云南保龙高速所处的生态景观系统来说，生态要素比较脆弱，生态景观背景地形比较单一，生态景观色彩比较单调，而且季节性差异大，这就决定了两者公路文化景观建设的方法、手段、形式不可能一样。

文化多样性丰富的国家和地区，往往也拥有丰富多样的生物。在中国，原住民的传统知识文化和宗教信仰对生物多样性的利用和保护产生了积极的影响。文化的就是生态的，生态的就是文化的。

居住在西藏高原的各民族人民，长期以来形成的农耕生产方式和游牧养殖方式，在他们的生产生活中有着相当重要的地位。数千年来形成了适度耕作、逐草而牧的利用自然的习俗，在客观上发挥了对生物多样性的保护作用。西藏许多少数民族奉行万物有灵的观点，认为人类只是自然界生物的一种，生物世界生而平等，动物和植物、也许还有微生物，同样具有存在的价值，应该得到人类的充分尊重。这是现代生态文明建设重要的思想基础，是高原文化的精髓所在，也是公路文化景观建设所必须尊重自然规律和坚守的生态价值观。

自然生态环境与社会文化有着密不可分的联系，一是自然和文化是不可分离的整体；二是文化的存在与发展建立在生态环境现状与发展的基础上；三是文化对生态有保护或限制的作用。

（二）公路文化景观建设与生态环境保护的关系

坐拥良好的生态环境，更需要我们在公路建设中秉持生态环保理念，修好一条路，保护好一片生态环境。在云南传统文化和生态保护重要性的大前提下，云南省公路建设作为一个系统工程，重视全方位、系统化地拓展道路使用功能，综合考虑生态保护、便民惠民、发展经济等各个要素，使人、车、路、环境协调。云南省陆生生态系统几乎包括了地球上所有的生态系统类型，主要类型有荒漠、沼泽、草甸、灌丛和森林，此外还有云南特有的岩溶山地生态系统和干热河谷生态系统类型。水生生态系统有湖泊生态系统（属于静水水生生态系统）和河流生态系统（属于流水水生生态系统）两种基本类型。云南因为丰富的生态系统类型，从而成为中国生物多样性最丰富的地区，可以说云南省是我国乃至世界生物遗传物质的天然基因库。在物种的多样性方面，云南的生物种类及特有类群数量均居全国之首，生物多样性在全国乃至全世界均占有重要的地位。同样值得一提的是，云南生物多样性保护也一直面临着外来物种入侵和濒危物种急剧增加等问题。

近年来，云南省政府采取了多种措施加强对生物多样性的保护。2008 年云南省人民政府下发了《关于加强滇西北生物多样性保护的若干意见》，明确提出要："加强对交通、矿产、土地、旅游、水能和生物资源开发建设项目的监督管理，严格项目审批，完善监察和审计，坚决杜绝非法侵占生物多样性重要保护地、挤占挪用保护资金的行为。"云南省生态公路建设的理念是：在公路规划设计阶段最大限度保护自然生态系统，在施工建设阶段最低程度破坏自然生态系统，在运行管理阶段最大限度恢复自然生态系统。

以云南省保山为例，2007 年 11 月 9 日，云南省保山市人民政府出台《保山市农村公路建设管理办法（暂行）》，明确了本市农村公路建设的基本原则：依法建设、因地制宜、量力而行、节约土地、保护环境、保证质量、注重安全。针对环境保护问题，明确要求农村公路建设项目应遵守国家建设项目环境保护有关规定，在建设项目可行性研究阶段办理环境影响评价审批手续。建设项目配套的环境保护设施必须与主体工程同时设计、同时施工、同时投入使用，严格环境保护设施竣工验收。环保部门应加强建设项目现场环境监察，督促建设单位落实污染治理和生态保护措施，切实保护生态环境。针对技术管理明确规定：农村公路的建设遵循"充分利用旧路资源，着重提高路面等级，完善防排设施，增强晴雨通行能力"的总体要求，重点改造路面工程，充分利用现有公路，避免大改大调、高填深挖，注重环境保护。在项目选线时，尽量避开自然保护区、风景名胜区、饮用水源保护区、生态脆弱区等环境敏感区域。重视取土、弃土设计，防止堵塞河道，防止水土流失，做好地质灾害防治工作，切实保护耕地、林地。

云南省昆明市西山区按照"新理念、新思路、新工艺、新模式"的目标要求，提出了符合云南不同山区农村公路建设实际情况的科技环保路、生态景观路和旅游文化路的建设理念和建设思路。西山区于 2007 年 11 月开工修建乐居—律则—武家箐生态景观公路（简称乐律武公路），2009 年 3 月底通车的乐律武公路总长26.4公里，按四级公路标准建设，全线展示了公路文化，山、水、石文化，特别是地域特色文化，是一条集生态旅游观光、全民健身、农村公路教学、科技示范、文化体验、便民致富为一体的乡村公路。整条道路的设计、修建都体现了生态的理念，建成后的乐律武公路被云南省科学技术厅和云南省交通运输厅联合授予“云南省农村公路科技示范路”，对于云南省农村公路“因地制宜，就地取材，创新工艺，节约成本，尊重自然，保护生态，利用资源，拓展功能，促进发展”的建设具有指导意义。

三、公路文化景观建设与公路建设、营运的关系

（一）公路文化景观建设与公路建设工程的关系

1. 公路建设工程是主体，公路文化景观建设服从于公路建设工程

公路的基本功能是供车辆（主要是汽车）安全行驶，其功能性构筑物建设工程是公路建设的绝对主体。从勘测设计到修建营运，各个技术环节都是围绕公路的基本功能展开的。包括路基路面、桥涵、隧道、排水系统、防护工程、特殊构造物以及交通设施和辅助设施，是构成一条功能齐备、安全可靠、通行正常的公路的必不可少的要素，缺少这些要素或者这些要素不能正常存在，都可能带来交通安全隐患，造成公路基本功能缺失。公路文化景观建设，在上述公路主体工程中处于服从地位，在优先满足主体工程技术要求前提下才可能有公路文化景观建设的空间。公路文化建设不能影响公路基本功能的发挥，而是在此基础上的品质品位的提升。在公路景观建设中，从设计到施工，都不能以牺牲公路主体工程技术标准要求为代价。

2. 公路建设工程是文化景观建设的依托工程

公路文化景观建设依托公路建设工程，主要体现在以下几个方面。一是依托公路建设工程立项；二是依托公路建设工程设计和科研；三是依托公路建设工程施工营造；四是依托公路建设工程解决工程费用；五是依托公路建设工程养护管理。

3. 公路文化景观建设与公路建设工程协同优化

公路文化景观建设与公路建设工程协同优化主要体现在设计与营造两个环节。公路文化景观主题、内容确定后，在景观设计时，要充分考虑路域生态环境、公路线路线型、构筑物特征、交通安全等要素，在选位、定点、造型、体量、色彩、方位等方面，协调融入公路环境。景观点较多的，还要注意序列分布，做到布点适度，节奏变化舒适。协同设计要充分满足交通安全需要，坚持审美服从安全的基本原则，避免造成视觉冲击、反差较大的景观体和复杂烦琐、杂乱无章的景观，以

免影响驾驶员安全行驶。线路中间和两侧的文化景观与观景平台、服务区、出入口的文化景观要区别对待,繁简有别。对于特殊路段或者重点路段设置文化景观的方案,要进行安全、生态和景观评估。公路文化景观营造过程中,应由道路工程、安全工程和景观工程等方面的工程师组成协调组,实地进行景观营造协同会商,解决技术衔接和要素优化等实际问题。

4. 公路文景观建设提升公路文化品质

公路文化景观是展示、传播文化的生动形式,是公路文化品质的重要体现。依托公路交通流动平台,能够较快、广泛地将路域文化、公路交通文化、生态文化、主题文化等传播开。公路是行业自身和一个地区的窗口,对路域地区、公路本身以及公路交通行业的形象塑造有不可替代的作用。公路文化景观建设还可以借助道路载体展示旅游文化,通过旅游文化可视系统及观景系统的人性化设计,通过在路域人口集中地设立观景点,使公路处处体现人文关怀,处处富有浓郁的人文气息,使道路休闲观光、文化宣传和旅游引导功能有机统一,助推地区旅游及文化产业的跨越式发展。

2010 年 7 月云南保龙高速通车后,迎来了社会各界,特别是交通业界和新闻界的高度关注,其中,引人注目的一个亮点就是保龙高速公路文化景观建设成就。云南网在报道中称赞:“保(山)龙(陵)高速公路是一条艰辛之路,建设者一千多个艰难的日日夜夜,在天堑怒江两岸,在地质情况最为复杂的横断山脉核心高黎贡山,在无法立足的悬崖峭壁,修筑了一条通天大道,这条 65 号瑞(丽)杭(州)国家高速保龙路段,是一条人文之路,成功之路”。“保山是重要历史名城,龙陵会战血染的土地永远不会被忘却。保龙高速连通的是两座重要的城市,同时也是中国西南边境的重要出境通道。在这不足 100 公里的路段上,雄伟的怒江,神奇壮丽的高黎贡山,美丽富饶的潞江坝,滇西抗战历史,多姿多彩的民族文化,二战时期著名的史迪威公路,还有珍贵稀有的动植物,你都能看到。在高黎贡山,你可以一脚踏在印度大陆,同时又可以踏在亚欧大陆”。“如此丰厚的人文资源,自然资源,是这个地区的财富,更是保龙高速得以彰显公路文化,创建人文之路得天独厚的条件。体现一个地区丰富的文化,用公路为载体,保龙并非首创,但保龙高速应该说做得很有特色”。“在后交通时代,一条公路不仅仅是一条公路,而且成为一个地区的文化承载体,造就的是人与自然的和谐,亲近自然、敬畏自然、融入自然,这是新一代建设者对自然的礼赞。”①

---

① 《怒水贡山　天涯栈道——保龙高速修建人文之路》http://www.yunnan.cn/html, 2010 年 7 月 14 日。

交通运输部官方网站发文称："保龙高速公路的走向，基本上沿着西南丝绸之路的古道逶迤南行，一路留下了灿烂的历史文化。哀牢文化是云南最古老的民族文化之一，派生出来的永昌文化、蒲缥文化形成了至今还存在的千年风情。抗日战争期间，滇西抗战胜利的标志松山战场，似乎现在还能看到当年的硝烟"。"从滇缅公路到保龙高速公路，现代交通能否和历史文化相融合？建设者按照文化景观与路、自然环境相互和谐，普适性和艺术性相互统一，经济性与品位性有机结合，文化与路域旅游文化发展良性互动的原则，一方面传承文化，另一方面提高文化品位，将民族文化、地域文化的因子植入建设之中"。"保龙高速与自然环境和谐、与历史文化和谐、与社会大环境和谐、与生命和谐，建设者们奉献出的这条人本和谐之路，造就了一方的和谐和幸福。"①

（二）公路文化景观建设与公路运营管理的关系

公路文化景观建设为公路营运管理奠定人文基础。一条富有人文气息的景观公路，一条充满人性关怀的文化公路，就是一道流动的亮丽风景线，就是公路交通行业的形象窗口。这道风景线和这扇窗口，在公路建成后的营运管理中将会带来更多的和谐气息。公路文化景观的建设，推动公路营运管理人文理念的提升，推动行业精神文明建设和公路文化建设。

2012年8月，笔者在云南保龙高速通车两年后回访保龙高速文化景观维护情况时，在蒲缥观景台（景观休息点），偶遇公路养护工人小朱。交谈中，小朱称：以前管养公路也就是查路况、排险、修理设施等，现在还要管护文化景观，觉得自己也"懂文化了！"哈哈！有时，遇到乘客问起观景台上的雕塑、文字，还要给他们多介绍介绍呢。家住蒲缥镇的小朱打开话匣子，如数家珍般讲起了蒲缥人、蒲缥古镇、蒲缥的驿站、蒲缥的甜大蒜、蒲缥的石榴、蒲缥的趣闻……脸上洋溢着质朴的自豪。

第三节　公路文化景观建设的意义

一、公路文化景观建设的重要性和必要性

（一）公路文化景观建设是公路交通科学发展的必然选择

"加强交通文化建设，努力增强行业软实力。交通文化建设，就是按照以人

---

① 张弼贤，唐似亮：《捧给社会的和谐——保龙高速公路建设的理念与实践》http://www.moc.gov.cn/xinxilb/xxlb_fabu/fbpd_yunnan/201008/t20100806_714407.html，2010年08月06日。

为本的价值理念，建设具有鲜明时代特点和交通行业特色的各种物质文化、制度文化和精神文化，其核心内容是建设交通精神文化，以不断增强广大干部职工的精神力量，增强行业的凝聚力，提高行业的影响力，为交通事业又快又好发展营造良好的文化环境。”这是交通运输部2006年，在部署全国交通行业十一五时期精神文明建设工作和交通文化建设工作时提出的要求，也是从一个侧面阐述了公路文化建设的重要性。改革开放30年来，我国公路建设稳步推进，通车里程大幅提高，路网构架不断完善，公路交通科技进步显著，公路在国民经济中的地位日益突出。今后一段时期，国家将重点加快国家高速公路网主骨架、“断头路”、扩容路段和农村公路建设，积极推进国省干线改造。同时，公路文化品质提升也越来越得到重视。通过公路文化景观建设这样的具体举措，加强公路文化建设，增强公路人文精神内涵，提高人性化交通禀赋，这是公路交通科学发展的必然趋势。

（二）公路文化景观建设是路域地区形象塑造的重要窗口

许多公路延伸到的区域，历史悠久，文化资源积淀丰厚，民族文化特色浓郁，为文化事业的发展提供了肥沃的土壤，也为路域地区通过公路文化景观建设塑造形象窗口提供了丰富的素材。

在西藏实施公路文化景观建设中，以“大美西藏”为手笔，尽展高原大美风采。民族文化是各族人民安居乐业、和睦稳定、参与西部大开发、实现跨世纪发展的坚实基础。在“大美西藏”的感召下，自治区民族文化建设逐渐布局到各个领域，高原公路理应成为“大美西藏”最亮丽的流动风景线和对外交流的文化窗口。西藏文化传承建设要围绕西藏的稳定发展战略，构建特色浓郁、结构合理，设施完善、功能齐全，人才辈出、精品纷呈，产业发达、效益显著，辐射力强、影响面广的民族文化新格局。将西藏民族文化植入公路文化建设，利用公路文化景观，充分展示西藏民族文化特色，增强各民族优秀文化在全国乃至世界的影响，塑造西藏良好的形象，把西藏建设成为民族文化、生态环境、经济社会协调发展的示范区，推动全区经济社会新发展。

（三）公路文化景观建设是地方经济社会建设的重要措施

党的十七届六中全会通过了《中共中央关于深化文化体制改革推动社会主义文化大发展大繁荣若干重大问题的决定》，十八大把生态文明建设作为新时期重大历史任务之一部署，这是公路文化景观建设的重要机遇。加强公路文化景观建设，是改革与发展的客观需要，是真正造福于民的德政工程和民心工程，是地方经济社会建设的重要措施。公路文化景观建设给蓬勃发展的公路建设带来新的气象，也必将促进路域经济社会建设相关领域发展。在公路文化景观建

设过程中，要充分认识路域环境资源现状和优势，突出公路建设中要保护好生态环境和人文历史两大重点，以建设生态公路和建设文化公路为具体措施，实现路域经济社会和文化、生态等各方面的协调发展。

（四）公路文化景观建设是科学发展交通的重要内容

文化是民族个性的根基所在，是民族的灵魂，也是可持续发展的源泉。一个民族之所以区别于其他民族，最根本就在于文化的区别。民族文化个性的不同构成了世界文化的多样性，因此，世界才更加显示出异彩纷呈。在当今经济大潮特别是经济全球化浪潮汹涌澎湃的时候，文化的多样性已经成为保持人类的创造性、保持人类发展可持续性的一个中流砥柱。

改革开放以来，一些地方公路交通建设在取得长足进步的同时，也付出了高额的环境、文化成本代价，民族文化的流失，民族风情的弱化，生态环境的破坏等等。现代化建设与民族文化的保存和生态环境的保护成了一对突出的矛盾。在新的形势下，重视对特色文化资源的保护，对生态环境的保护，弘扬优秀民族文化，走可持续发展之路，加强公路文化景观建设，是公路交通科学发展的必然选择和重要内容。

二、公路文化景观建设的现实意义

（一）有利于提高人们对路域人文资源的保护力度

许多成功案例证明，作为行走的生态文明与文化建设载体的公路，在提高人们对自然、人文资源的保护意识方面，具有不可替代的助力作用。公路对文化的扰动是具体、广泛和深远的。在修建公路时，要以文化公路建设理念为指导，在公路规划设计阶段、建设和运营阶段，系统贯彻公路文化景观要求，采取多种措施降低不利的扰动。通过公路文化景观建设展示公路与文化结合，提高公路文化品质的魅力，提高人们在公路建设、运营和使用中保护人文资源和传承文化脉络的认识，加强保护力度，努力实现公路建设、生态保护和文化传承同步发展。

建设文化景观公路的要求一旦明确，必将促使相关单位及理论研究者、设计施工者等，对路域文化资源进行整理挖掘和研究应用。对公路路域的文化资源现状进行调研、整理和挖掘，将其作为建设文化公路的现实依据这个过程，本身就是对路域文化的深度关注，也必将引领路域地区经济发展方向，带动相关文化产业部门对区域文化中潜藏商机的高度关注。

（二）有利于助推文化旅游事业发展

将路域丰富的人文旅游资源，通过公路文化景观生动地展示出来，对于助推地区文化旅游事业发展具有独到的直接作用。以西藏为例，人文旅游资源丰富，且具有不可类比的唯一性。西藏丰富的人文资源遍及雪域高原各地，公路所经之处，必有历史、艺术、民俗、宗教、生态等璀璨的为游人所向往的文化瑰宝。通过科学、系统的规划设计，用适当的公路文化景观方式展示"大美西藏"人文之美，将有力地助推西藏文化旅游事业发展。

(三)对于丰富和完善公路科学理论产生深远影响

推进公路文化景观建设将为公路科学理论研究开辟新的领域，并提供丰富和生动的素材。20世纪以来，自然科学和人文科学进行了大跨度的联姻，工程学与生态学、文化学、人类学、社会学、经济学、艺术学等学科纷纷跨越固有的学科范畴，从理论探索和实践需要两个不同的起点开始广泛而深刻的交叉合作、理论和实践融合，形成许多新兴的学科领域。公路生态学、公路文化学、公路生态文化学、公路景观学等新的概念也伴随着路域科学的发展逐渐呈现在世人眼前。公路文化建设理念和实践上的探索，将开辟我国公路科学研究的新领域，为公路科学研究积累理论和实践成果。

(四)推动在工程领域树立尊尚文化的思想

一段时间里，我国公路建设造成对生态薄弱地区自然生态的破坏和文化资源的破坏，而这些破坏有的是无法弥补的。新的形势下，公路建设要秉持和实践生态保护与文化建设理念，在公路工程领域明确生态与文化建设是重要内容和元素，确立崇尚生态与文化的思想，从本质上改变公路工程领域的建设理念。同时，要经过实践探索，总结成功的经验，以公路文化景观建设为突破口，实现修一段路，传承一方文化，提高整个公路建设的文化品质。

第四节　公路文化景观建设导向

一、宏观政策导向

(一)公路文化建设的政策和法律依据

公路文化景观建设，要以国家制定颁布的有关政策、规范和法律为依据，在法律规定框架下运作。涉及公路文化景观建设的法规依据主要有：《中华人民共和国公路法》、《中华人民共和国环境保护法》、《中华人民共和国水土保持法》、《中华人民共和国环境影响评价法》、《中华人民共和国文物保护法》、《中华人民共和国道路运输条例》、《中华人民共和国公路安全保护条例》、《中华人民共和国自然保护区条例》、《建设项目环境保护管理条例》、《中华人民共和国水土保持法实施条例》、《公路工程技术标准》、《公路建设环境影响评价规范》、

《公路环境保护设计规范》、《保护和促进文化表现形式多样性公约》、《保护非物质文化遗产公约》、《关于实施中国民族民间文化保护工程的通知》、《关于印发〈国家非物质文化遗产保护专项资金管理暂行办法〉的通知》、《全国交通行业十一五时期精神文明建设工作指导意见》、《交通文化建设实施纲要》等。公路文化景观建设坚持以国家政策、法规为依据,结合路域自然环境、人文状况等现状,从公路文化景观的规划、设计到施工以及投入使用,打造具有路域文化特色的高品质文化公路和可持续发展的生态公路。

当然,公路文化建设在我国还处在起步阶段,相关的制度建设也在同步发展,许多技术规范、标准和机制,也需要在总结实践经验的基础上建立和完善。公路文化景观建设应大胆探索,积极实践,勇于创新,特别是在跨学科边缘科研方面协作融合,进行系统集成、协调性和优化性研究,并推动相关设计、施工、监理、评价等环节的技术标准化进程,促进我国公路文化建设发展。

(二)公路文化建设的举措

近年来,在我国的公路建设实践中,越来越重视公路文化建设。学术界和交通行业近些年对交通文化特别是公路文化的研究与实践,为公路文化景观建设起到了重要的推动作用。如:由交通运输部组织编写的《公路文化》、《路文化》、《桥文化》、《道路运输文化》等《交通文化的探索与实践》系列丛书,从不同角度系统总结了我国公路文化建设取得的成果,并对当前公路文化的建设开展了卓有成效的研究。目前,交通行业正在开展创新型交通行业建设,其指导思想在于不断提升交通发展理念,不断推进交通科技创新,其总体目标是:到 2020 年,公路水路交通行业的创新实力显著增强,解决交通发展重大问题的能力显著提高,在交通各个领域的创新工作取得显著进展,使交通行业成为富有创新活力、具有创新动力和拥有创新实力的行业,推进交通事业又好又快发展,建设一个更安全、更通畅、更便捷、更经济、更可靠、更环保、更和谐、更具有文化品位的公路水路交通系统。

国内的高速公路越来越重视文化建设,交通运输部通过西部交通建设科技项目从 11 个方面对交通文化建设进行了立项研究,并取得了丰硕的研究成果,这些成果正逐步应用于交通文化建设与管理中。交通部于 2004 年 4 月在全国展开以"提高设计人员环保景观设计(创作)意识,转变设计理念,合理灵活运用技术标准指标,降低公路建设对社会环境负面影响,提升公路交通行业整体形象"为目的的公路勘察设计典型示范工程活动,提出"安全、环保、舒适、和谐"的原则,并首次选出 12 个公路项目,其中部联合 6 项,省级示范项目 6 项,同时提出咨询要点,编写了示例图片集。

在我国公路建设实践中，对生态和文化建设进行了积极的探索。如：思小路的“生态理念”，川九路的“和谐理念”，沪蓉路的科技品质建设，小磨路、杭州湾跨海大桥的人性化设计，保龙高速、保腾高速的文化景观建设等。

2005年为提升交通建设的文化内涵，交通运输部专门成立交通文化建设研究工作指导委员会，从交通行业文化建设、交通系统文化建设、交通专业文化建设3个层次，分为22个专题，对交通文化建设进行系统研究。其中，交通行业文化建设研究，重在提炼交通行业的价值理念，重点是行业精神和核心价值观。交通系统文化研究，研究不同系统的特色文化建设问题，重点是提炼和解释各系统具有系统特色的价值理念。交通专业文化研究，重在研究不同专业领域的特色文化建设问题，重点突出物质文化研究。例如，新疆维吾尔自治区交通厅王之安，在《公路文化建设研究》中提出，要建设具有系统特色和时代特色的公路文化体系。中国公路杂志社梅君在《路文化研究》中提出，公路桥梁是文明进步的成果，是社会进步和发展的载体，是交通行业专有的文化积淀，路桥文化要以物质形态重点体现公路、桥梁的历史价值、地域特征、民族特色和艺术价值。河北省交通厅齐树平在《站文化研究》中提出，站文化以其独特的外形特征反映其美学价值和人文内涵，使站场作为一个公共服务场所，能够给人以深刻的文化气息和美的感受。目前，交通文化建设系列项目的研究工作进展顺利，已在许多方面取得了一系列显著的理论成果和实践成果，为具体项目的实施提供了理论支撑。

目前，将科技创新与路域文化建设有机结合，系统地将高速公路打造成科技文化示范路，国内还处于探索阶段。在公路文化建设实践中，大多数还局限于对一些零星文化资源的展示，缺少对地域特色历史文化、民族民俗文化的系统研究、设计和物化建设。关于交通文化的研究也主要是对公路本身积淀的精神文化、制度文化、企业文化的总结，而对于地域特色文化、主题文化等如何在公路这一载体进行系统打造，营造公路文化景观等方面还缺少深入系统的研究。因此，重视公路品质建设的提高和公路文化品位的提升，实现人、车、路、自然与文化的和谐，拓展公路功能，推动公路沿线旅游文化产业及经济社会发展，已成为我国高速公路建设的发展方向。

在农村公路建设方面，交通部门多措并举推动农村公路建设，提升农村公路科技含量、便民水平和文化品质。2003年至2008年，交通部提出了“修好农村路，服务城镇化，让农民兄弟走上柏油路和水泥路”的工作目标，发布《交通建设项目环境保护管理办法》，启动农村渡口改造和农村客运站点建设工程。下发《公路工程设计变更管理办法》并提出“稳步推进农村公路建设，大力发展农村公路交通，更好地服务于社会主义新农村建设”，确定了新农村公路建设的目标，到2020年，具备条件的乡（镇）和建制村通沥青（水泥）路，全面提高农村公路的密度和服务水平，形成以县道为局域骨干、乡村公路为基础的干支相连、布局合理、具有较高服务水平的农村公路网，适应全面建设小康社会的要求。2009年初，交通运输部召开农村公路建设领导小组第六次会议，分析了当前农村公路建设面临的新形势、新任务、新要求，对2009年农村公路工作做出了总体安排。会议确定，2009年农村公路工作的总体要求是：以深入贯彻落实党的十七届三中全会精神为统领，以科学发展观为指导，以服务社会主义新农村建设为中心，以继续抓好为新农村建设服务的“八件实事”为主线，以继续开展“农村公路建设质量年活动”为载体，坚持突出重点、稳步推进、统筹城乡、协调发展的原则，推动农村公路工作再上新台阶。2010年，交通运输部在全国农村公路工作电视电话会议及《关于做好2010年农村公路工作的若干意见》中提出，深入贯彻党的十七届三中、四中全会精神，落实科学发展观，服务社会主义新农村建设，以“农村公路建设质量年活动”为载体，以第三批农村公路建设示范工程为导向，继续加快农村公路建设，推进管理养护工作的常态化、规范化，确保全面完成“十一五”农村公路建设任务，为统筹城乡经济社会发展做出新的贡献。近年来，全国农村公路建管养行政规章和技术政策从无到有，逐步趋于完善。交通部出台了《农村公路建设指导意见》、《农村公路改造工程管理办法》、《农村公路建设管理办法》、《公路工程施工招标资格预审办法》、《公路工程施工招标管理办法》、《农村公路养护管理暂行办法》、《农村公路养护技术指南》、《关于进一步加强农村公路建设质量管理的若干意见》等规范要求。

二、公路文化景观建设的基础

公路文化景观建设在公路建设所取得的成就基础上创新展开。这些成就，既有物质层面的，也有精神层面的，它们都是公路文化景观建设的坚实基础。

在雪域高原，公路交通是西藏经济和社会发展的命脉。改革开放30多年来，公路建设得到了很大的发展，为西藏公路文化景观建设奠定了丰厚的基础。在党中央亲切关怀和全国人民的大力支持下，经过数十年的艰苦努力，西藏建成举世闻名的川藏公路、青藏公路之后，又建成了滇藏公路、新藏公路和中尼公路等主要干线公路。1997年底西藏自治区公路通车里程达22391公里。到2013年底，全区公路通车总里程已达到70591公里。

解放之初，人民解放军进军西藏时，毛泽东主席发出了“一面进军，一面修路”的指示，并题词“为了帮助各兄弟民族，不怕困难，努力筑路！”公路建设者在被称为生命禁区的雪域高原修起了长达4360余公里的川藏、青藏两条公路。1954年12月25日,两条公路通车拉萨,结束了"唐蕃古道人背畜驮,栈道溜索独木舟"的历史,开辟了西藏交通的新纪元。毛泽东欣然题词"庆贺康藏、青藏两公路的通车,巩固各民族人民的团结,建设祖国!"川藏公路、青藏公路建成通车,不仅开创了西藏高原公路建设的新纪元,也为我们留下了十分宝贵、丰富的精神财富,积淀了深厚的公路建设文化。此后,1955年3月国务院第七次全体会议通过了《关于西藏交通运输问题的决定》,11月23日交通部西藏局在拉萨成立。组织领导机构的建立和逐步健全,使公路建设得以有计划、有步骤地发展。1957年10月6日新藏公路建成通车。新藏公路全长1179公里,是世界上海拔最高的公路。1965年6月30日中国尼泊尔国际公路中国境内建成通车。1984年两路通车30周年时,西藏交通在新形势下,再次迈上新台阶,全区公路里程达21611公里。1985年,国家投资8亿多元对青藏公路格尔木至拉萨段进行了改建,建成了世界上平均海拔最高、里程最长的二级沥青路面公路。青藏公路的改建,揭开了我国公路建设史上创新的一页,为在高海拔、低纬度的多年冻土地带大面积铺筑沥青路面提供了实践经验。

改革开放后,西藏交通有了突飞猛进的发展,公路建设从普及走向提高。西藏的公路交通在西藏的经济建设、社会发展、稳定局势、巩固国防、抢险救灾、保证重点工程方面,起到了举足轻重的作用。几十年来,国家调拨支援西藏国民经济建设和人民生活的所需物资,95%都是通过公路运进区内的,国家和各省市支援西藏的43项重点工程、62项援建项目及抗震救灾、支农等到指令性物资,乃至羊卓雍湖电站等重点工程大型设备都是通过公路运进西藏的。西藏公路建设所取得的辉煌成就,也带动和促进了各行各业的发展,为自治区的经济建设、改革开放、旅游观光、文化交流和满足人民生活等方面起到了重要的作用。它让西藏了解世界,也让世界了解西藏。

随着公路事业的发展,公路沿线货物集散地逐步发展,形成了新兴的城镇,一些城镇已成为该地区政治、经济、文化的中心。如今青藏公路上的格尔木市、那曲镇,川藏公路上的昌都镇、八一镇,拉泽公路上的泽当镇、中尼公路上的日喀则市、樟木镇等公路沿线城镇商贾云集,呈现出一派繁荣景象。

新世纪西藏公路建设,以穿越西藏的五条国道干线为骨架,基本完成"三纵两横"、"六个通道"的建设,提高区内南北走向的3条公路干道和东西走向的两条公路干道的通过能力。"三纵两横"覆盖西藏主要经济区,既沟通西藏与新疆、青海、四川、云南的联系,又通过6个口岸,建设与周边国家和地区的通道,这是西藏通往南亚、中亚的最近通道,也是我国西部对南亚、中亚开辟贸易流通的

最捷径的通道。[①]

近年来，交通运输部将生态保护与文化建设放到了一个重要位置，明确提出要“加强交通文化建设，努力增强行业的软实力”，要求各地、各单位都要把交通文化建设摆在重要的议事日程，采取有效措施，扎实推进，力争文化建设取得明显进展。尤其是交通运输部先后印发了《交通文化建设实施纲要》和《交通文化建设研究工作方案》，为全国公路文化稳步推进做出了纲领性导向。在这一背景下，西藏公路文化建设将更新观念、适应发展，科学谋划，加速推进公路生态与文化建设。这也将为西藏公路文化建设中植入文化景观建设开创崭新的篇章。

① 西藏交通运输厅《西藏交通概况》http://www.xzjtt.gov.cn/ArticleList.aspx，2006年9月7日。

第二章 公路文化景观建设总体定位

第一节 公路文化景观建设的基本思路

一、展示文化魅力，打造文化品质公路

一段时间以来，一些地方在公路建设过程中，对公路工程本身投入了更多的关注，但对于采用先进技术保护生态，尤其是通过公路文化景观建设彰显公路文化方面涉及较少。进入21世纪以来，随着公路建设的发展，对公路品质品位提出了更高的要求。在试点公路文化景观建设积累的经验基础上，逐渐地开始传播，尤其是随着科学发展公路交通理念的深入，公路生态与文化建设逐渐进入地方党政及交通主管部门、建设者的视野。全面提高公路品位，与路域文化内涵协调，充分展示路域丰富多彩的文化，正不断成为公路建设的共识和科学理念。

近20年来，欧美一些国家盛行以"风景道"(Scenic Byways)的概念提升公路品质。风景道是指路旁或视域之内拥有审美风景、自然、文化、历史、旅游价值，考古学上值得保存和修复的景观道路。有的国家还以立法形式颁布相关法案，确定风景道标准，规范风景道建设。

最早提出风景道概念的美国，1991年颁布国家风景道计划(National Scenic Byway Program，NSBP)，并在《多式联运地面运输效率法案》(简称冰茶法案)中予以确认。法案"为风景道提名、评选、基金资助、管理体制等重要问题制定了标准与规范，以法律形式确立了NSB(国家风景道体系)在美国公路网中的重要地位，并提供了政策和资金等重要保障，有效地激发了地方政府、相关部门和非政府组织参与到NSB建设和管理中来的热情和积极性。"

风景道"是一种路旁或视域之内，拥有审美风景、自然、旅游、文化、历史和考古等价值的景观道路，它实现了道路从单一的交通功能向交通、生态、游憩和保护等复合功能的转变。风景道是欧美国家近20年兴起的对道路生态、资源的品质保护和建设的体系，是其百余年来注重生态环境和自然文化遗产保护和管理的延续和发展，反映了工程技术与生态环境、历史文化、景观游憩的有机结合，

也是生态文明的一种发展。”①这一新的公路建设理念和思路值得我们借鉴。

打造文化公路，提高公路文化品位，可首先从国道、省道以及重要的旅游公路先行实施。国道、省道是国家和地方的公路骨干，是沟通祖国各地的战略通道，在新建、改建安排上，国道、省道往往是国家和地方财政投入优先考虑的对象，为公路文化景观建设提供了可靠的依托。同时，国道、省道也是国家和地方交通事业发展和经济社会发展的重要形象窗口，对内对外都彰显改革开放和经济社会进步的伟大成就，提高这一窗口的文化品位，展示国道、省道路域文化魅力，也是公路文化景观建设的责任。国道、省道公路文化景观建设具有显著的示范效应，积累的经验和成果可广泛用于其他公路，包括县道和农村公路。

在地方公路，包括农村公路建设中，打造生态公路、文化公路越来越得到重视。一些地方通过创新公路建设理念，按照展示地方文化形象，提高公路文化品位的思路，深入挖掘生态与文化资源，展示公路建设在环境保护和文化传承方面成功案例和发展潜力。在2005年年初国务院通过的《全国农村公路建设规划》中，提出“十五”期间和“十一五”期间全国农村公路建设的重点主要是推进“通畅工程”和“通达工程”，对西部地区农村公路的要求则为重点改造县通乡公路，加快建设通村公路，基本实现“油路到乡”、“公路到村”；同时也明确了农村公路建设发展要坚持建设、养护、管理并重，坚持可持续发展的指导思想。各地通过进一步加强农村公路与路域生态文化的协调性来逐渐提升公路品位，更好地保护了生态系统，也保障了路域系统文化的传承与发展。坚持以服务沿线人民群众和方便驾乘人员为本，以服务城乡统筹和农村经济社会发展为目标，把农村公路建设成为经济实用的科技路、因地制宜的安全路、人性化服务的便民路、特色鲜明的文化路、促进城乡统筹和新农村建设的和谐路。

二、融入生态环境，建设生态文明公路

公路文化景观以整个路域，包括路线构筑物和路线周边环境，作为构建平台和视觉背景。路域沿线一切在技术上和可视范围内的对象，都是公路文化景观的关联物。一条公路安全、美观和特色鲜明的公路文化景观序列与整个路域的协调关系，一个公路文化景观单元与一段路的环境融合关系，都直接影响公路文化景观建设的成败。因此，在公路文化景观建设中，坚持注重环境关联协调，与路域生态和谐，建设生态文明路的思路，是确定规划、设计、施工等技术走向的

① 中国公路载《国外风景道体系研究》，http://www.chinahighway.com/news/2011/481977.php，2011年3月7日。

基础。

公路构筑物与公路文化景观关联度很强，关联协调特别重要。依托工程的构筑物，包括公路线型、路基路面、桥梁、隧道、护栏、跨线物、标识、出入口、边坡、服务区、收费站、休息停靠点等，它们的形状、体量、材质、色彩、位置等各种技术指标都处于优先确定地位，构成了公路文化景观的路域内部环境，决定了公路文化景观关联协调的主题方向。公路文化景观以公路构筑物环境作为参照，主动协调技术关系，合理、适度融入公路构筑物内部环境，做到形状呼应、体量均衡、材质互溶、色彩协调、位置恰当。

路与生态环境是公路文化景观的大背景，并互为一体构成公路景观系统。当代公路建设，十分重视公路路线走向与路域环境景观的关系，通常采用借景的方式，在满足技术、安全、经济和生态的基础上，尽可能将线路与线路可视范围内的观景效果结合起来，形成自然的公路线路外围景观系统，为公路文化景观设置提供背景，使公路文化景观融入自然生态景观体系，相得益彰。同时，公路文化景观建设自觉主动尊重路域生态环境，也是对公路生态文明建设的有益促进。

西藏作为地处祖国西南边陲的边疆民族地区，公路运输是主要的交通运输方式。公路交通发展空间大，未来公路建设任务重，工程项目将不断增加，这种发展趋势要求我们更应该提前树立高度重视建设生态文明公路的理念和思路。西藏高原的生态环境相对独立，同时处在全球大生态系统中，也越来越多地受到全球性生态危机的影响，加之恶劣的气候，生态自我修复能力弱，尤其需要在公路与公路文化景观建设中，注重环境关联协调与路域生态和谐。公路生态环境保护与文化景观建设，体现的是全面贯彻落实科学发展观，服务经济社会发展，服务各族群众安全便捷出行，践行生态文明建设，坚持可持续发展的建设理念。坚持政府主导、全民参与，统筹规划、分步实施，因地制宜、分类指导，建管养运、协调发展的生态文明公路建设方针，建立高原公路文化景观建设与生态文明公路建设管理机制，走科学创新型、资源节约型和环境友好型的发展道路，促进高原公路建设持续发展。

三、突出文化主题，体现鲜明个性

公路文化景观建设是文化、艺术、技术和环境相结合的创作活动，其成果就是一系列的作品。文化主题是文化个性的集中体现，一件作品要有突出的文化主题和鲜明的艺术个性，才能放射出光彩，为大众所接受。一条文化公路要有一个主题，一条文化公路的文化景观也同样要有一个主题。这一主题通常会包含

在公路总体形象概念中，如云南保腾高速公路，总体形象概念是“新南方丝绸之路”，其中就包含了文化景观以路域历史文化为主题的展现思路。

昆明市西山区的“乐水路”文化景观设计方案中，确立水文化主题，打造水文化主题景观，很好地利用了路域资源，凸显鲜明的个性特征。乐水路是一条只有几公里的旅游公路，从景区流出的小溪与公路结伴同行，蜿蜒于青山沟壑之间，山、水、路成为路域最重要的环境对象。选择水文化为乐水路公路文化景观的文化主题，巧妙地将深厚的文化元素与路域生态环境有机结合。由此我们可以明确，公路文化景观的文化主题的选择，不仅要提炼路域特色文化元素，找到能代表路域文化特质的因子，同时，还要结合路域生态环境、社会经济状况和公路的主要功能来综合筛选。

西藏高原公路文化景观建设中，文化主题的确定要始终围绕西藏丰富灿烂的文化和高原生态考虑。“世界屋脊，神奇西藏”是西藏特色文化和特色地域的浓缩，具有概括性总体形象概念的感染力。西藏文化内涵丰富，文化形态多样，文化个性十分鲜明。不同区域的公路，所跨越的路域环境也存在差别，文化也存在差异性。如藏北地区和藏南地区，路域生态状况、地形地貌、文化和经济社会发展状况，都有所不同。在穿越这些不同地区的公路上进行公路文化景观建设，文化主题的确定一定要遵循路域的实际情况，挖掘不同的代表性特色文化，展现路域鲜明的文化个性。

四、依托公路工程，安全通行优先

公路文化景观建设要创新工程建设的思路，紧紧依托公路建设工程，树立交通安全优先的理念。公路文化景观建设是公路建设工程的组成部分，必须依靠公路工程在科研、规划设计、施工组织、质量监督等方面的主导作用，尤其是在建设资金上的配套支持。公路建设的根本目的是为经济建设和社会发展进步创造基本条件，它的功能主要是通行功能和服务功能，是解决“雪中送炭”的问题。公路建设围绕为路域地区人民提供方便的出行条件，满足其基本生产、生活需求，实现人、物流互通，促进文化交流。公路文化景观建设是提升公路文化品质和展示路域文化魅力的工程，发挥助推经济社会发展的作用，是“锦上添花”的举措。

将公路文化景观建设纳入公路工程建设中整体运作，能有效地推进这一锦上添花工程的落实和实施。云南保龙高速公路文化景观建设，就是在建设指挥部秉持修高质量公路工程、建高品位文化公路的理念和思路支持下，依托公路工程，统一构思规划，关联协调设计，协同施工建设，统筹资金运作，打造出一条为中外专家和广大驾乘人员赞誉的文化公路。

西藏的拉贡机场路的文化景观建设,在科研攻关等方面也较好地与公路工程结合,依托公路工程高起点立项开展关键技术的研究,其成果对西藏公路文化景观建设具有普遍的指导作用,应用空间十分宽广。拉贡机场路是交通运输部和西藏"十一五"公路重点建设项目,也是西藏自治区第一条高等级公路。自治区交通厅组织有关高校、科研单位的专家组成科研团队,依托这一重点建设项目,在安全、节约、友好的原则下,从安全快捷、资源节约和环境友好3个方面,分"高等级公路沥青路面技术应用研究"、"重点桥隧工程安全风险评估研究"、"主动发光安全诱导技术应用研究"、"公路与文化、环境景观融合设计研究"等4个专题开展科研攻关。其中"公路与文化、环境景观融合设计研究"专题,通过对西藏悠久的历史文化、丰富的民族民俗文化、深厚的宗教文化、独特的高原生态文化进行系统总结和分析,研究提炼出西藏特色文化中可以在公路上展示的特色文化因子。对可利用的西藏特色文化因子如何充分融入公路主要构筑物及附属交通设施的设计与建设中,如何在公路上系统进行展示进行分析论证和应用技术研究,在此基础上编制西藏特色文化因子在机场专用公路上系统应用的总体策划和实施方案。这一专题的研究成果直接依托西藏拉贡机场路建设,在深入挖掘雪域高原深厚的文化和丰富的自然资源基础上,将其植入拉贡公路构筑物及路域环境,用协调性技术手法设计文化景观,展示极具魅力的藏文化、高原风采和公路建设成就,赋予公路文化内涵,提升公路文化品质,塑造机场路窗口形象,助推地方旅游经济发展。专题的研究成果对西藏其他公路的文化景观建设也具有较大的指导作用。

第二节　公路文化景观建设的基本原则

文化景观建设总的要求,就是保护和传承好路域文化,促进区域精神文明、物质文明及公路建设行业文明建设的提升,助推路域经济社会发展。建设好公路这一重要基础设施,是路域经济能否发展,社会能否进步,推进新城镇建设的重要条件。公路文化景观展现的是公路物质文明和精神文明建设的新成就,是交通事业文明进步的重要窗口。公路文化景观建设不仅要满足一定的技术、艺术指标,而且由于它的规划、设计对生态环境、自然资源、社会文明的可持续发展起着非常重要的作用,因而,还要遵循一定的基本原则,并将这些原则贯穿到整个建设过程。

一、因地制宜，节约资源

为了保护宝贵的土地资源，公路文化景观建设坚持合理布局、因地制宜、节约用地的原则，采取相应技术措施，尽可能地做到合理开发利用土地资源。

（一）合理布局，适度布点

公路文化景观建设规划中要有适当的超前意识，合理布局，利用好路线自然景观资源，合适安排文化景观点，避免重复布设造成浪费。合理布局主要体现在规划设计阶段对文化景观序列的控制，对景观节奏点疏密程度的把握，对周边环境（路外景观）的适应与利用等方面。

一条公路的文化景观并不是越多就越好，越多就越有文化品位。不论是文化主题的确定，还是文化内容的展示，都要力求少而精，突出特色，突出个性。在一条（段）线路中，结合线路起伏、弯直、长短、宽窄和跨越自然物的情况，布局内容、体量、材料、造型、色彩等因素协调统一、韵味无穷的文化景观，形成有趣味的公路路线形式。文化景观布局体现的是规划设计的水平，蕴含的是宏观思路，落实的是尊重自然的理念。

（二）因地制宜，废物利用

对公路文化景观建设来说，因地制宜的原则就是要充分利用公路工程各种构筑物以及建设遗留下的场地、弃物等作为构景条件。公路建设是一项占用土地资源比较大的工程，对路域的土壤、森林、水体、山体、矿藏以及耕地、文物、景观、城镇等都可能造成负面影响。依托工程的文化景观建设无疑会增加建设工程量，或多或少加重负担。因此，对建成的公路构筑物的合理利用，可减少因景观建设而新增基础场地，对公路工程废弃物的利用能变废为宝。

公路文化景观因地制宜利用公路边坡、隧道口、桥梁、跨线物、服务区、停车点等构筑物置景，合理植入文化元素，能使文化景观与公路融为一体，改善一些构筑物的视觉效果，增添美感。如利用西藏拉贡机场路的隧道口，营造富有藏民族文化特色的装饰图案，使隧道口变得美观，特色鲜明。

公路工程弃场弃物也是公路文化景观因地制宜利用的对象。公路工程建设过程中，线路红线内的边侧弃场可用作文化景观营造点，避免另占土地。公路工程建设过程中需砍伐的树木可暂时移栽保养，文化景观建设时再用于绿化构景。开挖弃用的岩石，可用于景观石营造。

二、弘扬主流文化，服务经济社会发展

公路文化景观的核心内容就是展示文化、传承文脉、弘扬人文精神，服务路域经济社会发展。在构思公路文化景观建设时，不可偏离文化内核的挖掘，不可就景观而景观。展示路域文化既要突现路域文化的特色，对那些具有民族唯一性特征的文化进行提炼，筛选代表性元素，用于文化景观营造，同时，还要甄别各种文化形态，剔除糟粕，遴选历经岁月锤炼而传承不衰的具有真善美价值的主流文化，弘扬正气，倡导正能量，彰显时代精神。

公路文化景观建设既是展示文化、美化公路和提升公路文化品质的需要，也是路域经济社会发展的需要。坚持服务路域经济社会发展的原则，就是要力求文化景观与路域物质文明、精神文明、社会文明和生态文明建设结合起来，为改革开放塑造文化窗口；就是要大力宣传路域经济社会建设成就，展望经济社会事业发展宏伟蓝图；就是要加大力度宣传路域旅游与文化资源，传播旅游与文化信息，助推路域旅游与文化产业发展；尤其要服务路域百姓，修一条路，带动一方百姓致富。

与文化景观互为一体的绿化景观，在绿化植物选择上，对于自然条件适合的路域可适度栽种经济林木，以求在实施绿化的同时，提高沿线群众的收入，调动沿线群众的绿化积极性，给沿线老百姓带来实惠。更重要的是，引导沿线群众参加进来，把禁止破坏公路的硬性要求变为促使其主动保护的自觉行为。

三、保护生态环境，促进生态文明建设

公路文化景观建设要坚持保护路域生态环境，减少对环境的负面影响，传播环境友好理念，促进生态文明建设。生态系统是指在一定时间和一定范围内，由生物成分和非生物成分组成的一个有一定大小，执行着一定功能，并能自我维持的功能整体。其中的各成分通过能量流动、物质循环、信息传递而相互沟通、相互依顾、相互影响和制约，任何一种成分或过程的破坏和变化，都影响系统的稳定性。严格地讲，任何一条公路的建设都会对路域生态系统产生影响，不同程度地破坏生态系统的稳定性。路域生态系统是典型的人工生态系统与自然生态系统的再平衡复合系统，系统的稳定主要受人为因素的影响，保证其系统的稳定，关键是使人工生态系统与周边自然生态系统融合。

公路文化景观应将生态文明建设作为景观营造的文化内容，大力宣传路域珍贵的生态资源。路线延展区域涉及一些自然保护区、湿地生态系统、野生动物保护区、水资源保护区时，一方面在公路文化景观建设施工时，必须采取相应的

保护措施，减少对保护区的影响；另一方面，可在相应路段设置生态文化景观，艺术性地传播生态保护思想。例如，云南保龙高速路高黎贡山段，利用桥梁、隧道口的命名，用洞口景观、桥头景观展示高黎贡山珍稀动植物名称，提示人们爱护自然，保护人类的朋友。

在公路文化景观建设过程中，除了在道路工程建设中要严格控制开挖和填埋，严禁随意改变水系等土石工程外，在绿化植物的选配上，也要注意物种的稳定性，通常使用本土植物种类，避免生物异化。严禁随意占用耕地，做好水土保持工作，及时恢复临时用地。严格遵守基本农田保护制度，尽量少占农用耕地或畜牧用地，严格禁止施工单位从农民手中零星取土。施工期临时用地应尽量选择在村落、镇、所等附近，施工营地尽量租用已有的房屋和场地。与文化景观配套的绿化，一般选择本土或适宜于当地生态系统的植物，尽可能不引种外来植物，避免生物侵害，打破原有生态系统平衡。文化景观营造物的材料、颜色等，要与生态环境协调融合，避免视觉环境污染。

四、提高公路品位，彰显公路交通精神

实施公路文化景观建设的根本目的，是提高公路的文化品质，彰显当代公路建设理念，弘扬公路交通服务经济、便民出行的精神。公路的品质体现在公路的建设质量和文化含量等多方面，提高公路的品质品位是公路建设发展的方向。文化品位的提高有许多措施，文化景观建设是最直接和有效的举措之一。

用文化景观建设的方式来提升公路文化品质，是公路建设以人为本的人文精神的体现，是工程与文化的结合，是艺术与技术的交融。以前，公路建设仅仅是土木工程，开山劈岭，架桥打洞，路修到哪里，哪里就通车，哪里的青山绿水就遭"开肠破肚"，最多在路的两旁植两行树，算是绿化景观了。新时期公路建设，在科学技术进步的同时，开始注重公路文化品质，逐渐树立科技交通、生态交通和文化交通的理念，文化景观建设得以尝试和推广。尽管提升公路文化品质的途径很多，文化景观只是其中之一，但是，由于公路文化景观较为显性，能直接展示文化内涵，较之其他方式应该优先选择。

美观而富有内涵的文化景观和高品质的公路设施，彰显的是公路建设者的理想和公路交通的人文精神，能给公路使用者提供赏心悦目的经历。文化景观充分利用地形、树木、花草、岩石、水体等景观，与公路构筑物一道融入周围环境，突出自然与人工的巧妙结合，体现天人合一的人文思想。让路域美丽的湖泊溪流、山川峡谷、田野牧场、森林草地和村落城镇等风光展现在路人视野，增进人们贴近自然的感受。

公路交通精神实质是以人为本，尤其是落实到交通安全上，安全第一更是首要坚守的原则。从提高公路品质角度看，景观化多样性和实效性的安保设施建设，能较好地处理交通安全技术要求和景观审美需要的关系。特别是在一般的县乡公路建设中，在道路构筑物与附属物、交通设施、景观等载体方面，既考虑安全与环保，又考虑服务对象的视觉与心理感受，通过改善安保与景观布置来提升服务质量。如根据需要因地制宜、就地取材设置多样式防护设施：钢筋混凝土护栏、波形钢护栏、柔性（钢丝绳）护栏、片石混凝土护栏、桶装集料（废旧沥青桶、汽油桶）护栏、网石护栏、栽石（卵石、毛石、巨石）护栏、（砌石）堆土护栏、预制管护栏、城墙式护栏、花盆式防护墩、多功能路缘、示警墩、降温加水池、避险车道、景观视距台、蝶式水沟、防撞墙，自然治超的减速条、减速丘、减速路面等，很好地将人性化安保设施与景观建设结合起来，既经济实用又自然美观。

第三章　公路文化景观建设基本内容

第一节　总体形象塑造与系统集成构架

一、总体形象塑造

（一）公路总体形象塑造的意义

公路总体形象是指公路表现出的比较稳定的外部特征。它包括公路的线型特征、构筑物特征、景观特征和营运特征。公路总体形象常常用高度概括的形象概念用语来表达。公路总体形象塑造是公路文化建设的重要内容，是展示公路文化内在精神实质的重要形式，也是公路文化景观建设的核心定向。注重公路总体形象塑造，对于提升公路文化建设具有提纲挈领的重要意义。

公路总体形象是公路文化建设思想的集中体现。随着公路文化建设越来越受到重视，公路建设者不断推进文化公路建设，更加注重在公路设计、修建、管养和营运中注入文化内涵，以提高公路文化品质，这是公路建设思想的飞跃，是公路交通发展的客观要求。新的公路建设理念和思想最终都将体现在公路建设特征的变化中，尤其是体现在公路总体形象中。如云南的思小路生态公路总体形象，集中体现了公该路建设中大力秉持的生态环保理念，集中体现了公路与自然和谐共存的生态文明思想。

公路总体形象是公路交通窗口行业传播人性化交通、文化交通、智慧交通、生态交通的载体。一条公路的形象特征是从各个要素中展现出来的，是公路建设系统工程的显性窗口。现在，人们驾乘车辆经过一段公路，总会对公路的各方面状况进行评价，或褒或贬，都会对路况、景观、服务等留下印象，在心中留下记忆。这些记忆、评价就是公路交通诸要素浓缩在驾乘人员脑海里的形象。

公路总体形象是公路文化景观建设的导向坐标。公路文化建设对公路总体形象塑造起着重要的作用，反之，公路总体形象尤其是总体形象概念，是公路文化景观建设的坐标基点，统领着公路文化景观建设的各个环节。一条公路的文化景观不是随意打造的景观带，而是紧紧围绕公路文化主题和总体形象营造的文化展示序列,是高品质公路不可分割的重要组成部分。公路文化景观从设计到施工营造,都贯穿总体形象这条主线。一条公路上的文化景观,往往就是对这条公路总体形象概念的具体解读和展现。云南昆明市西山区乐水公路的总体形象概念是“智者乐水体验之旅”,景观设计时,紧紧围绕这一主题,将全路段分解为圣哲论水、智者乐水、从善如流、饮水思源、上善若水 5 个文化主题段,用不同的景观形式加以展示,诠释水文化内涵。

(二)公路总体形象塑造的基本原则

1. 立足交通服务经济、便民出行的基本功能

公路交通建设的根本目的是服务经济社会事业发展,沟通区域联系,方便民众出行。这一公路建设的宗旨指导的众多公路修建通行所产生的社会效益,被所有的公路建设成功案例诠释。新中国成立后,在中央和地方各级领导的高度重视下,一代代筑路人把公路修到边疆,修到了青藏高原。青藏公路、川藏公路、滇藏公路和新藏公路等的修建开通,把雪域高原与祖国各地连接在一起,极大地推动了西藏自治区经济社会的发展,彰显了公路在经济社会事业发展的突出地位。公路文化总体形象概念的塑造,应立足这一根基,体现发展交通核心价值。

2. 基于公路交通文化内涵,提炼公路文化建设精神实质

公路文化建设的精神实质是提升公路文化品质,弘扬公路建设和路域文化,塑造公路交通窗口形象。在公路建设实践中,广大的建设者在公路建设谋划、设计、施工、管路、养护和服务各个领域,取得了丰硕的成果,积淀了深厚的制度文化、建设文化、运行文化等物质与非物质财富,成为我国交通现代化建设和交通文明建设的重要组成部分。这些公路建设文化资源,是提炼公路文化总体形象概念的纲领性的素材。辽阔的国土,超长的公路路线,使得公路,尤其是国道、省道,跨越多个地区,沟通不同特点的文化区域,可以说是一路风景一路文化。路域地区文化较之公路建设文化,据有稳定性、独特性、鲜明性等特点,内涵丰富,形式多样,内容生动,从中筛选的文化元素,是打造公路文化总体形象概念基础支撑材料。

3. 尊重路域文化个性,筛选特色文化因子

一条公路留给驾乘人员的概括性记忆,往往是包含在总体形象概念中的路域文化个性特征,是那些唯一、独有的识别符号。因此,公路总体形象塑造,必须尊重路域文化个性,从丰富深厚的不同形态文化内涵中,找到专属于“这一条路”的“指纹要素”,也就是特色文化因子,代表整条公路跨越区域的历史文化沉积,凸显标志性。

4. 高度凝练,形成简洁概念,通俗易懂,便于传播

公路总体形象概念在文字表达上,要求概括、凝练、简介,具有较大的外延覆盖。公路形象概念可以是一个词组,或者一句话,文辞含蓄。如拉贡高速总体形象概念“天高云淡,拉贡高速”,词句工整,形式简洁,通俗易懂。

公路总体形象需经过多种形式传播,存于形,成于心,心口相传,丰碑自成。传媒手段、方式的多样性,要求公路总体形象概念用语便于后期制作,以利不同形式的传播。

(三)西藏拉贡机场路总体形象实例分析

1. 总体形象概念

在深入研究西藏文化元素,提炼特色文化因子基础上,将拉贡机场专用路的总体形象概念定义为:天高云淡,拉贡高速。

2. 总体形象概念提炼依据

西藏拉贡机场路文化背景十分深厚。雪域高原是世界屋脊,地球上海拔最高的区域,高原的自然禀赋令人敬畏。西藏被称作离天最近的地方,蓝天白云,阳光雪山,温泉冰川,河流湖泊,峻岩秀林,麦田牧场,处处显示出高原独特的雄奇巍峨,大美圣洁。历史悠久的西藏民族文化璀璨夺目,个性特征十分鲜明,尤其以藏传佛教文化为主的区域文化,世代传承。在灿烂的文化大观园中,藏民族的语言文字、文学艺术、歌舞节庆、服装建筑、工艺器物,都承载着雪域高原不同凡响的精神追求。

拉贡机场路总体形象概念提炼,充分体现了尊重路域自然生态环境、文化传承积淀的基本理念,所有分级形象概念元素提炼均紧扣区域自然、人文基础,并以此为依据进行设计。

3. 总体形象简析

在西藏拉贡机场路总体形象概念提炼过程中,课题组成员对相关资料进行了深入的讨论,对形象构成元素做了反复的筛选、比对,焦点集中在核心元素的提取上。从大类上看,西藏拉贡机场路总体形象概念的核心元素主要从高原地理方面和藏民族文化方面获得,或者两者的融合。高原地理方面体现核心价值的符号主要是雪山、高峰、蓝天、白云、河流源、湖泊、峡谷、珍稀动物、珍稀植物等;藏民族文化方面体现核心价值的符号主要是语言文字、文学艺术、宗教、歌舞节庆等。将这些符号抽象为构建总体形象概念的元素,这是一个相当“痛苦”的取舍过程。

按照公路文化形象概念塑造的基本原则,课题组初设了 3 个方案比选。一是拉贡高速“雪莲之路”;二是“通天之路,拉贡高速”;三是“天高云淡,拉贡高速”。第一个方案雪莲之路具有极强的地标指示性，雪莲生长之地在雪域高原，大多在青藏高原和新疆的雪山上，区域性明确。但雪莲之路易被理解成通往雪莲产地的路，限定性太单一，同时略显柔性。第二个方案容易与青藏铁路联系在一起，一首《天路》已经把青藏铁路唱进了人们心里。最后选定第三个方案——天高云淡，拉贡高速。

第三个方案天高云淡，拉贡高速，“天高云淡”宽泛地涵盖了西藏自然与人文因素，外延广泛，联想性强，具有较好的区域暗示效果。用语简洁凝练，文意通俗易懂，工整上口，富有诗意。“天高云淡，拉贡高速”较好地满足了公路文化形象概念塑造的基本原则，用概念性的文字较好体现了拉贡高速的个性特征，对拉贡高速公路文化品质的提升起到了助推作用，适用于多种传媒方式传播。

二、景观系统集成构架

(一)公路文化景观建设定位

公路文化景观建设立足于文明交通、和谐交通、智慧交通和文化交通建设。公路文化景观建设是公路交通系统精神文明建设的一个重要切入点，在整个公路文化建设体系中，处于具有显性影响的地位，有助于通过形象景观集群直观展示公路文化建设成果，其作用不可替代。

公路文化景观建设服从于公路技术建设，致力于提升公路文化品质。公路的首要和主要功能是交通，有一整套完整的法规、技术、管理等规范，其科学程序是严格和可控的。相对于公路建设技术构成而言，公路文化景观建设至今还处于探索、实验和总结阶段，体系未形成，原因在于与公路建设的技术衔接方面存在较大的可接入性问题。因此，公路文化景观建设必须服从于公路技术建设，必须自觉地、合理地、合适地融入依托工程，在可控的技术和现场空间内“量体裁衣”，从而通过适量、适度的景观打造，提高公路景观的美观度，提升公路的文化品质。

(二)文化资源采选与评价

公路文化景观建设系统集成构架中，文化资源的采选与评价是前提性的基础工作。文化资源的采选与评价一般采取分类方法进行。

通常将公路文化景观建设的文化资源分为公路文化资源和路域文化资源两大类。公路文化资源来源于公路建设本身，包括精神、制度和物质 3 个层面。路域文化资源细分种类繁多，内容、形式丰富多彩，可按自然、人文两个方面划分。

采选公路文化资源主要通过公路建设理念、方针、思路等布局，法规、规范、

计划等制度，规划、勘察、设计、施工、监理、管养、服务等实施，各个环节采选相关的资料和实物。比如，施工建设中涌现出的建设者感人事迹，可以成为公路文化景观建设展示建设者风采的生动资源。

采选路域文化资源主要通过走访路域地区的政府部门，特别是文化、国土、旅游、规划、建设、农业等职能部门和档案、史志、文博等单位，提取有关资料；通过实地调查，收集现场、民间鲜活生动的第一手资料。比如，查看路域著名旅游景区，可将旅游景区作为路线某个节点公路文化景观传播旅游文化的资源，助推当地旅游经济发展。

公路文化资源和路域文化资源采选基础工作完成后，要及时进行整理和评价。对资源的评价是为文化元素提炼做准备。公路文化景观建设备选资源评价的基本要求可参考旅游资源评级体系进行。

（三）文化元素提炼与集成分析

文化元素包括文化载体元素和文化内容元素。文化载体元素主要是指文化的外在因素或者形式，具有外显、包容、通识等特点，通常呈现物质形态和非物质形态。物质形态文化元素一般可视，具有稳定的客观实物，直观生动，容易感受和认识；非物质形态文化元素具有较大的隐藏性和不稳定性，大多通过传人或者其他非物质系统符号记载和传播。两者之间在一定条件下可以转化，这一机理为公路文化景观建设展示不同文化内容提供了可能。文化内容元素主要是指构成文化内在本质的因素，具有内隐、专属、个性等特点，通常存在于文化载体元素中。

在公路文化景观建设中，文化元素的提炼既包括文化载体元素的提炼，也包括文化内容元素的提炼，两者兼修。在浩若繁星的路域文化中，如何进行文化元素的提炼和集成分析？首先，判断路域文化总体特征，特别是区域性特征。以西藏拉贡机场路为例，高原生态文化与藏民族文化就是其路域最主要的文化总体特征，具有不可复制的唯一性。其次，评价路域文化资源，提炼核心价值。这是导向性和纲领性的要素，是决定公路文化品质的因素。第三，分类建档，确定主次，建立文化资源信息库。第四，比对筛选，按照影响力、悠久性、唯一性、独特性、代表性、可示性等维度进行技术分析，构建文化元素集成体，形成导出备份。第五，遴选应用元素。

（四）文化景观表现形式比选

公路文化景观表现形式，受制于该公路的总体文化形象概念、公路整体形象风格和环境特点、展示景观的现场平台、景观的文化元素特征以及文化景观工程造价等。就目前的技术水平和各地通行做法，主要有以下表现形式：

1. 绘画形式

利用公路构筑物,用壁画形式展示路域文化。

2. 雕塑形式

在路线交汇处、服务区、出入口、观景点等设置主题文化雕塑。

3. 建筑形式

在隧道口、服务区、观景点等设置具有路域建筑特色的建筑物。

4. 文字形式

利用公路边坡挡墙、显示屏、碑石、广告牌等,展示具有文化元素的文字、用语。

5. 景观碑石形式

在路肩外塑立路名、桥梁名、隧道名、地名以及公路建设铭志等景观碑石。

6. 广告形式

利用交通显示屏、户外广告牌展示路域文化。

7. 场景形式

利用休息区、观景平台等场地,设置具有一定文化情景的综合场景。

(五)文化景观集成布局

公路文化景观集成布局主要包括全路段文化景观主题、景观点节奏、景观均衡和序列等要素。一条(段)路在一段相对稳定的路域中延展,要求这条(段)路文化景观具有相对完整的主体,以形成一条具有个性特点的文化景观带。集成布局就是用全路域的视野,均衡统一而富有节奏变化地布局文化景观,使其与路线的流动性、运动性、韵律性有机地融为一体,相得益彰,形成一道流动的风景线。

(六)文化景观集成设计

公路文化景观集成设计是公路文化景观建设中十分重要的环节,是后期所有工程的技术基点。它既不同于一般的城市文化景观设计,也不同于城市园林景观设计。它既包含城市文化景观、园林景观的基本原理和手法,同时也尊重公路设计、建设各要素的优先性。公路文化景观集成设计,以文化景观集成布局为指导,以公路路线走向为流程顺序,以景观点为单元,以系统打造为集成目标,对文化元素物化形式的合理设定、外在表现形式的确定、体量比例计算、环境匹配、材料与工艺等进行定性和定量规范。文化景观集成设计依据国家、地方和行业相关规范和标准进行,文化景观集成设计应由具有相关资质的专业设计单位完成。

三、关联性设计与协调性优化

公路文化景观关联性设计与协调性优化主要是与公路工程设计、建设和环境保护的适宜性、调和性设计。公路文化景观建设必须以公路工程建设和环境保护为绝对优先,任何有碍于公路工程建设、交通安全和环境保护的文化景观都是应该放弃和取消的。在服从、尊重公路工程建设、交通安全和环境保护的前提下,通过公路文化景观与公路工程、环境工程关联性设计与协调性优化,达到文化与交通相融,景观与环境相融。

公路文化景观与公路工程关联性设计与协调性优化,主要体现在文化景观与公路线型的调和性、结点的互融性、行车视线的舒适性、构筑物的利用性、交通安全适应性以及服务设施的人性化等方面。关联性设计与协调性优化从技术层面上看属于跨专业、跨职责的统筹工作,应该建立相应的工作机制,在相应的平台上完成不同领域的技术衔接。

公路文化景观与环境工程关联性设计与协调性优化,主要体现在环境背景的协调、环境生态元素的协调、环境景观借用以及环境保护优先等方面。对于路域环境而言,文化景观是后期植入物,除了以路域环境为背景并与之在体量、造型和色彩上协调外,还要秉持尊重环境、尊重生态的理念,实现路、景、境合一。

第二节　路域文化展示与主题文化打造

一、路域文化展示

展示路域文化是公路文化景观建设的重要内容,也是一条路的文化品质与个性化特征的重要体现,它将公路交通文化与路域区域文化直接地整合为一体,形成传承文化的纽带。通常,公路文化景观建设重点展示路域的历史文化、民族民俗文化、时代文化、生态文化与旅游文化等。

(一)历史文化展示

路域历史文化为公路文化景观建设提供了丰富的素材。路域历史文化中的人物、事件、遗址遗迹以及历史文化常识,都可以作为展示的对象。利用塑像、景观石和其他景观小品构筑物,采取文字、造型、刻画等手法,再现路域历史文化精典,普及历史文化知识,传承历史文化脉络。如西藏拉贡机场路文化景观建设方案中,选择了具有重大历史影响的“文成公主进藏”史实,在公路出入口设计大型主题雕塑。又如云南保龙高速文化景观建设中,在松山观景点设置“松山血战”记事碑,铭记滇西抗战壮举。

(二)民族民俗文化展示

我国是一个多民族国家,各民族都有着独具特色的灿烂的民族民俗文化。民族民俗文化具有十分鲜明的个性特征,文化形态多样,文化内涵丰富,区域性很强。民族民俗文化中常常蕴含着极具表现力的标示性文化元素,成为本民族、本区域文化传承的基因。如西藏藏民族文化中的服装、歌舞、语言文字、绘画、建筑、宗教等,无不具有地域标志性特征。展示民族民俗文化,能够产生塑造路域地区文化形象、丰富公路文化个性、助推路域文化产业发展等作用。

(三)时代风采展示

中国处在全面建设小康社会时期,改革开放,时代的机遇让我国社会经济发展日新月异,城乡建设成就举世瞩目。一个城市的风采,一个乡村的美丽,都因公路线型延展特性串联起来。不同区域,不同聚落,社会文明进步,经济快速增长,百姓安居乐业,都可以成为公路文化景观展示的生动内容。

(四)生态与旅游文化展示

公路建设,特别是山区、高原公路建设,不可避免地对路域生态环境带来不同程度的负面影响甚至破坏。生态公路建设理念的普及,使人们越来越重视修路与环保和谐关系的建立。展示生态文化既是公路建设本身新的要求,也是生态文明建设的需要,是落实国家发展战略在公路建设中的具体体现。云南保龙高速文化景观建设中,将穿越高黎贡山区域内所有的隧道用山上的珍稀动植物名称命名,如杜鹃王隧道、秃鹰隧道等,既形象上口,又传播了生态文化知识,改变以往用小地名命名(如某某沟隧道、某某凼隧道、某某烂泥坑隧道)等不利公路形象塑造的命名方式。

交通是现代旅游的优先条件,是解决旅游区可进入和可疏散的必须硬件。许多公路,尤其是旅游公路,其主要功能就是为当地旅游事业发展作支撑,如四川的“川九路”。在通往旅游区的公路上展示旅游文化,可以营造旅游区的氛围,推广旅游区旅游资源,塑造旅游区形象,吸引游客前往旅游,助推旅游经济发展。

二、主题文化打造

公路文化景观建设中主题文化景观打造是指在一条(段)公路上,相对集中地围绕一个文化主题塑造形象和建设景观。下面以云南省昆明市西山区乐亩镇到陡咀大叠水景区的旅游公路(以下简称乐水路)水文化主题景观建设方案为例,阐述相关问题。

(一)主题的选择

公路文化景观主题的确定,基于该公路路域基本情况、公路交通服务功能取向,特别是路域环境文化、自然状况。乐水路在确定文化景观建设时,深度分析了背景情况,选择了水文化主题方向打造主题文化景观。

1. 背景

乐水路是昆明市西山区乐亩镇到陡咀大叠水景区的一段乡村公路,途经大凹、叉河、陡咀3个行政村,全长6714米。从陡咀大叠水瀑布流下的溪水与道路相伴而行。乐水路地处昆明市西郊区,路域地貌属中、低山区,地形起伏较大。线路沿山谷延伸,林木茂密,生态环境保护较好,叠峰重峦,山形优美。特别是从大叠水外流的小溪,流水清澈,长年不断,河道蜿蜒曲折,与路结伴而行,景观宜人。路域河道旁,生长有树龄较长的麻柳等古树,树形优美,傍岸垂水,与道路呼应,景观配植协调。河道内还留存大小不一的各型天然岩石,是用于打造水文化景观的上好材料。

路域彝族、白族村寨,文化独具特色。有依山而建的古朴的村落,有傍水而居的田园人家,土墙青瓦,炊烟袅袅,一派世外桃源景色。

因取两地之名,打造"智者乐水"主题水文化之义而命名乐水路。

2. 总体建设理念

分析路域文化、生态资源,提炼路域特色文化元素,通过文化景观建设技术的合理应用,结合公路科技创新与安全保障,协调道路、文化和生态的融合,将乐水公路打造成一条高品质、有品位、文化个性鲜明突出的生态、文化之路,促进路域经济社会发展。

以中国深厚的水文化内涵,打造道路与河流相伴、人与自然相依的水文化生态景观长廊。

从绿色生态、安全优美的道路延伸到行人、游客天人合一的境界。营造亲水性道路景观环境,为沿线生态农业、旅游业可持续发展和居民生活良性改善奠定基础。修一条路,富一方民,保一方环境。

3. 主题文化概念

水是生命之源、智慧之源、文明之源、善道之源。自古至今,水孕育了灿烂的中华文明,形成积淀深厚的中国水文化。乐水路就水而建,成为展示水文化的平台。乐水路传承的就是生命与智慧相融的水文化精神。

4. 形象概念

取水文化的经典总结用语以及公路起止点地名关键字,将乐水路的总体形象概念定义为:智者乐水。

（二）主题文化元素提炼

1. 水文化元素提炼

乐水路主题文化元素提炼，力求做到突出水文化主题，兼顾路域文化积淀。从丰富的水文化积淀中，筛选具有代表性的元素，提炼水文化主题，运用适宜的表现形式和技术方式予以展示。水文化元素具有标志性影响力，不论是形象概念，还是文化内容，都要坚持突出乐水路水文化的独特魅力。同时，兼顾运用路域民族民俗文化素材，增添乐水路的文化丰富性。

乐水路水文化主题景观建设方案，收集了大量的古今中外有关水文化的资料，分类整理，筛选要素，提炼代表性元素，形成了一整套集成设计资料。一是从中国传统文化中提炼水文化精髓价值元素，以圣贤论水、誉水典故、水成语等为主要源头，提炼众口相传的水文化精典元素；二是从生态文化中提炼人与水相融相伴的亲水文化元素；三是从水的科普知识中提炼水生态文明文化元素。

2. 水体主题文化景观构架

充分利用原有河道，尽量维持原有的水系河道走向，保持原有的水生态系统。

突出文化灵魂，景观体现中国深厚的水文化底蕴。

突出游客参与性，营造人们亲水、戏水、观水、玩水的环境。

根据该河道的实际情况，在设计中把握“四宜四不宜”。即坚持宜小不宜大（小水体易亲水），宜曲不宜直（顺应河道，师法自然），宜下不宜上（顺水流形成景观），宜虚不宜实（尽量设计意向型水景）。

（三）主题文化的景观设计

用集成设计原理，系统设计乐水路水主题文化景观体系，将主题文化资源景观化。

1. 文化景观建设布局

乐水路文化旅游景观建设采取“一路一河两村五段”总体结构布局。

一路：指按交通与环保、生态与文化、便民与旅游有机融合的总体思路，建设高品质的乐水路。

一河：指依托乐水路工程整治大叠水河道，使其成为路河相伴的富有水文化特色的生态旅游景观河道。

两村：指在乐水路工程建设、河道整治和水文化建设的同时，在公路途经的岔河村、陡咀村修建便民设施，改善村民居住环境，方便村民出行、用水和发展旅游业、特色生态农业。

五段：指将乐水路文化景观建设工程分为智者乐水、圣贤论水、从善如流、饮

水思源、上善若水等 5 个主题段进行打造。(见图 3-1)

图 3-1　乐水路起点文化景观设计效果图

2. 文化景观建设主要内容及技术要点

(1)“智者乐水”路段

文化主题:智者乐水(见图 3-2)。

图 3-2　“智者乐水”路段主题文化形象景观设计效果图

路段:约 K0+000—K1+100。

①“乐水公路”路名形象标识

位置:K0+015 处,上线右侧。

选用大型灰白色天然花岗岩石作为路名碑石,置于乐水路入口处。请书法家题写乐水公路,阴刻于碑石正面,橙红色反光油漆填涂字体。字体大小 80 厘米见方。基座用卵石陪衬,并植花草(杜鹃、三角梅、情丝竹等)配景。

②工程简介石碑

位置:K0+020 处,上线右侧。

选用中型灰黑色天然岩石作为工程简介碑石,置于乐水路入口乐水公路路名形象标识旁。在碑石正面左侧上雕刻工程简介。标题文字黑体,10 厘米见方;正文文字隶书,4 厘米见方。白色油漆填涂字体;用线雕形式在碑石正面一侧阴刻乐水路平面图,红色油漆填涂图案。基座用卵石陪衬。

③景观候车亭

位置:K0+005 处,上线右侧。

将路口废弃的土墙磨房改造成景观候车亭。两开间,一个开间作为候车用,开敞式;另一开间用作陈列磨房用具,半开式。保留土墙、青瓦风格,框架结构,周围景观植物配置。作为景观候车亭,其控制要素是土砖墙、小青瓦、磨房陈列品等,力求做到修旧如旧,风格独特。

④“智者乐水”路段主题文化形象标识

位置:K0+150 附近,下线右侧。

选用中型灰白色天然岩石作为智者乐水主题碑石,置于道路路肩旁。用魏碑字体在碑石正背双面上阴刻智者乐水文化形象用语,湖蓝色反光油漆填涂字体。字体大小 60 厘米见方。

⑤孔子论水文化景观挡墙

位置:K0+K280 处,上线右侧。

将路边坡挡墙构建成孔子论水文化景观挡墙。挡墙用混凝土加天然岩石为主要材料修建。石面上分别用隶书字体阴刻孔子论水:“仁者乐山,智者乐水。”(《论语·雍也》)和“逝者如斯夫,不舍昼夜”(《论语·子罕》)。字体 15 厘米见方,黑色油漆填涂字体。挡墙周围用景观石、植物配景。

挡墙一侧嵌黑色花岗岩石材,高宽 200 厘米×80 厘米,线刻孔子像,白色油漆填涂。

⑥古树景观

位置:K0+K285 附近。

对 K0+K285 附近路侧河道边古树群进行保护性构景。稳固古树根基,清理古树周围环境,适度配置景观石;古树旁放置 1 米左右见方的天然石头,刻写古

树简介。简介内容含树名、科属、树龄等。

⑦滨水步道与小桥

位置:K0+K270—K0+K400 段,下线右侧。

沿河岸两侧修建滨水步道,并与公路相连。步道宽 1.2~1.5 米,用道路施工中产生的块状岩石铺砌。两岸步道用景观小桥相连,步道旁置景观石点缀,种低矮花木。

与上述步道相配修建 2 座小型跨河桥。在满足防洪需要前提下,尽可能减小桥的体量。采用混凝土预制件搭建,桥面设护栏,桥面宽与步游道相适。两处小桥分别命名为“乐水桥”、“乐山桥”。在小桥一侧置 80 厘米见方天然石标识桥名,阴刻 30 厘米见方的文字,红色油漆填涂。

⑧乐水林景观

位置:K0+K800 附近。

在 K0+K800 附近,划定长约 80 米、宽约 25 米的区域作“乐水林”。乐水林为种植观赏林木用地,采取个人、单位、企业认种方式植树造林。树种以当地原生树为主,如大叶榕、银杏等观赏树。乐水林路旁设停车位,林中设步道,地被种植杜鹃。用小型景观石刻写树名、种植者名称等。

选用中型灰白色天然岩石作为乐水林标识碑石,置于道路边林地。用草书字体在碑石正背双面上阴刻“乐水林”字样,绿色反光油漆填涂字体。字体大小 50 厘米见方。

(2)“圣贤论水”路段

文化主题:圣贤论水。

路段:约 K1+100~K1+990。

①古树景观

位置:K1+K100 附近。

对 K1+K100 附近路侧河道边古树群进行保护性构景。稳固古树根基,清理古树周围环境,适度配置景观石;古树旁放置 1 米左右见方的天然石头,刻写古树简介。简介内容含树名、科属、树龄等。

②滨水步道与小桥

位置:K0+K050~K0+K170 段,下线右侧。

沿河岸两侧修建滨水步道,并与公路相连。步道宽 1.2~1.5 米,用道路施工中产生的岩石,块状铺砌。两岸步道用景观小桥相连,步道旁置景观石点缀,种低矮花木。其间在该河道段居中位置,另用一汀步连接两岸。

与上述步道相配修建 2 座小型跨河桥。在满足防洪需要前提下,尽可能减小桥的体量。采用混凝土预制件搭建,桥面设护栏,桥面宽与步游道相适。2处小桥分别命名为“乐林桥”、“乐心桥”。在小桥一侧置80厘米见方天然石标识桥名,阴刻30厘米见方的文字,红色油漆填涂。

③桃花箐路口景观(见图3-3)

图3-3 桃花箐路口景观文化景观设计效果图

位置:K1+120~K1+130段。

该段既是“圣贤论水”湿地景观段的组成部分,也是通往桃花箐村道与乐水路的交汇处。

在路口及河道两侧设置景观区、停车位、候车亭等。景观区濒水修建,对河道进行改造;设步道、景观石、交通标识;设串状水泡形水体;种桃花为主的景观树木等。

在河岸靠桃花箐路口一侧,塑小型景观石,阴刻“桃花箐”字样。字体楷书,50厘米见方,红色油漆填涂。

④“圣贤论水”路段主题文化形象标识

位置:K1+600处,下线右侧。

选用中型深色天然岩石作为“圣贤论水”主题碑石,置于道路路肩旁水滩中。用隶书字体在碑石正背双面上阴刻“圣贤论水”文化形象用语,白色反光油漆填涂字体。字体大小60厘米见方。基座用卵石陪衬,与水滩浑然一体。

⑤“圣贤论水”水滩水池湿地景观(见图3-4)

位置:K1+130~K1+700段。

本段景观为全路段水文化重要景观带,以水体湿地和名人论水为构景主要元素。

路段下线右侧河道整治成缓坡浅滩和水泡状水池,使其与路沿平缓相接,形

成湿地景观。在浅滩上铺卵石沙,形成卵石沙滩和水滩,保持水深可以涉足。卵石沙滩、水滩中自然随意摆放较大岩石,与各“圣贤论水”铭文石协调配置,兼作休息桌凳。浅滩中用天然石头建汀步与对岸景观林连接。水泡状水池间用自然水沟串联,水深不超过 30 厘米,天然岩石驳岸。水池间建步道,用天然石片铺装。对岸建濒水步道,沙石铺装,步道外侧种植景观树、竹,形成绿色景观带。

图 3-4 “圣贤论水”路段水滩水池湿地文化景观设计效果图

路段设停车位、候车亭、交通标识、垃圾箱等。

路段设置以下“圣贤论水”文化景观。

①孔子论水景观石

位置:卵石沙滩中。

用小型浅色天然岩石,置于卵石沙滩中,用魏碑体阴刻下述孔子论水言论。字体大小 5 厘米见方。黑色油漆填涂字体。

孔子论水

夫水者,启子比德焉。遍予而无私,似德;所及者生,似仁;其流卑下,句倨皆循其理,似义;浅者流行,深者不测,似智;其赴百仞之谷不疑,似勇;绵弱而微达,似察;受恶不让,似包;蒙不清以入,鲜洁以出,似善化;至量必平,似正;盈不求概,似度;其万折必东,似意。是以君子见大水必观焉尔。

②孟子论水景观石

位置:卵石沙滩中。

用小型深色天然岩石,置于卵石沙滩中,用隶书体阴刻下述孟子论水言论。字体大小 5 厘米见方。白色油漆填涂字体。

孟子论水

孔子登东山而小鲁，登泰山而小天下，故观于海者难为水，游于圣人之门者难为言。观水有术，必观其澜。……流水之为物也，不盈科不行；君子之志于道也，不成章不达。

——《孟子·尽心上》

③孙子论水景观石

位置：水池旁。

用小型浅色天然岩石，置于水池旁，用宋体阴刻下述孙子论水言论。字体大小8厘米见方。黑色油漆填涂字体。

孙子论水

夫兵形象水，水之形，避高而趋下；兵之形，避实而就虚。

——《孙子兵法·虚实篇》

④管子论水景观石

位置：水池旁。

用小型深色天然岩石，置于水池旁，用楷书体阴刻下述管子论水言论。字体大小5厘米见方。白色油漆填涂字体。

管子论水

故水者何也？万物之本原，诸生之宗室也。……万物莫不以生。

是以无不满，无不居也。集于天地而藏于万物，产于金石，集于诸生，故曰水神。集于草木，根得其华，华得其数，实得其量。鸟兽得之，形体肥大，羽毛丰茂，文理明著。万物莫不尽其机，反其常者，水之内度适也。

——《管子·水地篇》

⑤庄子论水景观墙

位置：K1+950处，上线右侧，水文化挡墙。

在文化挡墙上，用黑体阴刻下述庄子论水言论。字体大小10厘米见方。红色油漆填涂字体。

庄子论水

秋水时至，百川灌河；泾流之大，两涘渚崖之间，不辨牛马。于是焉，河伯欣然自喜，以天下之美为尽在己。顺流而东，至于北海，东面而视，不见水端。于是焉，河伯旋其面目，望洋向若（北海神）而叹曰：

……今我睹子之难穷也,吾非至于子之门,则殆矣,吾长见笑于大方之家。”“天下之水,莫大于海。万川归之,不知何时止而不盈;尾闾泄之,不知何时已而不虚;春秋不变,水旱不知。此其过江河之流,不可为量数。

——《秋水》

⑥荀子论水景观石

位置:候车亭旁。

用小型浅色天然岩石,置于候车亭旁,用隶书体阴刻下述荀子论水言论。字体大小8厘米见方。深红色油漆填涂字体。

荀子论水

冰,水为之,而寒于水。不积细流,无以成江海。

——《荀子·劝学》

传曰:君者,舟也;庶人者,水也。水则载舟,水则覆舟。

——《荀子·王制》

(3)“从善如流”路段

文化主题:从善如流。

路段:约K1+990~K3+620。

①“从善如流”路段主题文化形象标识

位置:K2+750处,下线右侧。

选用中型深灰色天然岩石作为“从善如流”主题碑石,置于道路路肩旁。用行书字体在碑石正背双面上阴刻“从善如流”文化形象用语,白色反光油漆填涂字体。字体大小60厘米见方。基座用卵石陪衬,与水岸融为一体。

②“大禹治水”典故景观

位置:K2+780处,下线右侧。

用中型浅色天然岩石,置于滨水步道旁,用行楷书体雕刻下述“大禹治水”典故。红色油漆填涂字体。正文字体5厘米见方,标题10厘米。

禹疏九河

传说古代尧的时候,天下发大水,黄河连年泛滥,各部落首领推选鲧领导治水。

鲧采用帝颛顼时叫共工的人发明的筑堤防水方法治水,但洪水凶猛,无济于事,足足治了九年,也没有成功。舜即位后杀了鲧,又根据众人推选,派鲧的儿子禹领导治水。

禹总结了父亲失败的原因在于被动地筑堤叠坝，而没有注意从根本上解决问题。经过和许多有经验的老年人商量，终于摸索出新的办法。禹懂得了要消除水患，不但要筑堤防水，更重要的是疏通淤塞的河床，开凿渠道，让水流出去。

禹不怕狂风暴雨，烈日严寒，“居外十三年，过家门不敢入”，始终与人们一起努力奋战。经过十几年的艰苦斗争，疏通、开凿了许多条河床渠道，终于把洪水引入大河，流入大海，消除了水患。这就是传说中的“禹疏九河”。

大禹治水典故景观，也可用于路域其他文化挡墙上。

③“李冰治水”典故景观

位置：K2+795处，下线右侧。

用中型深色天然岩石，置于滨水步道旁，用行楷书体雕刻下述“李冰治水”典故。白色油漆填涂字体。正文字体5厘米见方，标题字体10厘米见方。

李冰治水

李冰，今山西运城人，是战国时期的水利家。大约在秦昭王三十年至秦孝王之间(公元前277~前250年)，李冰为蜀守时，决定修建都江堰以根除岷江水患。经实地调查，把都江堰的引水口上移至成都平原冲积扇的顶部灌县玉垒山处，保证较大的引水量和形成通畅的渠首网。李冰修建的都江堰由鱼嘴、飞沙堰和宝瓶口及渠道网所组成。鱼嘴是在宝瓶口上游岷江江心修筑的分水堰，因堰的顶部形如鱼嘴而得名。飞沙堰是一个溢洪排沙的低堰，它与宝瓶口配合使用可保证内江灌区水少不缺，水大不淹。宝瓶口是控制内江流量的咽喉，不仅是进水口，而且以其狭窄的通道形成一道自动节水的水门，对内江渠系起保护作用。李冰修成宝瓶口之后，“又开二渠，由永康过新繁入成都，称为外江，一渠由永康过郫入成都，称为内江。”这两条主渠沟通成都平原上零星分布的农田灌溉渠，初步形成了规模巨大的都江堰水利工程的渠道网。

都江堰水利工程建成后，蜀地发生了天翻地覆的变化，千百年来危害人民的岷江水患被彻底根除，水利的开发，使蜀地农业生产迅猛发展，成为闻名全国的鱼米之乡，天府之国。

都江堰水利工程，不仅在中国水利史上，而且在世界水利史上也占有光辉的一页。至今，它都仍然发挥着防洪灌溉和运输等多种功能。

李冰治水典故景观,也可用于路域其他文化挡墙上。

④“君子之交淡如水”典故景观

位置:K2+860处,下线右侧。

君子之交淡如水

《庄子·山木》:“且君子之交淡若水,小人之交甘若醴;君子淡以亲,小人甘以绝。”这里的“淡若水”是指君子之间的交往不含任何功利之心,他们的交往纯属友谊,长久而亲切。

唐贞观年间,薛仁贵得志前,与妻住一破窑洞中,衣食无着落,靠王茂生夫妇接济。后来,薛参军,随唐太宗御驾东征时,因功劳大,被封为平辽王。一登龙门,身价百倍,前来王府送礼祝贺的文武大臣络绎不绝,都被薛婉拒。他惟一收下的是普通老百姓王茂生送来的“美酒两坛”。一打开酒坛,启封的执事官吓得面如土色,因为坛中装的不是美酒而是清水!薛仁贵不但没有生气,而且命令执事官取来大碗,当众饮下三大碗王茂生送来的清水。在场百官不解,薛喝完三大碗清水之后说:“我过去落难时,全靠王兄弟夫妇经常资助,没有他们就没有我今天的荣华富贵。如今我美酒不沾,厚礼不收,却偏偏要收下王兄弟送来的清水,因为我知道王兄弟贫寒,送清水也是王兄的一番美意,这就叫君子之交淡如水。”此后,薛仁贵与王茂生一家关系甚密,“君子之交淡如水”的佳话也就流传了下来。

用中型浅色天然岩石,置于滨水步行道旁,用行楷书体雕刻下述“君子之交淡如水”典故。深蓝色油漆填涂字体。正文字体5厘米见方,标题字体10厘米见方。

君子之交淡如水典故景观,也可用于路域其他文化挡墙上。

⑤“陆羽品水”典故景观

位置:K2+890处,下线右侧。

陆 羽 品 水

“茶圣”陆羽对饮茶用水进行过潜心研究,唐代张又新《煎茶水记》中有陆羽品水排等次的生动记载。以下即是陆羽排出的宜茶之水二十等次:

第一,庐山康王谷水帘水;

第二,无锡县惠山寺石泉水;

第三,蕲州(今湖北浠水一带)兰溪石下水;

第四，峡州（今湖北宜昌附近）扇子山下有石突然，泄水独清冷，状如龟形，俗云虾蟆口水；

第五，苏州虎丘寺石泉水；

第六，庐山招贤寺下方桥潭水；

第七，扬子江南零水（今江苏镇江一带）：

第八，洪州（今江西南昌一带）西山西东瀑布水；

第九，唐州（今河南泌阳）柏岩县淮水源；

第十，庐州（今安徽合肥一带）龙池山岭水；

第十一，丹阳县观音寺水；

第十二，扬州大明寺水；

第十三，汉江金州（今陕西石泉、旬阳一带）上游中零水；

第十四，归州（今湖北秭归一带）玉虚洞下香溪水；

第十五，商州（今陕西商县一带）武关西洛水；

第十六，吴淞江水；

第十七，天台山西南峰千丈瀑布水；

第十八，郴州圆泉水；

第十九，桐庐严陵滩水；

第二十，雪水。

用中型深色天然岩石，置于滨水步游道旁，用行楷书体雕刻下述“陆羽品水”。黄色油漆填涂字体。正文字体 5 厘米见方，标题 10 厘米。

陆羽品水典故景观，也可用于路域其他文化挡墙上。

⑥水成语文化景观

位置：K2+780～K3+000 路段，下线右侧河道。

选择位置便于观赏、大小适中的河道中的卵石和岸边山岩、巨石，用隶书、草书、行书、楷书等不同字体，将有关水的成语雕刻其上。字体大小在 30 厘米左右。红色、白色油漆填涂。

有关水的成语共计 10 条：水到渠成、水落石出、饮水思源、萍水相逢、滴水穿石、山穷水尽、山清水秀、如鱼得水、望穿秋水、一衣带水。

⑦“疑无路”景观石碑

位置：K2+830 处，上线右侧台地。

选用中型浅色天然岩石作为“疑无路”主题碑石，置于道路急转弯处稍高的台地上，正面向公路进入方向。用草书字体在碑石正面上雕刻“疑无路”，红色油漆填涂字体。字体 60 厘米见方。基座用卵石陪衬，周围种植低矮花木。

⑧动态水体景观(人工瀑布)

位置:K3+200、K3+280、K3+350 3 处,下线右侧河道内。

在 K3+200、K3+280、K3+350 3 处下线右侧河道内构筑简易小水坝,形成小型洄水和跌水景观。坝前水深适度,保持在 1.5 米左右。坝体用混凝土浇筑,河道中的卵石自然堆砌造景。

⑨濒水步道

位置:K2+720—K2+900 路段,下线右侧。

在 K2+720—K2+900 路段河道两岸修建滨水步道。步道滨水修建,并与公路相连。公路对面的步道延伸至 K2+900 处。步道宽 1.5 米左右,用道路施工中产生的岩石,块状铺砌。步道旁置异形石点缀,种花草。

⑩小桥

位置:K2+760、K2+900 处,下行线右侧,共两座。

与 K2+760、K2+900 处位置游道相配修建小型跨河桥。在满足防洪需要前提下,尽可能减小桥的体量。采用混凝土预制件搭建,桥面设护栏,桥面宽与步道相适。在小桥一侧置 80 厘米见方天然石标识桥名,阴刻 30 厘米见方的桥名文字,红色油漆填涂。两处小桥分别命名为:"从善桥"、"上善桥"。

⑪绿荫隧道景观

位置:K3+400~K3+500 路段。

此路段是路线环境最狭窄路段。在此路段修建混凝土花架,挑空横跨公路及河道,构成花木支架。两侧种三角梅,使其攀爬上架,形成绿荫鲜花隧道。三角梅宜选用大红色品种。

花架另作结构设计。

(4)"饮水思源"路段

文化主题:饮水思源。

路段:约 K3+620~K5+500

①"饮水思源" 路段主题文化形象标识

位置:K3+840 处,下线右侧。

选用中型深色天然岩石作为"饮水思源"主题碑石,置于道路路肩旁。用隶书字体在碑石正背双面上阴刻"饮水思源"文化形象用语,浅蓝色反光油漆填涂字体。字体大小 60 厘米见方。基座用卵石陪衬。

②岔河村文化景观车站(见图 3-5)

位置:K3+810~K3+860 处,下线右侧。

在该路段路沿外修建文化景观车站,为过往车辆乘坐人员观景、休息提供场地。设观景平台,供游人观赏岔河村村落景观和山谷景观,地面用天然岩石铺装。建候车亭,方便村民出行候车;候车亭内设条石座凳。种杜鹃、山茶等花木绿化。置岔河村地名标识,标识用中型天然岩石,草书阴刻“岔河村”字样,50 厘米见方,红色油漆填涂。

图 3-5 “饮水思源”路段岔河村车站文化景观设计效果图

③彝族白族文化景观挡墙

位置: K3+800~K3+850 处,上线右侧。

将岔河村路口边坡挡墙建成彝族白族文化景观挡墙。文化景观挡墙上雕刻岔河村彝族白族文化简介。正文楷书字体,大小 6 厘米见方,填涂红色油漆。

彝族白族文化简介内容,由西山区谷律彝族白族乡岔河村村民委员会提供。

④乐水瀑布景观(见图 3-6)

图 3-6 乐水瀑布景观设计效果图

位置: K4+950~K5+000 处,道路两侧。

此处路段，上行线与下行线分布在山坡上下，单向通行，下行线比上行线高10米左右。从大叠水河流上游方向，通过陡咀村后的明渠将水引到此处，利用高差，在下行线左侧坡面构建瀑布水体景观，瀑布命名为“乐水瀑布”。同时，在瀑布底建景观水池，并通过涵洞与上行线右侧大叠水河道相连，扩展右侧水体。垒筑涌泉、喷泉景观，形成与瀑布相呼应的延伸景观。上行线左侧设停车位，供观景游客泊车。在瀑布旁建步道，连接上行线和下行线。置景观石构景。种植景观植物。瀑布顶设护栏。

在乐水瀑布下观景平台内置景观石，用隶书体阴刻刘安的《淮南子·原道训》中的论水文字，正文字体大小5厘米见方，标题10厘米见方。白色油漆填涂。

淮南子·原道训

天下之物，莫柔弱于水，然而大不可极，深不可测，修极于无穷，远沦于无涯，息耗减益，通于不訾。上天则为雨露，下地则为润泽；万物弗得不生，百事不得不成。大包群生，而无好憎；泽及蚑蛲，而不求报；富赡天下而不既，德施百姓而不费；行而不可得穷极也，微而不可得把握也。击之无创，刺之不伤，斩之不断，焚之不然，淖溺流遁，错缪相纷，而不可靡散。利贯金石，强济天下。动溶无形之域，而翱翔忽区之上；邅回川谷之间，而滔腾大荒之野。有余不足，与天地取与，授万物而无所前后。是故无所私而无所公，靡滥振荡，与天地鸿洞；无所左而无所右，蟠委错紾，与万物始终。是谓至德。

——刘安(西汉)

⑤水车磨房景观

位置：K5+080处，上行线右侧。

在乐水瀑布右前方路侧河道对岸修建水车磨房景观。磨房与乐水路起点磨房候车亭同状，框架结构，斜山顶，小青瓦盖顶。磨房内设水磨陈列间、世界水日和中国水周科普宣传展示间，并置休息石桌凳。水车实木构成，水流冲动，由专业厂家制作安装。

⑥世界水日和中国水周科普宣传景观

位置：K5+080附近，上线右侧水车磨房内。

在水车磨房内，用中型深色天然花岗岩，黑体阴刻世界水日常识和中国水周主题。浅蓝色油漆填涂字体，字体大小3厘米见方。

历年世界水日主题

1994 年:关心水资源人人有责(caring for our water resources is everyone's business)

1995 年:妇女和水(women and water)

1996 年:为干渴的城市供水(water for thirsty cities)

1997 年:水的短缺(water scarce)

1998 年:地下水——看不见的资源(ground water—invisible resource)

1999 年:我们(人类)永远生活在缺水状态之中(everyone lives downstream)

2000 年:卫生用水(water and health)

2001 年:21 世纪的水(water for the 21st century)

2002 年:水与发展(water for development)

2003 年:水——人类的未来(water for the future)

2004 年:水与灾害(water and disasters)

2005 年:生命之水(water for life)

2006 年:水与文化(water and culture)

2007 年:应对水短缺(coping with water scarcity)

2008 年:涉水卫生(water sanitation)

2009 年:跨界水——共享的水、共享的机遇(Transboundary water - the water-sharing, sharing opportunities)

2010 年:关注水质、抓住机遇、应对挑战(Communicating Water Quality Challenges and Opportunities)

2011 年:城市水资源管理(water for cities)

2012 年:水与粮食安全(Water and Food Security)

2013 年:水合作(Water Cooperation)

世界水日

World Day for Water

1993 年 1 月 18 日,第四十七届联合国大会作出决议,确定每年的 3 月 22 日为“世界水日”。

世界水日的宗旨:

一、应对与饮用水供应有关的问题。

二、增进公众对保护水资源和饮用水供应的重要性的认识。

三、通过组织世界水日活动加强各国政府、国际组织、非政府机构和私营部门的参与和合作。

中国水周主题

1996 年:依法治水,科学管水,强化节水

1997 年:水与发展

1998 年:依法治水——促进水资源可持续利用

1999 年:江河治理是防洪之本

2000 年:加强节约和保护,实现水资源的可持续利用和保护

2001 年:建设节水型社会,实现可持续发展

2002 年:以水资源的可持续利用支持经济社会的可持续发展

2003 年:依法治水,实现水资源可持续利用

2004 年:人水和谐

2005 年:保障饮水安全,维护生命健康

2006 年:转变用水观念,创新发展模式

2007 年:水利发展与和谐社会

2008 年:发展水利,改善民生

2009 年:落实科学发展观,节约保护水资源

2010 年:严格水资源管理,保障可持续发展

2011 年:严格管理水资源、推进水利新跨越

2012 年:中国水周“宣传主题”大力加强农田水利,保障国家粮食安全

2013 年:节约保护水资源,大力建设生态文明

⑦古树群景观

位置:K5+050 处,下行线右侧。

对路边坡地的古树群进行保护性构景,构成小型景观园林。稳固古树根基,清理古树周围环境,设观景平台,铺设步道,条石砌护堡坎,适度配置观赏异石;古树旁放置小型景观石,刻写古树简介。另修建连接古树群到上行线水车磨房处的步道,使乐水瀑布、水车磨房和古树群景观连接成一游览环线。

⑧便民洗濯池景观

位置：K5+250处，上行线与下行线汇合附近，陡咀村旁河道边。

在陡咀村旁河道边修建便民洗濯水池。在整治河道的基础上，从上游方向自上而下逐级自然降低，使河水自然流淌。洗濯池用混凝土梁分隔，呈长方形，水深不超过80厘米，以确保安全。洗濯池旁置条石等，方便放置器物。洗濯池上建风雨亭遮盖。

图3-7　国家节水标志

洗濯池两岸建小型景观园。景观园右侧上行线路边设停车位，建候车亭。水坝汀步连接两岸，步道铺装天然岩石。保护古树。园内置景观石，雕刻中国节水标志（见图3-7）和水科普知识。植景观植物。

洗濯池上方上行线跨河小桥，命名为"思源桥"，置景观石雕刻桥名以标识。

在洗濯池对岸设节水标识景观。用中型景观石竖立岸边，正面向便民洗濯池。石面上用楷书阴刻"保护水源，节约用水"，字体大小25厘米见方，红色油漆填涂。文字上方线刻中国节水标志图案，按样填涂油漆。

⑨水科普常识景观

位置：K5+280附近，陡咀村旁河道边洗濯池景观园内。

用中型浅色天然岩石，用楷体阴刻下述水的科普知识。深蓝色油漆填涂字体。正文字体大小3.5厘米见方，标题字体8厘米见方。

水科普常识景观也可用于路域其他文化挡墙上。

水是什么

水在常温常压下为无色无味的透明液体。化学分子式为H_2O。水是一种可以在液态、气态和固态之间转化的物质。固态的水称为冰；气态水在100℃以上时叫水蒸气，而在100℃以下时则称为水汽。

水与自然

水对气候具有调节作用。大气中的水汽能阻挡地球辐射量的60%，保护地球不致冷却。海洋和陆地水体在夏季能吸收和积累热量，使气温不致过高；在冬季则能缓慢地释放热量，使气温不致过低。海洋和地表中的水蒸发到天空中形成了云，云中的水通过降水落下来变成

雨，冬天则变成雪。落于地表上的水渗入地下形成地下水；地下水又从地层里冒出来，形成泉水，经过小溪、江河汇入大海，形成一个水循环。在自然界中，由于不同的气候条件，水还会以冰雹、雾、露水、霜等形态出现并影响气候和人类的活动。

地球表面有71%被水覆盖，从空中来看，地球是个蓝色的星球。水侵蚀岩石土壤，冲淤河道，搬运泥沙，营造平原，改变地表形态。

地球上的生命最初是在水中出现的。水是所有生物体的重要组成部分。水中生活着大量的水生生物。

水是生命的源泉

地球上的生命最初是在水中出现的。水是所有生命体的重要组成部分。人体中水占体重的70%。人如果没有水，只能活几天。

人的各种生理活动都需要水，水可溶解各种营养物质，把氧气和营养物质运送到组织细胞，再把代谢废物排出体外。水在体温调节上有一定的作用。水还是体内的润滑剂。

水是世界上最廉价最有治疗力量的奇药。当感冒、发热时，多喝开水能帮助退热、有利于加速毒素的排出。大面积烧伤以及发生剧烈呕吐和腹泻等症状，需要及时补充液体，以防止严重脱水，加重病情。睡前一杯水有助于健康。

(5)“上善若水”路段(见图3-8)

图3-8 “上善若水”路段主题文化景观设计效果图

文化主题：上善若水。

路段：K5+500～K6+714 处。

①“上善若水”路段主题文化形象标识

位置：K5+780 处，下线右侧。

选用中型深色天然岩石作为“上善若水”主题碑石，置于道路路肩旁。用行书字体在碑石正背双面上阴刻“上善若水”文化形象用语，浅蓝色反光油漆填涂字体。字体大小 60 厘米见方。基座用卵石陪衬。

②乐水路建设者纪念景观

位置：K5+750～K5+820 处，下线右侧。

将旧线路弃地建成景观绿地。路边设停车位。观景平台地面用天然石片铺装。种植三角梅等景观植物。汀步贯穿其中。绿地内置中型景观石，刻记乐水路设计、施工等建设事项。

③大叠水风景区形象标识

位置：K6+610 处，下线右侧。

选用中型灰白色天然景观石置于路旁，作为大叠水风景区形象标识。用楷书在标识碑石上阴刻“大叠水风景区”，红色反光油漆填涂。字体大小 50 厘米见方。卵石陪衬基座。

④“上善若水”文化主题景观区（终点）

位置：K6+710 处。

- “上善若水”景观平台

将道路终点场地建成“上善若水”景观平台，使其具备交通车辆转换、人员集散、休闲、观景和传承文化的功能。景观平台命名为“上善广场”。

设置交通环岛，作为小型车辆交换通道，大型车辆在环岛外侧直接转向。设候车亭，兼做休息景观亭。候车亭用防腐木，由专业厂家制作安装。设生态停车场。

设花池，种植大叶樟、三角梅、杜鹃、云南黄馨等景观植物，辅以景观石陪景。

设亲水步道，天然石片铺装。设浅滩戏水平台、“七善”文化体验石滩、拦水坝、条石凳等。

- “上善若水”文化柱

在交通环岛中央建“上善若水”文化柱。文化柱用灰色花岗岩作材料，高 800 厘米，直径 80 厘米，柱身雕刻水纹，柱正面阳刻草书“上善若水”四字，红色反光油漆填涂，柱底安装灯光投射装饰。文化柱由专业厂家制作安装，规格按厂家设计。选用 7 块小型深色天然岩石作为“七善”文化碑石，置于交通环岛周

边。用隶书字体分别阴刻“居善地、心善渊、与善仁、言善信、正善治、事善能、动善时”。白色油漆填涂字体。字体大小不小于30厘米见方。

● “七善”文化体验景观

位置:上善广场上端靠河道一侧。

选用8块小型浅色天然岩石,置于停车场靠河道一侧滨水平台边,用隶书体分别雕刻下述老子论水“七善”言论,用黑体雕刻译文。黑色油漆填涂字体。原文字体大小8厘米见方,译文字体大小5厘米见方。碑石周围种植花木。在下述“上善若水”石碑上,线刻老子画像,白色油漆填涂。

> 上善若水,水善利万物而不争,处众人之所恶,故几于道。居善地,心善渊,与善仁,言善信,正善治,事善能,动善时。夫唯不争,故无尤。
>
> ——老子《道德经·八章》

注:① “居善地”

大意:人要像水一样善于择地而居。也可以引申为,要像水一样善于选择生存和发展的环境。

②“心善渊”

大意:心要像渊泉之水一样深沉而虚静,而一般世俗者的问题恰恰是浅薄而浮躁。

③“与善仁”

大意:对待万物当兼爱博爱而不狭隘偏私。

④“言善信”

大意:出言或者说话善于信守承诺;或富于变化而守信不欺。

⑤“政善治”

大意:为政要善于治理。

⑥“事善能”

大意:担当做事,调剂融和,能干。

⑦“动善时”

大意:把握机会,及时而动,随着动荡的趋势而动荡,跟着静止的状况而安详澄止。

⑤河道与水坝景观

位置:上善广场侧河道。

在整治道路终止点附近的河道时,将现有河道改道,向西侧外移,以扩展陡咀瀑布旅游景区停车场,满足停车、换乘、休息等需要。河道两岸依天然岸线形态用卵石砌护,并构成岩石水体景观。两岸种植观赏花木。

三、公路建设文化

公路建设文化是公路文化组成部分,是公路建设过程中积淀起来的物质和精神层面各种财富的总和,是公路建设者智慧、技术、劳动的集中体现。在公路文化景观建设中融入公路建设文化,是提高公路文化品质,弘扬公路建设文化的有效途径。

(一)公路建设文化的内涵

公路建设文化的内涵就是公路建设者敢于在没有路的地方筑路的开拓精神,甘于奉献的铺路石精神,修放心路文明路的责任精神。在公路建设过程中,涌现出大量的感人事迹,甚至献出生命的壮举。勘测、设计、施工、监理等各个环节,都凝聚着建设者智慧、技术、劳动的付出。一条高质量、高品质的公路,一定是建设者高度责任感实践的结果。

公路建设文化有着十分鲜活、生动的内容。公路工程建设是一个系统工程,系统的各个单元都影响公路工程品质。设计、施工、监理、业主、监督各单位的建设行为等因素都与公路工程质量息息相关。在公路建设过程中,各单位的组织、企业文化,都不同程度地通过员工的行为渗透到公路工程建设中。工程师、技术骨干、一线工人、管理者在具体的建设活动中共同打造公路建设文化。

(二)公路建设文化的展示

公路建设文化根植于公路建设成就中,每一条高质量、高品位的公路都是公路建设的一座丰碑,都是公路建设文化的凝结物。因此,从公路建设主体上看,建成的公路本身就是公路文化的最好展示物。

当然,在公路建设文化具体形态展示上,可以采取一些直观的景观形式,选择可物化的公路建设文化元素加以展示,如景观碑石、文字、雕塑等。

公路建设文化主要展示内容:

(1)工程概况;

(2)特殊路段、高难大构筑物工程、创纪录构筑物工程简介;

(3)建设、设计、施工、监理等单位简介;

(4)建设者荣誉。

第三节　公路文化景观建设工程

一、与依托工程的衔接

公路文化景观建设工程要与所依托的公路工程合理、有序衔接。依托工程是公路文化景观建设工程的优先前提,起决定性作用,规范和制约公路文化景观建设工程的实施。在具体工程实施中,两者主要从以下几个方面衔接互动。

(一)工程进度衔接

公路文化景观建设工程总体进度要略滞后于依托工程。通常情况下,公路文化景观主要以公路构筑物为构建平台,如公路出入口、隧道口、路肩侧、桥头侧、休息点、服务区、跨线桥等,因此,只有公路构筑物建设完成后,文化景观建设才具有建造基础。但是,不是所有的公路文化景观都要等依托工程完工后才进入建设,许多前期工作需要在依托工程完工前甚至同步进行。同时,公路文化景观建设不能拖延整个公路工程建设工期,应与公路工程交验投入使用基本同步。在不影响公路工程交验、通行的基础上,一些属于局部小工作量的工程,可以在公路通行后完成。

(二)工程场地衔接

公路文化景观建设工程场地属于依托工程共用场地,或者附属场地,应根据关联设计要求,同步进行衔接。尤其是大型文化景观体、综合景观园的场地基础,要在依托工程建设的同时,按设计施工图平整场地、夯实基础、构筑管网等。有的公路文化景观建设工程场地还需预留施工通道以及其他条件,应在依托工程建设时一并考虑。还有一些公路文化景观建设工程需利用依托工程建设的弃料,如大型石料,或者线路环境,如岩壁,也应在依托工程建设予以协调配合。

(三)工程组织衔接

当公路文化景观工程建设与依托工程建设重叠时,两者的组织协调尤为重要。公路建设工地呈线形状,许多地方施工面狭窄,工地出入不便,工程机具多,这为两个工程同时进行带来了不便。公路文化景观建设工程要优先让位于依托工程,在进入场地时间、密度等方面积极地与依托工程协调,将景观建设工程有机地植入整个建设工程中,组织好施工要素,确保双方工程进度如期推进。

二、施工组织

公路文化景观建设工程施工组织主要控制以下几个环节。

(一)编制施工方案

施工方案应包括编制方案依据、工程概况、工期安排、工程组织安排、施工准备事项、基础工程施工、景观主体工程施工、环境景观施工等内容。尤其是工期安排、工程组织安排、施工准备事项、基础工程施工、景观主体工程施工、环境景观施工等内容,应按相关标准和设计要求,编制详细的执行方案,明确技术标准参数、工艺和质量要求。

(二)施工组织

围绕工程要求配备相关技术人员、施工人员、保障人员等,落实职责,明确分工，技术交底。

（三）工程实施

按设计蓝图、工程规范和施工方案要求，实施文化景观建设工程。公路文化景观建设工程基础部分和部分景观一般都在工程现场进行，但是，也有一些景观主体工程是在室内工场完成后，再到现场安装定位，如雕塑和一些建筑小品等。

（四）竣工清场

公路文化景观建设工程完成后，应及时清场，保证公路通行和景观正常展示。

三、质量控制

公路文化景观建设质量控制有别于一般城市景观建设工程，除按一般的景观工程质量体系规范要求外，还必须同时满足相关的公路构筑物质量控制标准，符合公路交通安全规范。因此，公路文化景观建设工程质量控制应同时满足上述两个质量体系要求，并建立一整套动态质量保证系统，执行动态控制为主，事前预防为辅的管理办法，重点抓施工前指导、施工中检查、施工完验收3个环节，确保公路文化景观质量。

（一）质量保证体系

公路文化景观建设工程是整个公路建设工程不可分割的重要组成部分，其建设质量也是整个公路建设质量同等重要的问题。在公路文化景观建设建设初期，有的公路建设项目仅仅把公路文化景观作为可有可无的摆设，对质量也少有监管，造成后期出现质量问题，直接或间接影响公路交通功能发挥。随着公路建设质量要求增高，公路文化景观建设普遍和规范发展，必须对公路文化景观建设质量进行质量保证体系建设，从设计到施工，从监理到验收，都应与公路建设主体依托工程同等对待，同步实施。

目前，尤其需要落实的是建立公路文化景观建设质量监理机制。独立的建立机制能有效地划分责任，依法监管质量。监理单位依法审查施工单位的施工现场质量管理是否有相应的技术标准，是否有健全的质量管理体系，是否有施工质量检验制度和综合施工质量水平评定考核制度；审查施工组织设计和施工方案，检查和审查工程材料、设备的质量，排查质量事故的隐患等。

（二）施工动态监管

施工动态监理是保证公路文化景观建设工程质量的关键环节。施工动态监理的要素是现场、同步、实时，能直接排查工程质量隐患于实况，是极为重要的质量监管方式。特别是对于隐蔽工程，现场动态监理更是确保质量的制约手段。

在施工现场采用巡视、平行检查、跟班旁监、随机抽查等方法动态监管,发现的质量隐患要及时反馈给建设方、施工方,并落实整改措施,排除隐患。这既是工程质量的要求,也是减少建设方、施工方后期返工损失的需要。

(三)竣工验收与检验评定

公路文化景观建设工程完成后,应及时按程序和相关规范进行竣工验收。

公路文化景观工程施工质量检验与评定是质量管理的重要内容,是保证公路文化景观作品达到设计要求及工程质量的"关门环节"。公路文化景观工程施工质量检验主要有景观实物质量和景观施工过程质量两部分。景观实物质量考核安全程度、景观文化内容的真实性与适度性、外观造型、景观美观度、景观与环境协调度、景观与依托工程协调度、材料与工艺、使用年限、功能要求及综合效益等方面;景观施工过程质量重点考核设计、施工、检查验收等环节。

公路文化景观建设工程质量等级分为分项工程评定、单项工程评定和项目工程评定等层级,结论一般有合格、优秀两个等级标准。公路文化景观建设工程质量等级评定标准,可参照园林景观建设工程质量评定标准制定。

第四章　公路文化景观建设创新

第一节　公路文化景观建设理念创新

公路文化景观建设需要用创新理念来指导。在公路交通建设朝人性化、生态化、智能化、系统化发展的要求下，作为提高公路文化品质重要举措的公路文化景观建设，同样要用创新理念来指导策划、规划、设计和施工等各个环节，保持与依托工程理念创新、技术创新、管理创新同步发展。

一、"以人为本"理念创新

公路工程和公路文化景观工程建设中，要引入"以人为本，天人合一"的时代理念，指导公路工程和公路文化景观工程建设与生态环境保护建设协调。在规划设计和建设施工时，充分考虑当地的自然地理环境现状，原生态民俗文化的延续和发展等要素，顺应环境，尊重自然，延续文化。

以人为本的理念不仅仅强调把人的价值放到首位，而且更加重要的是强调人与自然的关系、人与人的相处、人与社会的和谐。推动路域人、自然的全面发展是公路建设和公路文化景观建设根本目的。提出以人为本的理念，目的是以路域发展需求统领经济、社会发展，使公路的建设结果与路域经济社会发展相适应。

人与自然的和谐发展是以人为本，天人合一的基础。人类认识和改造自然界是为人类创造良好的生存条件和发展环境。在过去相当长的时期内，以征服自然为目的，以科学技术为手段，以物质财富的增长为动力的传统发展模式，在一定程度上破坏了人类赖以生存的基础，使人类改造自然的力量变成了毁害人类自身的力量。人们在试图征服自然的同时，往往不知不觉地成为被自然征服的对象。例如，毁林开荒造成的水土流失、土壤沙化，公路建设大规模开挖造成地质灾害和水源污染等，一系列生态环境问题都向人们发出警示：人类的行为如果违背自然规律，必将遭到自然的惩罚。

从本质上讲，公路建设或多或少都会对陆域生态环境造成不同程度的破坏，

给路域生态系统带来不利的影响。尤其是开挖、填方、隧道、桥梁等工程量大的工程,对水系、土壤、植物、动物现存体系冲击很大,甚至会改变原有生态系统平衡,造成重大生态灾害。在公路建设和公路文化景观建设中,要从规划设计到施工建设始终秉持以人为本,天人合一的理念,只有人与自然的关系和谐了,生态系统保持在良性循环水平上,人的发展才能获得永续的发展空间。

以人为本,天人合一理念,同时体现在人与社会的和谐发展、人与人的和谐发展中。人的全面发展是经济社会发展的归宿。以人为本的发展理念在公路建设领域上的一个重要体现,就是要逐步加大对公路建设的投入,特别是对中西部地区公路交通发展滞后地区的投入,满足交通落后地区对出行交通的需要,实现经济社会发展最终目标。以人为本的理念在公路建设与公路文化景观建设中,简而言之,就是在策划、规划和修建公路的过程中要牢牢把握以"群众为本",人民群众才是公路建设的主体,他们既是参与者,也是使用者,同时也应当是受益者。这一方面,在云南省昆明市"乐律路"的规划、建设当中得到了充分的体现。乐律武公路位于昆明市西山区团结镇,属西山区"一横四纵"路网规划中的"第三纵"。该路途经乐居、里多亩、律则等村,惠及近千农民。乐律武公路于 2007 年 4 月经云南省发改委批准进行建设,工程概算总投资 2640 万元,公路全长 26.113 公里,其中主线(乐居—律则)长 10.26 公里,公路等级四级,设计行车速度 20 公里/小时。该道路在建设过程中,把以人为本的理念落到了实处,处处都体现着为当地的百姓着想,为当地的百姓服务的思想,提出了公路建设要以惠农、便民为落脚点,以公路建设的成果由人民群众共享为着眼点,使修建的农村公路能够方便沿线居民安全便捷出行,能够为驾乘人员提供人性化服务,能够为辐射村的村民脱贫致富创造有利条件,能够给农村公路建设人才的锻炼成长提供良好的平台,能够在公路文化景观建设中突出展现当地特色文化和注入助推当地旅游经济发展的元素,把以人为本的理念转化为公路建设和公路文化景观建设的具体成果。

二、"环境友好"理念创新

环境友好型交通是公路交通发展的方向,公路生态环境保护建设是环境友好型交通建设理念的具体实践。公路文化景观需要良好的路域生态作为背景,与路域生态环境融合,与公路工程的环境协调。公路生态环境保护在公路文化景观建设中,也是极其重要的内容。公路生态环境保护建设贯穿于公路工程建设和公路文化景观建设工程的全过程,甚至许多工程项目都是围绕生态环境保护进行优化和协同的。从广泛的意义来看,公路生态环境保护建设也是公路生态文化建设的需要,是公路文化景观建设的支撑。

联合国于1992年6月3日~14日,在巴西里约热内卢召开联合国环境与发展会议(United Nations Conference on Environment and Development),会议围绕环境与发展这一主题,进行了相关领域众多问题磋商。会议通过了《关于环境与发展的里约热内卢宣言》、《21世纪议程》和《关于森林问题的原则声明》3项文件。在《21世纪议程》中,200多处提及包含环境友好含义的"无害环境"(Environmentally Sound)的概念,提出了"环境友好"(Environmentally Friendly)的理念。这次会议的成果具有积极意义,在人类环境保护与持续发展进程上迈出了重要的一步。

2006年12月15日,交通部召开"资源节约型、环境友好型交通发展模式研究"专题工作会议,明确了资源节约型、环境友好型交通的发展方向。环境友好型交通,就是要采取有利于环境保护的建设和维护方式,适应当地人民的生活方式、消费方式,建立人与环境良性互动的关系。反过来,良好的环境也会促进生产、改善生活,实现人与自然和谐。建设环境友好型公路交通,就是要以环境承载力为基础,以遵循自然规律为准则,以绿色科技为动力,倡导环境文化和生态文明,构建公路与当地经济社会环境协调发展的社会体系,实现可持续发展。环境友好型交通的核心目标是将公路建设和养护规范在路域生态承载力、环境容量限度之内,通过生态环境要素的质态变化,建立对公路建设和养护活动的有效调控机制,降低公路交通系统对生态环境系统的不利影响。

环境友好型公路交通是一种以环境友好为特征的新的公路交通发展形态,是可持续发展社会的具体表现形式,是人与自然和谐的基本模式,环境友好型公路交通建设要求公路交通发展的各方面必须符合生态规律。建设环境友好型公路交通是以"环境与人"的问题着手,并为从根本上解决环境问题而形成的一种整体性思维方式,将有利于环境的公路交通发展模式、社会行为、政治制度、科技支撑和文化纳入到公路交通建设各个环节,促进公路交通与环境,公路交通与人、社会的协调发展。

提高资源利用效率,以最少的资源消耗获得最大的经济社会收益,建成一个高效和谐的交通-经济-社会-自然-文化复合生态系统,是环境友好型公路交通建设目标。在公路建设与公路文化景观建设过程中,将能耗、资源利用、环境保护等指标量化到每一道工序,系统控制资源利用率。实现节约型公路设计目标,要依靠先进的节能技术,利用清洁能源,减少建设过程中的资源和能源消耗。

公路文化景观建设中,要充分引入和运用环境友好理念,正确处理环境保护与开发利用之间的关系,对公路文化景观建设方式、方法和措施赋予合理的设计

和定位，使公路文化景观建设达到保持路域生态平衡并促进生态系统中各因素协调有序发展的目标。公路文化景观建设实践探索中，已经积累了一些成功案例，为公路文化景观建设做出了示范。例如云南省农村公路科技示范工程“乐律武公路”，在策划、规划、设计和施工建设中，环境友好理念得到了生动的体现，并且取得了良好的社会效益和环境效益。针对公路建设中生态环保意识差，自然生态破坏严重，资源利用不够的实际情况，结合依托工程的施工，该公路首次明确提出了“师法自然重生态，利用资源促发展”的环境友好型理念。把这一理念引入到工程建设中，采取了不乱砍伐一棵树，就近就地移植；全线所有树石不废弃，全部作为文化景观建设用材；充分尊重沿线山水自然资源，建设山、水、树、石文化景观；充分利用沿线自然与人文资源，助推当地旅游文化产业发展等一系列措施，使该路成为一条特色鲜明的环境友好型生态景观文化路。

三、“系统协调”理念创新

现代公路交通尤其是高速公路交通，是一个结构复杂、功能完善的系统，公路建设工程也是一个系统工程。公路文化景观建设在公路建设工程系统中，与公路设计、施工、监理、检验、养护、营运、环保等多个单元或子系统有紧密关系。用系统协调的理念和系统论的思想，创新公路文化景观建设在关联设计、协调优化等环节中的先进理念，确保公路建设工程和公路文化景观建设工程的系统联动，具有十分重要的实践意义。

本书在第三章中提出关联设计与协调性优化问题，实际上也就是“系统协调”创新理念解决公路文化景观建设与依托工程的系统接入问题。从公路文化景观工程与公路依托工程这两者构成的建设工程大系统来看，应维护一个统筹协调的机制，这个机制通常是通过公路建设指挥部的职责机制来实现。公路建设指挥部在公路文化景观与依托工程的关联性事务中，如关联性设计对接、工程施工协调、工期协调控制、安全性协调以及优化协调等，发挥系统指令和监督作用。

公路文化景观建设还涉及公路系统外的其他系统之间的协调。从大的社会系统来看，交通是整个社会系统中的一个子系统，而公路交通又是交通系统中的一个子系统。公路交通与社会系统中的环境系统、经济系统、文化系统、政治系统等，都有着不可分割的系统联系。用“系统协调”的理念规划设计公路文化景观，目的就是要促进公路交通系统与其他社会子系统融合与协调发展，尤其是在文化系统领域，公路文化景观的作用更为直接显现。公路文化景观在路域文化传播中，与路域城市文化子系统、农村文化子系统构成的路域文化系统关系紧密，起着对外宣传、文化传承的重要作用。

四、“助推旅游”理念创新

交通的重要功能之一就是解决游客到旅游区的可进入和可离去问题，特别是公路交通，是绝大多数旅游景区首要的基础条件。作为“朝阳产业，无烟工业”的旅游业已经成为当今发展最快的产业之一，面临千载难逢的历史机遇。公路文化景观建设应顺应这一发展趋势，树立“助推旅游业发展”的理念，把每条公路建设成为旅游文化景观通道，大力宣传路域资源，展示路域旅游文化魅力，营造旅游市场氛围，引导游客游览兴趣。

西藏自治区旅游资源十分丰富，世界屋脊，神奇西藏的魅力为世人瞩目，这为公路文化景观展示旅游文化、助推旅游事业发展提供了条件。自然旅游资源方面，西藏现有珠峰自然保护区、藏北羌塘自然保护区、藏东南雅鲁藏布大峡谷自然保护区等世界级国家自然保护区 3 处，国家级名胜风景区雅砻国家级风景名胜区 1 处。世界独特、唯一的自然风光集中在以喜马拉雅山脉为主的雪山风光区域、藏北羌塘草原为主的草原风光区域、藏东南森林峡谷为主的自然生态风光区域、阿里神山圣湖为主的高原湖光山色风光区域。湖泊类景观有阿里神山圣湖为代表的高原雪山湖泊，纳木错为代表的草原湖泊和以巴松错为代表的高原森林湖泊等不同类型的湖泊。现已开辟了拉萨—林芝—山南—拉萨生态旅游环线；拉萨—日喀则—阿里朝圣观光旅游线；拉萨—日喀则—定日—樟木观光旅游线；拉萨—那曲—青海草原风光旅游线。人文旅游资源方面，西藏现有 1700 多座保护完好、管理有序的寺庙，形成了独特的人文景观。主要有以拉萨布达拉宫、大昭寺为代表的藏民族政治、经济、宗教、历史、文化中心人文景观区；以山南雍布拉康、桑耶寺、昌珠寺、藏王墓群为代表的藏文化发祥地人文景观区；以日喀则扎什伦布寺、萨迦寺为代表的后藏宗教文化人文景观区；以藏北古格王朝古都遗址为主的文物古迹人文景观区；以昌都康区文化为代表的茶马古道历史文化人文景观区等。全区现有国家优秀旅游城市 1 座：拉萨市；世界文化遗产 1 处：布达拉宫及其扩展项目大昭寺、罗布林卡；国家级历史文化名城 3 座：拉萨、日喀则、江孜。西藏现有名胜古迹大多被列入了各级文物保护范围，目前，全区有各级文物保护单位 251 处，其中，国家级重点文物保护单位 27 处，自治区级重点文物保护单位 55 处，地(市)、县级文物保护单位 169 处。[①]

① 西藏自治区人民政府.《西藏自治区概况》. http://www.xizang.gov.cn/msgj/52656.jhtml，2006 年 11 月 15 日。

就目前的情况看，西藏自治区公路建设中，公路文化景观建设还处于起步阶段，发展空间巨大，利用公路文化景观助推自治区旅游事业发展的潜力巨大。包括已建成的青藏、川藏、滇藏、新藏和中尼公路西藏段，都可以利用现有路线基础，打造旅游文化景观，大力宣传世界屋脊，神奇西藏的旅游胜景，传播西藏旅游文化魅力，吸引天下游客游览西藏。在新建公路时，更应该注入“助推旅游业发展”理念，规划设计公路文化景观，建设旅游文化景观道路。

五、“可持续发展”理念创新

可持续发展理念是一种理性的、平衡的、长期的科学发展理念。联合国环境规划署在 1989 年第 15 届理事会通过的《关于可持续发展的声明》中，提到接受和认同“既满足当代人的需求，又不对后代人满足其自身需求的能力构成危害的发展”这一可持续发展定义。可持续发展概念源自世界环境与发展委员会关于人类未来的《我们共同的未来》。在这份报告中提出了 3 个重要的观点：环境危机、能源危机和发展危机不能分割；地球的资源和能源远不能满足人类发展的需要；必须为当代人和下代人的利益改变发展模式。基于这 3 个观点，报告创新提出可持续发展概念。经济发展对生态环境带来的影响是人们过去关心的问题，而现在，生态的压力对经济发展所带来的重大影响成为全球迫切感到的困惑。世界发展需要有一条新的道路，这条道路不仅是能在若干年内、在若干地方支持人类进步的道路，而是一直到遥远的未来都能支持全球人类进步。这里，可以十分清晰地看到，可持续发展这一科学观点，把我们从单纯考虑环境保护提升到把环境保护与人类发展结合起来，实现了人类与环境共同发展的思想认识上的重要转变。可持续发展思想包含满足当前需要，而又不削弱子孙后代满足其需要之能力的发展，而且绝不包含侵犯国家主权的含义。可持续发展还意味着维护、合理使用并且加强自然资源基础，这种基础支撑着生态环境的良性循环及经济增长。概而言之，可持续发展思想包括了两个重要概念，一是人类要发展，要满足人类的发展需求；二是不能损害自然界支持当代人和后代人的生存能力。

公路文化景观建设引入可持续发展的理念，主要体现在利用文化景观形式传播可持续发展思想和文化景观与环境利用的适度控制等方面。在公路文化景观建设中，一方面某一时期规划思想和规划技术都有其时代局限制，同时在有限的物力条件下，公路与公路文化景观不可能是一劳永逸的理想规划。按照可持续发展的理念，适度控制开发建设规模，因地制宜，不一味追求高标准，为后续发展留有余地，为后人更好更精彩的发挥提供可能。另一方面，中国目前正处于深化改革时期，经济社会发展必然会对公路规划建设产生重大影响，出现许多不可预测的随机性因素，这也要求按可持续发展原则适应发展需要，在建设目标与时间上具有一定伸缩性。

可持续发展理论内涵及其应用，越来越引起了人们的广泛关注和实践。西藏自治区丰富的自然、人文资源，为可持续发展提供了资源基础。而如何科学利用好这些资源，尤其是那些具有唯一性不可再生的特有资源，是经济社会发展中的重要课题，也是公路建设、公路文化景观建设必须思考和重视的问题。高原绚烂的原生态民族民俗文化，震撼的原始自然生态文化，是西藏的符号，是西藏的象征。保护和传承好这些文化，使之不受破坏和干扰，将其与自然资源一道纳入可持续发展的范畴中去，适度地利用公路文化景观平台进行展示、传播，对于西藏科学可持续发展具有十分重要的意义。

第二节　公路文化景观建设技术创新

公路文化景观建设不同于一般的城市、社区、景区文化景观建设，它有着自身的特点。由于环境、背景和依托工程的特殊性，在技术方面，不能照抄照搬传统模式，要突破固有技术手段，创新适合公路文化景观建设实际的技术体系。

一、科学研究技术路线创新

公路文化景观建设科学研究是一项基础性前提工作。通常，一项公路文化景观建设工程，采取与公路建设依托工程捆绑实施，单独立项进行前期科研。通过课题研究，紧密结合提升公路建设品质和品位，助推路域旅游文化产业发展的需要，把公路塑造成路域地区第一形象窗口作为目标，形成系统成果，应用于文化景观工程建设。

一般情况下，课题研究将按照文献资料收集，现场考察调研，分析研究论证，总体策划，实施方案编制等步骤开展研究工作。在此基础上，根据研究方案，进行文化景观建设优化设计，出具文化景观建设施工图，现场技术服务等步骤应用研究成果。

公路文化景观建设研究，可采用以下具体技术路线推进。如图 4-1 所示。

二、文化元素提炼技术创新

大多数公路展线长，跨越区域大，地区差异性也很大。路域积淀深厚、浩若星辰的文化资源是公路文化景观建设的基础。然而，在依托工程上建设公路文化景观，受到路线环境、平台和交通安全限制，不可能全画幅地展示。提炼特色

文化元素，成为公路文化景观建设首要的技术任务。

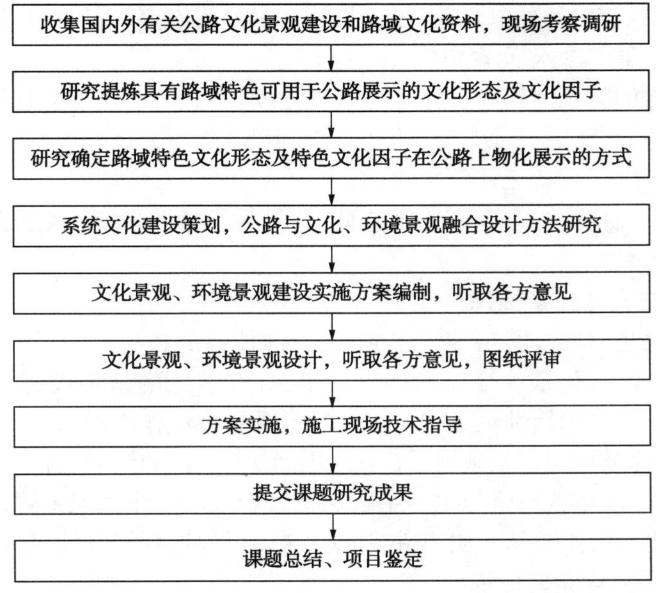

图 4-1　公路文化景观建设研究技术路线示意图

(一)民族民俗文化元素提炼

民族民俗文化中蕴藏个性特征十分鲜明的特色文化元素，是公路文化景观建设重要的资源库。民族民俗文化形式多样，内容丰富，有着本民族标志性符号，有的还形成完整的体系，有别于其他民族。一个民族的文化符号，常常存储在语言、文字、服饰、图腾、神话传说、仪式、节庆、歌舞、习俗、器物以及建筑等文化形态中，并承载着本民族的历史文化内涵和体现出独特的外在形式。

民族民俗文化元素主要可以从以下方面提取：

1. 语言文字

提炼元素：文字书写形式，语言发音注音汉字等。

2. 服饰

提炼元素：服装色彩，服装样式，服装纹饰图案，饰物材质，饰物形状，服装与饰物名称，服装与饰物制作工艺等。

3. 图腾与神话传说

提炼元素：图腾名称，图腾形状与图案，神话传说名称、形象、情景等。

4. 歌舞

提炼元素：歌舞名称，歌词，舞蹈形象(造型)等。

5. 节庆习俗

提炼元素：节庆名称，节庆事项，习俗名称，习俗内容，习俗形式等。

（二）特色建筑文化元素提炼

多彩多样的特色建筑为公路文化景观建设提供了良好的建筑风格范本。例如对于公路桥梁、隧道口、防护栏的样式，客运车站、服务设施以及安保设施等构筑物的建设可以融入特色建筑文化元素。

特色建筑文化元素主要从建筑造型、建筑材料、装饰、著名建筑名称等方面提炼。

（三）历史文化元素提炼

历史文化是路域人文精神的积淀，是人脉传承的桥梁和纽带。从历史文化中提炼用于公路文化景观建设的特色元素，具有强大的精神震撼力和感召力。尤其是那些在中华民族灿烂文明史上产生过重要推动作用的重大事件和著名人物，通过适当的公路文化景观展示出来，更能激发人们的崇敬之情。历史文化元素的提炼，通常以路域地区为主。主题文化景观则以文化景观主题内容为主。

历史文化元素主要从历史事件、历史人物、历史遗存等方面提炼。

（四）生态文化元素提炼

生态文明建设赋予公路文化景观建设崭新的内容。利用公路文化景观展示当代公路建设全新的生态公路建设理念、环境保护理念，传播生态环保思想，促进文明施工、生态施工，将产生多重有益作用。

生态文化元素主要从生态科普知识、各种保护地、动物、植物、地质、水文、气候、天象等方面提炼。

（五）旅游文化元素提炼

助推路域旅游事业发展是公路交通的重要功能之一，也是公路文化景观建设的重要目的。从路域地区旅游文化中提炼特色文化元素，展示路域地区旅游文化魅力，宣传路域地区风景名胜和景区景点，导引游客游览观光，是公路文化景观建设助推旅游业发展的具体举措。

旅游文化元素主要从景区景点名称、旅游产品、旅游活动、旅游吸引物等方面提炼。

（六）公路建设文化元素提炼

公路建设成就、公路建设者风采以及公路建设技术创新等公路建设文化，也是文化景观展示的重要内容。公路建设文化个性鲜明、时代感强，能很好地切近公路建设者和驾乘人员，具有弘扬正能量和励志激情的作用。公路建设文化元素的提炼，要注重公路建设过程中涌现出的先进事迹和工程创新，提炼具有模

范、示范效应的人和事所包含的社会主义核心价值观。公路建设文化元素应该具有代表性，真实、直观。

公路建设文化元素主要从公路工程概况、工程建设创新技术、关键性攻关技术与工程、公路经济社会效益、建设单位和建设者风采等方面提炼。

三、景观建设载体技术创新

（一）景观建筑材料的技术创新

突破传统景观建设技术，创造性的利用"就地取材、现场加工技术"，打造特色鲜明的公路文化景观，生动展现路域文化。就地取材可使公路文化景观和谐地融入到周围的环境，成为路域环境不可分割的组成部分。例如，利用修路开挖弃用的山石、树木及路边的堡坎、断崖等材料和场地，构造文化景观基础，营造文化景观形体，都能较好地与周边环境和路线有机地融为一体。就地取材还有一层重要的含义，就是使用路域地区特有的，具有标识性的材料来构筑公路文化景观。如云南省保腾高速公路文化景观，设计用材大量使用腾冲县特有的火山石，极具生态代表性。当然，就地取材首先要满足公路文化景观建设技术需要，合理取舍。

（二）景观建设平台选择与利用技术创新

公路文化景观建设应创新利用路线环境，选择和利用路线平台和附属物，将文化景观有机地融入道路设施与环境中。如隧道口及三角地带、道路两侧台地、边坡、跨线桥、交汇口、桥梁等。公路文化景观建设平台的选择，一方面，要结合依托工程设计与施工现场的实际，考虑公路技术与安全规范要求，选择视线良好，不影响通行的路侧点、地块，并纳入公路附属设施与路线设计衔接；另一方面，要考虑文化景观内容、主题、形式和构造技术要求是否适合在所选位置设置。在公路构筑物，包括道路设施和附属设施上创新营造公路文化景观，是一项相得益彰的措施。但是，关键问题要有效控制不影响公路设施的使用功能和使用安全，以及景观与设施的审美协调。

（三）景观建设载体关联性协调技术创新

创新公路文化景观建设载体，还必须做好景观与载体的关联性协调工作。相关内容，在本书第三章第一节已有论及。

与大多数城市、社区文化景观建设不同，公路文化景观是在交通通道这一特殊载体内营造，涉及法规、设计、技术、施工和安全等问题，关联性协调技术尤为重要。创新景观建设载体关联性协调技术的关键是要用系统、协同等理论为指导，建立合理的协调机制，明确关联协调技术范畴，落实关联协调执行措施和反馈通道。

四、景观建设手段技术创新

（一）依托公路工程，同步实施文化景观建设

创新公路文化景观建设平台，依托公路建设工程，是当前有效推进公路文化景观建设的关键。与城市一般文化景观建设不同，公路文化景观建设在规划、设计、施工等各个环节，从管理到技术，从资金到营造，都有着与依托工程不可分割的紧密联系。利用公路依托工程，能较好地系统规划设计，安排建设资金，组织现场施工，同步完成景观营造。

（二）系统规划设计，专业施工营造

公路文化景观序列性较强，特别是较长路段的文化景观，跨越区域大，路域文化丰富，景观点多，要求在规划设计和施工营造时，创新系统规划设计和具有资质的专业单位施工营造。公路文化景观不可孤立地单一设计和营造，应该将一条（段）路作为一个景观系统来对待，合理规划设计系统所有单元和元素。要结合路线线型特征，生态环境特点，路域文化资源分布，文化景观与环境的协调性，交通安全规范等因素，适度布点，使整个景观序列具有节奏感、韵律感、美感相对统一的整体效果。

施工营造需要有相关资质的专业单位完成，还必须具有与公路交通工程很好协调、对接经验，能主动适应关联性优化施工的技术要求。创新应用协同理论，制定公路文化景观建设工程与公路建设工程精细化协同施工方案，在工程进度、场地、材料、机具、人力、监督、质检等方面建立优化协调机制，确保两方面工程同步推进。

（三）配套科研，落实经费

公路文化景观建设关联事项不仅体现在规划设计、施工营造和管护方面，还需要在科研与经费上与依托工程配套，统一安排。以西藏拉贡机场专用路为例，由西藏自治区交通厅重点公路建设项目管理中心牵头，联合长安大学、中交公路规划设计院有限公司、交通运输部公路科学研究院、重庆交通大学、西藏自治区交通勘察设计研究院和西藏天路股份有限公司，组成联合科研攻关团队，依托拉贡机场专用路工程，立项“交通部西部交通建设科技项目”：《拉贡机场路建设关键技术研究》，落实科研经费，对高等级公路沥青路面技术应用，重点桥隧工程安全风险评估，主动发光安全诱导技术应用，公路与文化、环境景观融合设计等开展研究。其研究成果用于拉贡机场专用路建设，取得良好效果。又如，云南保龙高速公路文化景观建设，依托保龙高速路建设工程，落实文化景观建设经费，

建立关联协调机制，提供景观建设施工条件，与公路工程同步完成文化景观建设，通车之日，文化景观炫然展现在人们眼前，获得投资方及社会各界的一致好评。

将文化景观建设的科研、建设经费与依托工程创新结合，避免了单独立项的多方不便，有利于公路文化景观建设的关键事项落到实处，减少了后期另行打造文化景观带来的重复投入，节约建设资金。

（四）总结推广，全面推进

公路文化景观建设要不断总结经验，在试点成功的基础上逐步全面推广。在相对同一的区域，比如同一个省、直辖市、自治区，通常具有相对同一的文化资源。西藏自治区幅员辽阔，但自治区内文化内容、形态、特征等具有总体上的同一性，高原生态文化、藏民族历史传统文化在整个自治区内，具有相同的禀赋。由此，在区域内进行某一条路公路文化景观建设时，提炼的文化元素，形成的景观设计、营造机制、展示方法等，可指导多条公路文化景观建设实践。如拉贡机场专用公路“公路与文化、环境景观融合设计”研究成果，不仅直接用于该路的文化景观营造，还可指导西藏其他公路文化景观建设。

一个大区域只有一条文化景观公路，不能代表整个区域公路文化品质的提高；一条跨区域的公路只有一段公路实施文化景观建设，也不能代表整条路文化品位的提升。因此，要不断总结推广成功经验，推进公路文化景观建设，使整个路网，所有的公路都蕴含深厚的文化内涵，都成为一道由高质量公路、高美观度的文化景观和优良的生态环境交融组成的亮丽风景线。

第三节　公路文化景观建设创新示例解读

与传统的公路建设以路域环境和简单绿化为景观不同，现在的公路文化景观建设在思路、理念和技术手段上，都进行了大胆的创新尝试。利用路域文化资源构建文化景观，提升公路文化品质的同时，也在创新公路文化形态，积淀公路文化内涵。

下面，以“云南省昆明市盘龙江跨江桥梁文化及景观设计”项目为列，解读公路交通设施建设与文化景观建设创新中所进行的有益探索。

一、创新文化景观主题提炼

（一）依托工程与文化景观设计概况

建设“百桥百景”是昆明市关于高品质整治盘龙江的总体部署和要求。“百桥百景”工程分两期实施。列入首期整治建设和文化景观打造工程的，有盘龙江跨江桥梁有9座，即盘龙240、盘龙122、盘龙6、红云路、红园路、官渡主5、西山13（官渡主5与西山13共用一座桥）、度假201、官渡14、度假18等桥梁。二期工程建设的桥梁有20座，包括西山区3座、度假区2座、官渡区3座、盘龙区6座和五华区6座。

（二）文化景观主题

“百桥百景”公路文化景观设计，经过反复研究比对，明确将“龙文化”作为所有桥梁文化景观主题。桥梁围绕“龙文化”进行策划和命名，着力打造龙文化和桥文化景观。

首期文化景观打造的9座盘龙江跨江桥梁命名：

（1）盘龙240号路节点桥，命名为神龙桥；

（2）盘龙122号路节点桥，命名为翠龙桥；

（3）盘龙6号路节点桥，命名为巨龙桥；

（4）红云路节点桥，命名为祥龙桥；

（5）红园路节点桥，命名为蟠龙桥；

（6）官渡主5、西山13（官渡主5与西山13共用一座桥）桥，命名为乘龙桥；

（7）度假201号路桥，命名为天龙桥；

（8）官渡14号路节点桥，命名为苍龙桥；

（9）度假18号路节点桥，命名为元龙桥。

二期打造文化景观的盘龙江20座跨江桥梁也用“龙”文化元素命名。

二、创新文化景观设计创意

盘龙江跨江桥梁文化景观设计创意，主要把握以下几个方面：

（1）以“龙文化”为主题。展示和传承中国最高境界、影响极其深远的龙文化形态。

（2）立足两方面文化内容。通过桥名展示、桥梁龙文化元素装饰及龙文化景观打造，形成龙文化长廊；借助每座不同的桥，介绍桥梁类型、特征等内容，形成桥梁文化大观园。

（3）配套文化景观。植入科普文化、云南民族文化和昆明历史文化等文化内容。

（4）因地制宜用材。突出生态环保及经济耐用要求，因地制宜，重点采用具有云南特色的石材进行景观塑石和造景（如大理石、怒江石、花岗石、金沙石、火山石等），既可作为文化展示载体，又体现云南丰富的石材文化。

(5)植物配景本土化、多样化、特色化。重点采用云南名树名花,营造形式多样的生态文化景观,体现云南丰富的植物花卉文化。

(6)在桥头绿化带适当位置设置便民休闲设施。营造亲水景观、亲水环境;休闲健身设施生态化、人性化,经济实用,确保安全。

(7)所有的桥名请书法家书写,景观形式刻写展示,形成一条书法艺术长廊。

三、创新文化景观内容和形式

盘龙江跨江桥梁文化景观设计在内容安排上,突出传统龙文化主题,用多种形式和景观形态系列展示龙文化。

(1)对盘龙江沿线跨江桥梁,均以“龙”命名,并用云南特色石材以不同的艺术形式塑立名碑石,展示桥名及命名缘由。

(2)在每座桥桥头绿化景观带或合适的位置,有序依次展示和介绍龙的起源、龙的神性、龙的精神、龙的影响、龙的传说故事、龙的典故、滇池龙、翠湖龙、盘龙等传说故事,周围绿化配景采用云南名花、名木。

(3)在桥的栏杆和桥缘石、桥墩上植入“龙”造型,形成独具特色的龙文化和桥文化相融合的景观效果。

昆明盘龙江跨江神龙桥在以金马碧鸡坊建筑元素的桥头堡上做装饰,采用碉堡图案相协调的镂空雕花和龙纹作为装饰元素;桥栏杆以龙脊作为设计元素,在栏板上以浅浮雕的形式变现各个时期龙的不同形态,形成一座“百龙桥”(见图4-2)。

图4-2 昆明盘龙江公路跨江神龙桥龙文化主题景观效果图

(4)在交叉路口绿化景观带适当展示昆明最具特色的老故事、老房子、老字号等历史文化。

(5)在桥身、桥头绿化带的实施照明工程,通过灯光效应,形成桥梁夜景。

(6)在桥头适当位置,用不同的造景方法,构建声响、视觉多种景观形式,用听、看、忆等展现昆明特色文化魅力。

四、创新特色文化景观化展示

盘龙江跨江桥梁文化景观设计,除了主打"龙文化"主题外,还创新设计多元化景观,展示和传承云南特色地域文化。

(一)生态文化景观

植物王国云南,植物具有多样性的鲜明特征。在盘龙江龙文化景观打造及沿线绿化景观建设中选用具有云南特色的花、草、树木营造生态景观,突出生态文化主题。在生态文化景观建设时,既要充分体现云南的植物多样性,又要具有明显的层次性,力争实现终年常绿,四季有花,一步一景的目标。

(1)绿化树木。选择多种特色常绿乔木栽种,设置树木简介标牌或坐石。

(2)桥头绿化草坪。在沿江绿化带内设置草坪及花坛,栽种云南花草。重点栽种云南八大名花,简介花卉科普知识,展示云南花文化。

(3)人行步道绿化带。在适当位置用云南特色石材或废旧轮胎(体现节能环保、变废为宝)设置盆景,栽种云南低矮植物和特色花卉。

(二)"听"文化景观

在沿江人行步道,设置"听"文化景观。通过安装灯柱音响、草坪音响、石材音响等各种音响设备,设置音乐自动播放系统,滚动播出云南各个民族最具代表性的经典民歌。如傣族歌曲《月光下的凤尾竹》、白族民歌《蝴蝶泉边》、彝族民歌《远方的客人请你留下来》等;播放昆明老故事及新闻。

(三)"看"文化景观

除了花、草、树、石景观供观赏外,通过不同方式生动展示极具特色的云南文化或昆明文化,以供人们观看,起到展示文化,传承文化,宣传昆明,宣传云南的作用。

1. 云南殊荣展示景观

云南已收集到的云南民歌11万首之多,民族舞蹈1552种。全省有51个少数民族曲种、26个汉族曲种,为全国之最。云南享有"曲艺富省"、"民族文化大省"、"人类社会历史活化石"、"一部活的人类文明发展史"、"绿色宝库"、"物种基因库"、"横断山脉明珠"、"动植物王国"、"有色金属王国""地球的缩影"等

殊誉。

2. 展示云南之最景观

在沿江绿化带内设置景观，展示云南少数民族节日之最、动物游趣之最、自然景观之最等（见图 4-3）。

图 4-3 “云南之最”文化景观效果图

云南少数民族影响较大的节日，如影响面最大的节日——傣族泼水节；最有名的火把节——彝族火把节等。

云南动物游趣之最，如最大的动物园——昆明动物园；蝴蝶最多最奇的地方——大理蝴蝶泉等。

云南自然景观之最，如世界最著名的喀斯特景观之——石林；最美丽的雪山——玉龙雪山等。

云南植物之最，如中国最早创建的热带植物园——云南热带植物研究所；最大的森林公园——紫溪山风景区；世界茶花开得最多的地方——玉峰寺万朵茶花树；最高的树——望天树；木质最坚硬的树——铁力木；世界最轻的树——轻木；世界最毒的树——见雪封喉树等。

云南人文景观之最，如自然环境与人文艺术结合最好的景观——西山龙门；最有名的长联——大观楼长联；中国最大的铜铸殿——金殿；最有民族特色的城市——大理古城；中国最科学的古城建筑群分布——丽江古城；中国最高的偶数古塔——大理千寻塔；最早的石窟——石钟山石窟；最有名的楼——五凤楼等。

（四）“忆”文化景观

在适当位置设置景观，艺术地展示昆明影响深远的老房子、老字号、老故事、历史文物等，让人们知晓昆明的逸闻与趣事，捕捉昆明的精神与文化，唤起人们

对老昆明的历史记忆,加深人们对新昆明认识与热爱。

(五)休闲健身文化景观

根据盘龙江地处主城四区间的特殊位置,在河道整治,滨江人行步道及沿江公路建设时应重点考虑其休闲健身功能的建设。在休闲健身设施建设时,应重点考虑其人性化与安全性,并使有关设施与周边环境融合,形成休闲健身文化景观。

(1)营造亲水景观。亲水环境的营造,要做到方便亲水,确保安全。

(2)休闲设施景观。桌凳可用仿木桌凳,或用云南特色石材制作,体现生态化。

(3)设置健身知识文化景观。

第五章　公路文化景观建设实践案例

第一节　西藏拉萨机场专用公路文化景观建设实践探索

一、拉萨至贡嘎机场专用公路概况

拉萨至贡嘎机场专用公路(以下简称“拉贡机场路”)新建工程是交通运输部和西藏“十一五”公路重点建设项目,是目前西藏自治区投资规模最大、科技含量最高、单位造价最贵的公路建设项目。拉贡机场路位于藏南与藏北的结合部,路线基本沿拉萨河南岸布设,总体走向由东北向西南,起于拉萨市规划的柳梧新区世纪大道的终点,经柳梧开发区、才纳乡,止于“两桥一隧”嘎拉山隧道北洞口与拉萨河特大桥南桥头之间,距贡嘎机场约 11.5 公里,路线全长约 37.856 公里。拉贡机场路按双向四车道一级公路标准建设,设计速度为 80 公里/小时,路基宽度采用 24.5 米;桥涵设计汽车荷载等级为公路 I 级,特大桥设计洪水频率 1/300,路基、大、中桥、小桥涵设计洪水频率 1/100。全线设特大桥 2 座,桥长分别为 1207 米和 1357 米;大桥 1 座,全长 448 米,跨青藏铁路;隧道 3 座,长度分别为 384 米、353 米、243 米,均为双洞;互通立交 3 处,其中 2 处为菱形,1 处为单喇叭形,起点为平交。路线地处自治区“一江两河”综合开发的核心地带,所穿越大部分地区为拉萨河漫滩及阶地,部分穿越高山地貌,地形较为复杂,生态脆弱,部分走廊带宽有限,地质条件较好。

拉贡机场路新建工程的建成,将结束西藏没有高等级公路的历史,标志着西藏自治区干线公路建设目标正在从通畅向快捷转变。机场专用公路不仅可以为拉萨市区与贡嘎机场间提供便捷的连接通道,同时还连接了柳梧新区、拉萨火车站和柳梧客运站,对完善拉萨市综合运输体系、改善机场交通条件和“一江两河”地区投资环境、减轻城市交通压力、促进拉萨市经济全面发展等都具有十分重要的意义。

二、关键技术研究概述

(一)主要研究内容

为了将拉贡机场路建成一条科技应用水平高、安全和谐、体现西藏浓郁特色文化的科技创新示范路、生态路、文化路、环保路、和谐路,2011 年交通运输部立项西部交通建设科技项目“拉贡机场路建设关键技术研究”(2011 318 354 640),结合机场专用公路工程实际,围绕安全、节约、友好的原则,从安全快捷、资源节约和环境友好 3 个方面,分 4 个专题对高等级公路沥青路面技术应用,重点桥隧工程安全风险评估,主动发光安全诱导技术应用,公路与文化、环境景观融合设计等开展研究,将拉贡机场路建成西藏公路历史上科技含量最高的公路,打造一条科技应用水平高、安全和谐、体现西藏浓郁特色文化的公路,为自治区其他高等级公路建设提供示范。

1. 高等级公路沥青路面技术应用研究

拉贡机场路新建工程采用广泛应用于高等级公路的沥青路面。国内外为了应对沥青路面发展的需求,对沥青混合料、沥青路面结构组合、沥青路面设计与施工技术等不断开展研究,并取得了许多成果。西藏自治区也结合青藏公路、川藏公路、新藏公路等干线公路的具体工程条件,开展了大量相关研究,相继修筑了沥青路面。但在实际工程应用过程中,沥青路面受气温、降雨、工程材料、地质条件等各种因素影响明显,仍出现裂缝、车辙、松散等病害,严重影响沥青路面的正常使用。尤其是拉贡机场路地处青藏高原高海拔地区,沥青路面施工与使用条件明显苛刻于一般地区,对沥青路面设计与施工提出了更高要求,一些关键技术问题必须在沥青路面修筑中予以重视与解决。

2. 重点桥隧工程安全风险评估研究

近年来,随着我国经济持续快速的发展,公路桥隧的建设力度也随之提高,由于桥隧工程属于公益性设施,其设计、施工、运营安全具有特殊性、公开性、效益性和公众敏感性,桥隧工程面临的安全问题也已经引起了人们的广泛关注。拉贡机场路沿线有隧道 3 座、特大桥 2 座、大桥 2 座、中桥 4 座、小桥 6 座。拉贡机场路重点桥隧工程建设不同于内地的一般桥隧工程,西藏地区高原特征明显,地势高峻,冻土缺氧,冻融变化频繁,植被脆弱,动植物生存环境保护要求高,这些因素都是西藏公路建设过程中不得不考虑的关键因素。仅就冻融侵蚀而言,西藏地区就是我国冻融侵蚀最主要的分布区,也是受冻融侵蚀危害最为严重的区域,另外还有地震、塌方、泥石流、过载车辆通行等各种不利因素的影响,存在于桥隧工程设计、施工和运营阶段。任何一个细小环节的疏忽,都可能埋下严重

的安全隐患,造成不可挽回的损失。

3. 主动发光安全诱导技术应用研究

主动发光诱导系统是由诱导设施主动发出各种不同的色光来刺激驾驶员的视觉特性,产生的光强和有效视角显著增大,从而使诱导设施的视认效果得到显著提高;同时,系统可以通过不同亮暗比的闪烁提示增加对驾驶员的刺激强度,以引起驾驶员的警戒,对危险情况做出及时应对,从而提高行车安全。因此,主动发光安全诱导系统可增强视线不良条件下的诱导设施的视认性,对隧道、事故高发地段和事故高发时段的作用尤其明显。拉贡机场路所处的拉萨海拔高,太阳辐射强烈,在机场专用公路中应用太阳能主动发光诱导技术,对有效利用太阳能,提高行车安全性具有重要意义。

4. 公路与文化、环境景观融合设计研究

拉贡机场专用公路是西藏的窗口,其建设品质和文化品位直接关系到海内外进藏人员对西藏的第一印象。结合西藏打造民族旅游文化强省的战略目标和塑造进藏第一窗口形象的要求,以公路为载体,充分展示和传承西藏独具特色的地域文化,可以给海内外进藏人员形成强烈的视觉冲击和良好的第一印象。在西藏自治区这块神奇的土地上,经过历史的积淀和社会的变迁,形成了丰富灿烂、独具特色、令人神往的人文与自然旅游资源,在机场高速路建设过程中,通过公路与文化、环境景观的融合设计,可以为西藏的旅游文化产业发展搭建一个良好的平台。拉贡机场路作为西藏第一条高等级公路,在提高工程的科技含量,确保工程的安全耐用,提高工程建设品质的基础上,结合工程地理位置特殊而重要,工程地域文化积淀深厚,开展公路与文化、环境景观融合设计研究及成果应用示范,是塑造西藏窗口形象,助推西藏旅游文化产业发展的需要,也是打造知名机场专用公路品牌的需要。

(二)主要研究结论

第一,在对比分析不同沥青路面结构的路基顶面温度、温度应力、路基融沉变形与行车荷载综合作用响应的基础上,提出了西藏地区沥青路面适应性与耐久性评价指标和评价模型,综合评价了不同沥青路面结构的适应性与耐久性。考虑拉萨的气候条件和拉贡机场路的交通条件和使用性能要求,推荐了沥青路面结构组合,对机场专用公路沥青路面设计方案进行了设计优化。

第二,根据西藏地区 28 个气象站 2001~2010 年 10 年间的气象资料,统计分析得出了太阳辐射、高温、低温、气温日较差等分区指标的分布规律,绘制了分区指标空间分布图。通过对四个指标进行聚类分析,确定了西藏地区沥青路面气候分区及其地域界线与指标数值分布。

第三，通过不同改性沥青的常规指标、老化前后低温弯曲蠕变、动态剪切等试验分析，根据西藏地区不同沥青路面气候分区的特点与沥青混合料路用性能要求，提出了西藏地区沥青气候分区改性沥青指标体系。

第四，在沥青混合料的低温抗裂性能、水稳定性、高温稳定性及其影响因素的试验分析基础上，提出了西藏高海拔地区高等级公路面层沥青混合料、沥青结合料要求与选择原则，推荐了矿料级配组成范围，提出了沥青混合料配合比设计指标要求。

第五，在前期多年冻土区水泥稳定沙砾基层研究的基础上，通过水泥稳定碎石抗压特性、抗弯拉特性、抗冻性能试验分析，提出了西藏高海拔地区高等级公路水泥稳定碎石配合比设计建议；根据沥青混合料与水泥稳定碎石研究成果，确定了拉贡机场路面层与基层混合料施工配合比，提出了施工质量控制措施，编制了施工技术指南，指导了机场专用公路路面施工，工程应用效果良好。

第六，基于拉贡机场路工程情况，完成了关键风险源的辨识，建立了包括单车或多车密集超载下存在的独柱墩结构失效风险、地震或泥石流等极端自然灾害风险、公路桥梁跨越铁路及沿河桥梁线位交叉风险等内在关键风险。完成了拉贡机场路才纳大桥、桑达大桥的独柱墩抗倾覆风险估测和才纳大桥、桑达大桥、柳梧Ⅱ号桥重载车通行风险估测，并提出了相应的风险应对措施。

第七，结合拉贡机场路项目典型高原特性，对极端气候风险进行了估测，建立了辨识、登记、分析评估、控制流程；完成了公路桥梁跨越铁路以及沿河桥梁的线位交叉风险、运营期混合交通安全风险估测，并提出了以提升重点桥隧工程运营安全性为目的的应对措施。

第八，从建设条件、设计方案、施工技术和运营管理四个方面，统计分析了可能存在于拉贡机场路主要桥隧工程建设和运营过程中的风险源，完成了风险源的普查；对风险源进行筛选，区分出主要风险源和次要风险源，并明确风险源在工程中的存在部位和存在方式等信息；就混凝土冻融破坏工程耐久性风险的形成原因进行了分析，评估了其对工程建设和运营的风险程度，并根据风险等级情况提出预防和处治的措施；完成了拉贡机场路工程隧道工程风险评估；积极开展了西藏自治区公路桥隧工程设计安全风险评估技术宣贯会议，培养了自治区公路桥隧安全风险评估人才。

第九，在充分调研拉贡机场路现场情况的基础上，完成了3处隧道主动发光安全诱导设施的应用示范工程；利用自主开发的用于主动发光安全诱导设施视认效果评价的视认反应时间测试系统，分析了视线诱导设施改善驾驶人员对公路线形识别能力；编写了交通行业标准《公路隧道发光型诱导设施》，已正式颁

布实施;形成了主动发光安全诱导系统应用效果评价3层指标体系,采用模糊综合评价理论和方法,对主动发光安全诱导系统的应用效果进行了科学、有效的评价。

第十,提炼出了拉贡机场路专用公路可展示的特色文化因子和文化主题,提出了拉贡机场路系统文化建设总体方案;提出了系统展示和传承文化的技术方案,提出了特色文化因子在机场路构筑物及附属交通设施应用的技术方案,并进行了艺术设计;编制了文化与环境景观融合的建设方案,并完成了相关文化景观的设计图件;设计了拉贡机场路LOGO(标识),提供了其系统应用方案。

(三)主要创新点

第一,首次提出了西藏高海拔地区沥青路面结构适应性与耐久性评价指标与模型,明确了西藏高海拔地区高等级公路沥青混合料和水泥稳定碎石配合比设计要求与建议,优化确定了西藏首条高等级公路沥青路面结构与混合料施工配合比,编制了西藏高海拔地区沥青路面设计与施工技术指南,指导并圆满完成了西藏拉贡机场路沥青路面工程,填补了国际高海拔地区高等级公路沥青路面设计与施工技术空白,为进一步完善与修订沥青路面设计与施工技术规范奠定了坚实基础。

第二,首次提出了西藏地区沥青路面气候分区与改性沥青指标体系,细化补充了我国现行规范的沥青路面气候分区,明确了西藏地区不同区域的气候特点及其对沥青路面的影响,为西藏不同气候分区的高等级公路改性沥青选择提供了定量指标依据,解决了目前西藏地区沥青路面设计与施工中沥青结合料选择单一性、盲目性问题。

第三,建立了西藏高海拔地区高等级公路建设风险辨识、登记、分析评估、控制流程,完成了具有典型高原特性的拉贡机场路建设安全关键风险源辨识与关键风险评估,提出了风险应对措施,提升了重点桥隧工程建设安全性,培养了自治区公路桥隧安全风险评估人才。

第四,首次将视觉功效法引入到主动发光安全诱导系统的视认性研究中,将自主开发的用于主动发光安全诱导设施视认效果评价的视认反应时间测试系统应用于拉贡机路,编写了交通行业标准《公路隧道发光型诱导设施》,圆满完成了拉贡机场路三处隧道主动发光安全诱导设施的应用示范工程。

第五,首次系统提炼了雪域高原民族特色文化因子与文化主题,提出了拉贡机场路系统文化建设总体方案和技术方案,编制了文化与环境景观融合的建设方案,实现了科技创新与文化建设的有机统一。

三、文化景观建设研究要点

拉贡机场路文化景观建设立项的子课题“公路与文化、环境景观融合设计研究”，主要研究了公路与沿线自然生态及环境景观的融合，公路与西藏特色文化的融合，公路与文化、环境景观融合设计三个方面的内容。针对西藏第一条高等级公路和西藏第一窗口形象的特殊地位，西藏丰富而独特的地域文化，以及神奇而优美的人文与自然环境三个方面的重要因素，系统研究三者的合理展示与有机融合，通过融合设计研究及成果应用，全面提升公路的文化品位，塑造西藏第一窗口的良好形象。

文化景观建设重点体现在主要构筑物的文化命名，西藏特色文化因子在桥梁、隧道、边坡、路侧护栏、交通标志、观景台等主要构筑物及附属交通设施的外形设计、色彩选择和材质选用中的充分应用，特色主题文化景观设计等方面，其目标是实现公路与文化、环境景观有机融合，实现人、车、路、环境景观的和谐统一。

通过对西藏悠久的历史文化、丰富的民族民俗文化、深厚的宗教文化、独特的高原生态文化的系统总结和分析，研究提炼出在西藏特色文化中可以在公路上展示传承的特色文化因子。对研究提炼出的可利用的西藏特色文化因子，如何充分融入公路主要构筑物及附属交通设施的设计与建设中，如何在公路上系统进行展示、传承西藏的特色文化进行分析论证和应用技术研究，在此基础上编制西藏特色文化因子在拉贡机场路上系统应用的总体策划和实施方案。

西藏拉贡机场路文化景观建设系统内容主要有：总体形象概念提炼；沿线桥隧等主要构筑物文化命名内容研究；将分析提炼出的西藏最具特色的文化因子，作为公路主要构筑物及附属交通设施外形与装饰设计创意元素研究；在沿线电子显示屏滚动显示的西藏特色文化内容研究；具有西藏文化特色的标识标牌及宣传牌设计；拉贡机场路 LOGO（标识）设计研究；沿线文化景观建设内容研究；反映西藏交通建设成就宣传和展示方式研究。

在西藏拉贡机场路环境景观设计研究中，进行了生态绿化景观设计、特色人文景观设计、特色文化与环境景观的融合设计。在公路规划建设的文化景观点、附属交通设施、边坡、中间绿化带、公路两边绿化带选择栽种有代表性的植物如冷杉等，以形成特色绿化景观。在景观的设计中充分考虑融入西藏独特的民族风情和特色文化因子，如建筑风格、服饰色彩、宗教法器等，以形成独具特色的人文景观。在设计中注重自然生态景观、绿化景观与人文景观的协调与和谐。

结合提升拉贡机场路建设品质和品位，助推西藏旅游文化产业发展的需要，

以把该公路塑造成西藏第一形象窗口为目标。以重庆交通大学专家教授为主组成的课题组,在吸收国内外公路文化建设成果,特别是总结云南保龙(保腾)高速公路系统文化建设经验的基础上,按照文献资料收集、现场考察调研、分析研究论证、总体策划、实施方案编制等步骤开展工作。重庆市意境旅游规划设计中心在过往成功案例基础上,根据研究方案,进行文化景观建设优化设计,出具文化景观建设施工图,现场技术服务等研究工作。

在西藏拉贡机场路文化景观建设中,首次在高原高速公路建设中,将科技创新与文化建设有机统一起来,系统打造科技文化示范工程;首次系统地提炼雪域高原藏民族特色文化因子与文化主题,将其有机融入高速公路建设之中,并根据路域文化特色及文化主题,进行系统布局和设计,实现公路建设与文化建设的有机统一,全面提升公路文化品位;首次在极寒地区以高速公路为载体,系统展示与传承高原丰富的人文与自然资源,实现公路的交通功能、文化传承功能与助推旅游文化产业发展功能的有机统一和良性互动,助推沿线地域旅游文化产业的大力发展在对西藏地域文化进行深入研究和对特色文化元素筛选基础上,有选择地、适度地在拉贡机场路沿线设置文化景观,形成民族文化特征十分鲜明的迎宾大道。

沿线文化景观建设的基础是路域的生态环境保护。考虑到自然环境条件,路线绿化适宜采用低矮垫状植物,形成高山灌丛草甸。如种植杜鹃花、报春花属等高山花卉植物以及雪灵芝属、点地梅属、虎耳草属、凤毛菊属等垫状植物,形成特色绿化景观带。也可种植适应高原环境的冷杉、云杉等高寒树木,增加绿化层次。

在景观的设计中将充分考虑融入西藏独特的民族风情和特色文化因子,实现自然生态景观、绿化景观与人文景观的协调与和谐。

四、文化景观建设资源背景

(一)西藏自然概况

西藏地区平均海拔在4000米以上,素有世界屋脊之称,喜马拉雅山脉、喀喇昆仑山脉、唐古拉山脉和横断山脉环抱全区。辖区内海拔在7000米以上的高峰有50多座,其中8000米以上的有11座,被称为除南极、北极以外的地球第三极。

1. 地形地貌

西藏的地形地貌,由几大山脉大致分隔为四个板块。

一是位于喀喇昆仑山脉、唐古拉山脉和冈底斯—念青唐古拉山脉之间的藏北高原板块。其平均海拔在4500米以上，占自治区总面积的1/3，地貌主要特征是平缓的山丘，其间夹着众多盆地以及低洼湖泊，是西藏主要的牧业区。

二是雅鲁藏布江及其支流流经地方的藏南谷地板块。海拔平均在3500米左右，其间有许多宽窄不一的河谷平地，地形平坦，土质肥沃，是西藏主要的农业区。

三是藏东南横断山脉、三江流域地区的藏东高山峡谷板块。这一区域主要为一系列由东西走向逐渐转为南北走向的高山深谷。北部海拔5200米左右，山顶平缓；南部海拔4000米左右，山势较陡峻，山顶与谷底落差可达2500米，垂直气象分布丰富，景色奇特迷人。

四是喜马拉雅山地板块。该区域由几条大致东西走向的山脉构成，分布在我国与印度、尼泊尔、不丹、锡金等接壤的地区。平均海拔6000米左右，是世界上最高的地区。气候西冷东温，差异较大。

2. 气候

西藏气候总的特点是空气稀薄，含氧量低；日照时间长，辐射强烈；气温较低，温差大；干湿分明，多夜雨；冬春干燥，多大风；气压低，氧气含量少。

西藏的气候总体上具有西北严寒、东南温暖湿润的特点。西北严寒带：亚热带—温带—亚温带—亚寒带—寒带。东南温暖湿润：湿润—半湿润—半干旱—干旱。由于地形复杂，还有一地方，因地形而出现多种多样的区域气候和明显的垂直气候带。

西藏是我国太阳辐射总量最多的地方，日照时数也是全国的高值中心，全区年均日照时数达1620~3400小时之间。

西藏地区平均气温由东南向西北逐渐递减，全区年均温度在零下2.8℃到11.9℃之间，温差较大。最温暖的东南地区年均温度约10℃左右，雅鲁藏布江河谷地带年均温度在5℃至9℃之间，东部横断山脉地带，月均温度在10℃以上的时间有5个月左右，藏北高原年均温度在0℃以下，喜马拉雅山脉及其北麓山地年均温度在6℃以下。

西藏年降水量分布极为不均，总的趋势是东多西少，南多北少，迎风坡多于背风坡，东南湿润，西北干燥。雨季集中在6至9月，可占全年降水量的80%至90%。

以气温和降水为主要依据划分气候区：

(1)藏东南亚热带山地湿润气候区；

(2)波密、林芝高原温暖湿润气候区；

(3)三江高原温暖半湿润气候区；

(4)雅鲁藏布江流域高原温带半湿润半干旱气候区；

(5)喜马拉雅山脉北麓高原温带半干旱气候区；

(6)阿里南部高原温带干旱气候区；

(7)藏东北高原亚温带湿润气候区；

(8)南羌塘高原亚寒带半干旱气候区；

(9)北羌塘高原亚寒带干旱气候区。

(二)西藏生态环境保护

进入21世纪以来,西藏生态环境保护得到了前所未有的高度重视。尽管只有极为轻微的工业污染,大气、水环境和土地环境状况良好,但是,防患于未然,西藏自治区对所有可能影响环境的建设项目,坚持实行环境影响评价制度和治理污染设施与主体工程同时设计、同时施工、同时投产的制度,原有的部分污染源也得到有效治理。

近年来,西藏自治区人民政府,在中央人民政府的大力支持下,从法规、机制建设,到措施落实和工作实践,做了大力度推进,成效显然。自治区先后出台了《西藏自治区人民政府关于贯彻全国生态环境保护纲要的意见》、《西藏自治区人民政府实施〈国务院关于落实科学发展观加强环境保护的决定〉的意见》、《关于建设美丽西藏的意见》等文件。批准实施了《西藏自治区生态环境建设规划》、《西藏生态安全屏障保护与建设规划》等一系列生态环境保护与建设规划。①

2009年2月18日,国务院第50次常务会议审议通过了《西藏生态安全屏障保护与建设规划(2008~2030年)》,将西藏生态安全屏障保护与建设工程确定为国家重点生态工程,提出用近5个五年规划期的时间,投入资金155亿元,实施3大类10项生态环境保护与建设工程,到2030年基本建成西藏生态安全屏障。全区已建立各级各类自然保护区47个(国家级9个),保护区总面积达41.22万平方公里,占全区国土面积的34.35%。建立生态功能保护区22个(国家级1个)、国家森林公园8个、国家湿地公园5个、地质公园4个(国家级2个)、国家级风景名胜区3个。使西藏拥有的125种国家重点保护野生动物、39种国家重点保护野生植物和重要生态系统得到了有效保护。迄今为止,西藏仍然是世界上环境质量最好的地区之一,大部分区域仍处于原生状态。”①

① 西藏生态文明建设成效显著,http://www.xizang.gov.cn/bhhj/66052.jhtml,2013年4月24日。

优良原生态环境和有效的环境保护措施,使西藏成为名副其实的现实版香格里拉。秀美的山川,陪伴蓝天白云;清澈的河流,守护雪山森林。雪域高原,以神奇而清纯的生态形象,为世人敬羡。

(三)西藏的人文资源

西藏的人文资源十分丰富,尤其是藏民族文学艺术、民俗和宗教文化等,是西藏公路文化建设素材的重要来源。

用于西藏公路文化景观建设的人文资源主要集中在历史文化、文学艺术、民族民俗、宗教等领域。

(四)西藏的公路建设成就

公路交通在西藏经济社会发展中起着命脉的巨大作用。从无到有,解放以来,西藏公路建设克服重重困难,相继修建成举世闻名的川藏、青藏公路和滇藏、新藏、中尼等主要干线公路。特别是川藏、青藏两路,凝聚着中央和全国人民的关怀和支持,积淀了公路建设者的智慧、辛劳和生命的奉献。至2013年年末,公路总通车里程达到70951公里。拉贡机场专用路的建成,结束了西藏没有高速公路的历史,西藏公路建设迎来了崭新的发展时期。

西藏公路建设成就不仅体现在高原交通状况的彻底改变上,数十年的艰苦奋斗,还凝练出震撼山河的"两路"精神。新中国刚成立不久,11万人的筑路大军,在极为艰苦的条件下奋勇拼搏,3000多名英烈捐躯高原,于1954年建成了总长4360公里的川藏、青藏公路,结束了西藏没有现代公路的历史,在人类生命禁区的世界屋脊创造了公路建设史上的奇迹,铸造了一不怕苦、二不怕死,顽强拼搏、甘当路石,军民一家、民族团结的"两路"精神。在改造、整治和养护过程中,一代代交通人秉承传统,以路为家,不断丰富和发展了"两路"精神,为西藏交通运输事业的发展注入了强大的精神动力。①

在川藏、青藏公路建成通车60周年之际,中共中央总书记、国家主席、中央军委主席习近平做出重要批示,要求进一步弘扬"两路"精神,助推西藏发展。习近平指出:今年是川藏、青藏公路建成通车60周年。这两条公路的建成通车,是在党的领导下新中国取得的重大成就,对推动西藏实现社会制度历史性跨越、经济社会快速发展,对巩固西南边疆、促进民族团结进步发挥了十分重要的作用。习近平强调:新形势下,要继续弘扬"两路"精神,养好两路,保障畅通,使川藏、青藏公路始终成为民族团结之路、西藏文明进步之路、西藏各族同胞共同富

---

① 新华网,习近平:《弘扬"两路"精神　助推西藏发展》http://news.xinhuanet.com/politics,2014年8月6日。

裕之路。①

作为公路文化景观传承展示的重要内容，西藏公路建设文化具有极为丰富和深厚的精神禀赋。西藏公路建设者在公路建设、养护、管理的实践活动中，在设计、施工、养护、经营和行业职工文化等方面，积累了行业制度文化、精神文化和物质文化各种财富，逐步形成不畏艰险、勇于开拓、乐于奉献、甘当铺路石的精神。这是西藏公路文化景观建设要浓墨重彩表现的核心内容。

五、特色文化因子提炼

在公路上系统进行地域特色文化的物化与合理展示，在国内尚无可以学习和借鉴的成熟经验和成功模式，也没有相应的规范和标准；同时，西藏的自然与人文资源既十分丰富，又具有鲜明的特殊性。因此，要做好公路与文化、环境景观的融合设计，应该抓住关键问题。其中，以西藏文化为基础，提炼出特色文化因子，确定其物化的具体方式尤为重要。

西藏不仅具有悠久的历史文化、丰富的民族民俗文化、深厚的宗教文化，而且具有神奇而优美的独特的高原生态文化。要把这些特色文化和丰富资源在公路上进行合理、艺术、系统的展示，就必须首先研究、提炼和找准既具有典型代表意义，又可以进行物化展示的特色文化因子。

（一）特色文化因子提炼

用于文化景观建设的西藏特色文化因子主要有历史文化因子、民族民俗文化因子、宗教文化因子和高原生态文化因子等 4 种。

1. 西藏的历史文化因子

西藏古称“蕃”，简称“藏”。西藏在唐宋时期称为“吐蕃”，元明时期称为“乌斯藏”，清代称为“唐古特”、“图伯特”等。清朝康熙年间起称“西藏”至今。

藏族人民是中华民族大家庭中的重要一员。7 世纪初，松赞干布统一西藏，建立吐蕃王朝，并与唐朝建立了密切的关系。元朝时期，中央政府设立管理藏区事务的宣政院，建立了西藏萨迦地方政权，西藏成为中国元朝中央政府直接治理下的一个行政区域。明朝中央政府承袭元制，先后敕封过三大法王和各级僧官，设立乌斯藏、朵甘两个行都指挥使司和俄力思军民元帅府，管理西藏军政事务，并建立了帕竹地方政权。到清朝，西藏与中央的关系进一步得到加强，1652 年、1713 年清政府分别册封达赖和班禅，正式确定其封号。1721 年，清政府废除第

① 新华网，习近平：《弘扬“两路”精神　助推西藏发展》http://news.xinhuanet.com/politics，2014 年 8 月 6 日。

巴制度,制定噶伦制度。1727年正式设立驻藏大臣办事衙门,对西藏进行全面管理。1790年建立西藏地方政府即噶厦政府,1791年清政府派军进驻西藏,规定驻藏大臣与达赖共同掌管西藏事务。1792年至1793年清政府制定《钦定藏内善后章程》,对西藏地方政府的政治、财政、军事、外交、宗教等方面进行了规范,加强了中央的管理。1951年5月23日,中央人民政府与西藏地方政府在北京签订了《中央人民政府和西藏地方政府关于和平解放西藏办法的协议》,西藏实现和平解放。1956年成立西藏自治区筹备委员会。1965年9月1日西藏自治区正式成立,自治区首府设在拉萨。①

在西藏的历史发展进程中,出现过许多重要的进步人士、重大事件,积淀了灿烂的历史文化。拉贡机场路文化景观建设,从历史文化中可提炼出代表西藏文明历史发展进步的因子,用于景观设计和建设,如松赞干布统一西藏、文成公主进藏等。

2. 西藏的民族民俗文化因子

西藏是藏民族的发源地和聚居区,藏族遍布区内各地,是自治区人口最多的民族。藏族人口为252多万人。除藏族外,西藏还有汉族、回族、门巴族、珞巴族、怒族、纳西族、蒙古族、傈僳族、土族、独龙族、满族、白族、布依族、维吾尔族、苗族、彝族等其他民族。丰富多彩的民族民俗文化,为拉贡机场路文化景观建设提供了提炼文化因子的源泉。

藏民族的文学艺术文化,题材广阔,内容丰富,形式多样,秉性高雅,特色鲜明。文字、神话、传说、史诗、传记、音乐、歌舞、建筑、服饰等文化符号,地域特征突出。

藏民族的民俗文化,生动鲜活,神奇独特,丰富多彩。洁白哈达是特色礼仪符号,藏历年、林卡节、雪顿节等藏族传统民俗节庆日是旅游文化传播符号。

民族民俗文化因子主要来源:

(1)文学。蕴含文化因子的重要作品有《斯巴宰牛歌》、《赞普的传说》、《松赞干布迎接文成公主的传说》、《巴协》、《玛尼全集》、《五部遗教》、《米拉日巴道歌》、《萨迦格言》、《格萨尔王传》、《西藏王统记》、《西藏王臣史》、《贤者喜宴》、《米拉日巴传》、《勋努达美》、《仓央嘉措情歌》、《诺桑王子》、《文成公主》、《朗萨姑娘》、《白玛文波》、《顿月顿珠》、《卓瓦桑姆》、《苏吉尼玛》、《赤美滚登》和《郑宛达瓦》等。

(2)音乐、歌舞。蕴含文化因子的重要音乐作品有《挤牛奶就要这样挤》、

---

① 西藏历史概况,http://www.xizang.gov.cn/lsyg/51545.jhtml, 2006年11月8日。

《迹象之日》、《北京的金山上》、《拉萨河水》、《天空多么宽广》、《雪山之歌》和《长调》等;蕴含文化因子的重要歌舞作品有昌都锅庄、嘉绒锅庄、新龙锅庄、热巴舞和康巴弦子等。

(3)建筑。蕴含文化因子的重要建筑作品有布达拉宫、大昭寺、小昭寺、哲蚌寺、色拉寺、甘丹寺、桑耶寺、扎什伦布寺、石窟寺、白居寺、萨迦寺、楚布寺、藏王墓、古格王朝遗址、青瓦达孜宫遗址、甲玛王宫遗址、帕拉庄园、朗赛岭庄园、拉加里王宫、罗布林卡和民居建筑等。

(4)绘画雕塑。蕴含文化因子的绘画雕塑有唐卡、壁画、彩绘、陶器、金属雕塑、石雕、泥塑、面具和其他手工艺品等。

(5)服饰。蕴含文化因子的重要服饰有拉萨地区白色圆领右衽氆氇长袍、藏北牧区皮袍、藏东南地区工布服装、阿里普兰地区羔皮袍和"康巴"服饰等。

(6)语言文字。蕴含文化因子的语言文字有《松巴谚语》、《喻法宝聚》、《格萨尔》说唱艺术等形式。

(7)习俗节庆。蕴含文化因子的习俗节庆有礼俗、禁忌、婚俗、葬俗、藏历新年、林卡节、沐浴节、望果节和赛马会等。

3. 西藏的宗教文化因子

宗教文化是西藏文化重要组成部分。西藏的原始宗教是以驱鬼神、卜吉凶为主的一种原始的宗教——钵教(也叫笨教、黑教)。佛教在7世纪传入西藏后,尤其唐朝贞观年间,松赞干布受唐文成公主和尼泊尔赤尊公主的影响,笃信佛教,并创造文字,翻译佛经,佛教开始在西藏传播。8世纪末叶,赤松德赞护持佛法,广建佛寺,大量翻译经书,延聘印度高僧来藏弘法,印度密教逐渐融合藏人原有的钵教,创造了"藏密",自成一格。这段佛教昌盛期称为"前弘期"。公元837年,钵教势力的朗达玛即位,迫害佛教徒,逼僧尼还俗,短短4年,大伤西藏佛教,史称"毁法期"。一个多世纪后,在11世纪初佛教才逐渐复兴,史称"后弘期"。在"后弘期"20多个教派和教派支系中,噶当派、萨迦派、噶举派和宁玛派是最重要的派别。

西藏宗教文化中,可提炼用于公路文化景观建设文化因子的主要有重要宗教人物、宗教建筑元素、经幡、转经筒、法号、节庆(四大梻节)、雪顿节(藏戏节、展佛节)和景区等。

4. 西藏的高原生态文化因子

西藏的高原生态文化是地球上独一无二的财富,"世界屋脊"所具备的地理条件是任何一个地方都无法复制的,具有不可替代的唯一性和独有性。高原地标性地理标识、参数等都将西藏生态文化定位在世界级水平上。让人敬畏的高山雪峰、深谷陡瀑,令人神往的雪莲格桑花、森林草地,叫人梦回魂绕的湖泊河流、冰窟热泉,还有把人牵挂的藏羚羊、野牛……西藏的一草一木,一石一水,一花一虫,都充满着诱人的原生态气息。

可提炼用于拉贡机场专用路文化景观建设文化因子的生态文化形态物,主要有以下这些。

(1)高原地标。包括高原地理标识物、地质地貌表述、高原之最等。

(2)山脉高峰。包括喜马拉雅山脉、喀喇昆仑山脉、唐古拉山脉、冈底斯—念青唐古拉山脉、横断山脉、珠穆朗玛峰、冈仁波齐峰等。

(3)河流湖泊。包括雅鲁藏布江及其五大支流(拉萨河、年楚河、尼洋河、帕隆藏布、多雄藏布)、怒江(萨尔温江)、长江、澜沧江(湄公河)、森格藏布(狮泉河)、朗钦藏布(又象泉河)、纳木错、羊卓雍湖、玛旁雍错、班公湖、巴松错等。

(4)其他自然生态物。包括岩溶地貌、土林地貌、冰川地貌、温泉热田、瀑布、动物、植物等。

(二)特色文化因子物化

要使地域特色文化在公路上有效地展示和传承,就必须把具有鲜明特色的地域文化在公路的构筑物及附属交通设施中加以物化,并且要按照融合、协调、和谐的要求,采取合理的物化方式,将提炼出来的文化因子融入文化景观实体,植入文化景观平台。

根据西藏文化的特色和拉贡机场路的特殊地位,在该路的文化景观建设中通过多种方式,将西藏特色文化在公路上予以物化展示。主要有:构筑物文化命名、特色文化因子融入构筑物及附属交通设施的设计、特色标识标牌设计、特色人文景观设计等方式;具体展示载体为:隧道口文化景观、观景台、电子屏展示等。

六、系统文化建设集成设计

(一)形象概念

1. 总体形象概念

基于依托工程拉贡机场路所在的西藏高原最典型化的地理特征和大众的接受心理基础,提炼出拉贡机场路的总体形象概念为:“天高云淡,拉贡高速”。

2. 延展形象概念

在总体形象概念的创意内,提炼出拉贡机场路的一级形象概念为:“雪莲之路”。

结合总体形象概念、一级形象概念以及西藏特色地域文化,可以从不同的视

角凝练拉贡机场路的形象传播用语。如“世界屋脊大道”、“大美西藏,天高云淡;雪域高原,通途接天”、“西藏第一条高等级公路”、“西藏第一窗口之路”、“连通天地交通之路”、“沟通海内外友谊之路”、“展示大美西藏文化之路”、“世界上最高的高速公路”等。

(二)文化景观序列集成设计

1. 主题文化景观序列

在全长近38公里的拉贡机场路沿线,集成设计主题鲜明,具有窗口效应的西藏文化标签式景观序列,展示雪域高原“世界屋脊,神奇西藏”的魅力。主题文化景观序列主要由以下单元组成:

(1)格萨尔王主题文化雕塑;

(2)文成公主主题文化雕塑;

(3)唐卡长廊主题文化景观;

(4)彩幡主题文化景观;

(5)哈达主题文化景观。

2. 公路桥梁、隧道等构筑物文化景观序列

(1)构筑物命名

赋予沿线桥梁、隧道等主要构筑物文化内涵,选择具有影响力的西藏山河、动植物名称命名桥梁、隧道。如“喜马拉雅山大桥”、“藏羚羊隧道”等。

也可用修筑该合同段工程、桥梁、隧道等交通建设企业名称进行命名。一则可以永久性宣传和展示西藏交通企业形象,二则可以反映和展示西藏交通事业的发展,体现西藏公路交通文化的特色和内涵,形成一道特有的文化景观。

(2)构筑物装饰形象景观

用分析提炼出西藏最具特色的建筑、服饰、工艺等具有装饰效果的文化因子,作为公路主要构筑物及附属交通设施的外形与装饰的设计创意元素,艺术设计构筑物景观,改善混凝土、土石等结构材料的生硬感。以特色文化因子作为外形及装饰的设计创意元素,可以充分展示西藏的特色文化,通过主要构筑物或附属交通设施融入西藏特色文化因子,可以形成西藏独特的人文景观,以实现文化展示、文化传承、景观建设及构筑物建设的协调统一。

利用西藏特色文化因子中的经幡,经过特殊处理后挂置于斜拉索上,利用太阳能灯饰工程夜晚映衬经幡,营造一种宗教文化意境。

利用布达拉宫建筑上的图纹对隧道口洞圈进行处理,洞门外部防护工程利用西藏服饰上的图案元素进行处理,营造西藏特色建筑文化意境。

利用西藏特有的以献哈达表示欢迎的仪式场景,作为靠近机场的第一个隧

道洞门设计创意，营造“手捧洁白哈达、欢迎四方宾朋”的意境。

对沿线所有高速护栏进行统一设计，将西藏及中国传统文化中特有的经幡、祥云、火焰、火炬造型及色彩选择性运用到护栏设计中，营造“走进西藏、扎西德勒”的意境。

利用西藏特有的建筑、服饰等文化元素，设计铺设一段彩色路面，营造具有西藏特色的公路文化景观；利用边坡，将西藏的宗教文化、建筑文化、民族文化、西藏“中国之最”、西藏“世界之最”等文化因子融入边坡的景观设计，营造“绝色西藏、大美天地”的意境。

3. 电子显示屏文化景观序列

利用设置在沿线电子显示屏，展示西藏最具特色和影响力的文化形态，传播具有震撼力的宣传用语，滚动播出。

利用电子显示屏的视角冲击效果展示西藏的特色文化，具有较好的视觉冲击力，可以达到对西藏文化及旅游资源进行宣传的目的。这种方式成本价低，可操作性强，宣传效果明显，可以较好向海内外游客展示西藏的形象，从而发挥第一窗口路的窗口形象作用。

宣传用语：

世界屋脊神奇西藏，大美天地人间天堂；
神奇西藏似天堂，绝美雪域如仙境；
格桑花绽放雪域高原，祖国情温暖藏族儿女；
洁白哈达献宾朋，圣洁雪莲传真情；
巨龙天路通雪域，神鹰航程送吉祥；
翻山越岭筑通途，上天入地架金桥；
西藏中国之最，西藏世界之最——；
修路架桥入云端，“两路”精神耀高原；
……

4. 标识、广告牌文化景观序列

除国家规定的交通安全标识标牌外，其余标识标牌特别是广告宣传牌要突出西藏文化特色，塑造该路的文化形象，形成具有西藏特色的公路文化景观序列。把西藏特色的文化因子和该路的文化形象融入标识标牌和广告牌中，给驾乘人员形成良好的文化视角氛围，可以全面提升该路的文化品位和窗口形象，起到良好的导识和宣传作用。所有标识标牌及广告宣传牌的文字内容均采用汉藏文对译，以突出西藏文化特色，便于驾乘人员识别。

在展示内容与形式上，通过设置旅游导示牌或在观景点进行简介等方式，展示和介绍西藏主要旅游资源，为游客提供交通及旅游信息。用转经筒或唐卡作为特色文化元素设计重要旅游景区宣传展示牌，设置在公路沿线，传播西藏旅游文化。

5. 视觉识别系统文化景观序列

LOGO(标识)设计与 VI 系统。用西藏最具特色的文化因子作为创意元素，设计制作拉萨机场公路形象标识。研究提出 LOGO(标识)在工作证、工作牌、工作卡、信息卡、纪念品、办公用品等方面的具体应用方案(见图 5-1，图 5-2)。

1. 火焰：炙热的火焰象征着热情与希望，充分体现了西藏人民的好客和直爽性格。
2. 公路：以公路为外形，直接点明LOGO的性质；同时，"圆"自古以来就有着"圆润，完美，人性化等……"象征意义。这里以"圆"形作为外轮廓，充分展示该高速路段更多的人性化设计。
3. 雪莲：以雪莲为主要创意元素，展现西藏独有特色，雪莲外型线条流畅，色泽鲜丽；同时也是药中珍品，自古以来雪莲都是西藏的重要标志之一。
4. 祥云：祥云自古以来在中国就被视为"吉祥如意"的深层含义。
5. 阳光：黄色代表着阳光，黄色的运用充分体现了西藏的独特地理环境，充分向世人展示着"西藏是最受阳光眷顾的地方"。
6. 整个LOGO红色的运用充分的展示着西藏悠久的佛教文化，西藏独特的佛教文化早已吸引着世界的目光；同时，在有着深厚文化底蕴的中国，红色也是"吉祥，热情，勇气……"的象征。

图 5-1　LOGO 设计示意图及内涵

图 5-2　VI 系统应用示意图

6. 公路建设文化景观序列

通过适当的方式宣传和展示反映西藏交通建设成就的重大历史事件和独特的西藏交通文化。重要内容有：

(1)川藏、青藏、滇藏、新藏等公路通车纪念；

(2)当雄机场的建成通航，拉萨通航纪念等；

(3)青藏铁路建成纪念；

(4)拉贡机场路建成纪念；

(5)西藏公路建设成就，西藏公路建设者风采，西藏公路交通企业文化等。

七、主题文化景观设计

在对西藏地域文化进行深入研究和对特色文化元素筛选基础上，有选择、适度地在拉贡机场路沿线设置主题文化景观，形成内涵丰富的民族文化特征鲜明的迎宾大道。沿线文化景观建设的基础是路域的生态环境保护。主要的主题文化景观有以下几种：

(一)格萨尔王主题文化雕塑

1. 文化元素背景资料

著名的藏民族英雄史诗《格萨尔王传》，是世界上迄今发现的史诗中演唱篇幅最长的唯一的活史诗。在青藏高原、内蒙古等地，至今仍有上百位民间艺人，传唱着藏民族英雄格萨尔王的丰功伟绩。

史诗《格萨尔王传》讲述了一个惊天动地的英雄故事，把格萨尔王的高大形象镌刻在雪域高原苍茫大地。

历史上的格萨尔王是古代藏族人民的英雄，一生降妖伏魔，除暴安良，南征北战，造福藏族人民。他的英雄伟业，早在公元10~11世纪，就在雪域高原广为传颂。至今，人们依然怀念、歌颂着这位藏民族英雄。格萨尔王原名角如，自幼家贫，与母亲相依为命，在艰难困苦中长大成人。在岭国赛马争夺王位时，力战群雄，得胜称王，尊号为格萨尔。格萨尔王一生，充满着与邪恶势力斗争的惊涛骇浪，为了铲除人间的祸患和不平，毫不妥协地与叛国投敌的奸贼展开斗争，赢得了部落的自由、和平与幸福。

英雄史诗《格萨尔王传》是以格萨尔王事迹为素材，由藏族人民集体创作的鸿篇巨制。它历史悠久，结构宏伟，卷帙浩繁，内容丰富，气势磅礴，流传广泛，代表着古代藏族文化的最高成就。史诗从生成、基本定型到不断演进，包含了藏民族历史、社会、自然、科学、宗教、道德、风俗、文化、艺术的全部知识，融入了藏民族文化的全部原始内核和价值，具有极高的学术价值，是研究古代藏族社会的一部百科全书。英雄史诗《格萨尔王传》现已出版整理后的文本，但是，延续近千年的传唱方式，依然保存着它唯美的魅力。这一草原游牧文化的结晶，为多个民族口头传颂，无数游吟歌手世代传承有关它的吟唱和表演。《格萨尔王传》代表着古代藏族、蒙古族民间文化与口头叙事艺术的最高成就。

2. 设计构思

该主题文化雕塑由格萨尔王主题圆雕与透雕构筑装置组成(见图 5-3)。

主题圆雕为格萨尔王驾驭骏马驰骋的铸铜像，表现了格萨尔王一生戎马、扬善抑恶的英雄气概。构筑装置采用铜板透雕的装饰手法，将反映格萨尔王传说故事中的特色文化因子提炼、整合，深入表现格萨尔王的传奇一生。透雕构筑外形采用山体的造型构架，将文化符号组合其中，能够很好地结合当地的自然环境。该景观雕塑远看有宏大的气势，近看有精致的细节，使景观具有更丰富的可读性，也增强了景观装置的文化内涵。

图 5-3　格萨尔王主题文化雕塑效果示意图

3. 设置位置

拉贡机场路起点(拉萨市区端)，十字路口旁绿地。配置相协调的园林景观。

(二) 文成公主主题文化雕塑

1. 文化元素背景资料

文成公主入藏，汉藏联姻，是汉藏交往的一件重大事件，也是汉藏民族友好的佳话。

松赞干布是公元 7 世纪前期，吐蕃族的一位杰出领袖。原名叫弃宗弄赞，西藏的佛教史则称之为松赞干布，后来的历史文献均用此名。松赞干布性格骁勇，足智多谋,勇敢善战。他领导部下,征战青藏高原,降服许多部落,建立了强大的奴隶制政权,成为雪域高原各部落的霸主。松赞干布景仰唐朝的文明,从贞观八年(公元 634 年)开始,多次派遣使者到长安,唐朝亦遣使回访吐蕃,成为汉藏民族友好关系的开端。经多次不懈努力,终于请婚如愿,唐太宗答应通婚要求,将宗室之女文成公主远嫁吐蕃。

文成公主远嫁松赞干布不仅是段美好的姻缘,更具有十分重要的历史意义。唐太宗对此高度重视,为文成公主准备了大量妆奁,包括诗文、经史、农事、医药、天文、历法等书籍,谷物、蔬菜、果木种子以及各种精美的手工艺品。为传播中原文明,加强汉藏文化交流,文成公主还带去了各种技术工匠和一支宫廷乐队,并随身请携一尊金质释迦佛像。

贞观十五年(公元 641 年),文成公主在江夏王礼部尚书李道宗的护送下经青海入藏。松赞干布亲自率领侍从和卫队到河源(今青海兴海县一带)迎接。文成公主入吐蕃后与松赞干布举行了隆重的婚礼。松赞干布修建华丽王宫,供文成公主居住,这座王宫就是今天布达拉宫的前身。文成公主婚后,把唐朝的优秀文化和先进的生产技术传入了西藏,助推吐蕃经济和文化发展。包括藏文、历法、音乐、工艺技术、农业生产、佛教以及各种制造业等,都得到前所未有的发展。

文成公主以一个王族出身的年轻弱女,情愿于身历长途跋涉之艰辛,远嫁人地生疏的吐蕃,远离亲人和家乡,为藏汉两民族的友好团结和祖国的统一事业,对加强汉族和藏族的往来,发展藏族的经济文化,做出了巨大的贡献。在布达拉宫里至今还安放着文成公主和松赞干布的塑像,保留着二人结婚时的洞房遗址;民间广泛流传歌颂文成公主的民歌,赞颂文成公主为西藏经济文化发展做出的巨大贡献。

2. 设计构思

该景观雕塑由文成公主主题雕像与 4 座辅雕组成(见图 5-4)。

主题圆雕为文成公主石雕像。文成公主头戴王冠、手捧如意,寓意她给西藏人民带来了幸福与吉祥。4 座辅雕面向八方,分别运用农业生产(文成公主带去的各种植物种子,在西藏土地上生根、开花、结实,改变了藏民的食品结构,丰富了藏民的食物品种。)、营造工艺(碾磨、陶器、造纸、酿酒等)、文化典籍(诗文、农书、佛经、史书、医典、历法等)、宫廷乐队(文成公主带去的宫廷乐队丰富和繁荣了藏族的民间音乐、提高了藏民的文化生活水平)等元素进行组合,表现文成公主为促进吐蕃经济、文化的发展,加强汉藏人民的友好所做出的巨大贡献。整组雕塑气势宏大,同时具有细节表达,主雕与辅雕的组合,给了观赏者视觉上的节奏与变化。

图 5-4　文成公主主题文化雕塑效果示意图

3. 设置位置

拉贡机场路终点（贡嘎机场端），公路交会处绿地。配置相协调的园林景观。

（三）唐卡长廊主题文化景观

1. 文化元素背景资料

唐卡是藏族人民的一种绘画形式，历史悠久，从公元 7 世纪有文字记载唐卡至今，已有 1300 年多的历史。松赞干布时期，兴起了一种新颖的绘画艺术，即用彩缎装裱而成的卷轴画，其民族特点鲜明，宗教色彩浓郁，艺术风格独特，这就是唐卡兴起之源。唐卡绘画艺术是西藏文化的奇葩，千余年来影响深远。唐卡艺术是中华民族民间艺术中弥足珍贵的非物质文化遗产。历来被藏族人民视为珍宝，也为各族人民喜爱。

唐卡的绘制工序复杂，耗时漫长；颜料全为天然矿植物原料，极其考究；画面色泽艳丽，经久不退，具有浓郁的雪域风格。唐卡类似于藏区的卷轴画，通常在布或纸上作画，画面上覆有薄丝绢及双条彩带，用绸缎缝制装裱，上端置横轴有细绳便于悬挂，下端横轴轴头装饰精美。与佛教相关的唐卡绘制完成后，一般还要请喇嘛念经加持，并在背面盖上喇嘛的金汁或朱砂手印。也有极少量的缂丝、刺绣和珍珠唐卡。唐卡的品种和质地多种多样，除在布面和纸面上绘制以外，也有刺绣、织锦、缂丝和贴花等织物唐卡，甚至将珠玉宝石用金丝缀于其间，珠联璧合，很是奢华。唐卡的题材十分广阔，凡高原所见所闻，皆可入画。内容上大多为宗教、历史、文学艺术、风土民情、山水风光和科学技术等,甚至也包括较多的人体、医术等方面的内容。

(1)按地区不同,唐卡分为三大主流画派

一是卫藏地区(西藏自治区)的勉唐画派。

二是康巴地区(以四川甘孜藏族自治州为中心、青海玉树藏族自治州、西藏自治区昌都地区、云南迪庆藏族自治州)的噶玛噶孜画派。

三是安多地区(青海地区)的热贡画派。

(2)从时间上,唐卡可分为4个时期

第一个时期是7至9世纪的槛觞期,即造像之初期,也就是藏传佛教的滥觞期。

第二个时期是12世纪左右,即藏传佛教的后宏期。

第三个时期是15至16世纪,即藏族佛教艺术的繁盛期。

第四个时期是18至19世纪,也就是唐卡绘画的鼎盛时期。

(3)现存重要代表作

“刺绣红夜魔唐卡”。元代“时轮坛城”唐卡。明代“多吉丹佛塔”唐卡。

2. 设计构思

在高速路出入口,设置大型唐卡彩绘画牌,形成唐卡长廊。

(四)彩幡主题文化景观

1. 文化元素背景资料

彩色经幡是西藏高原上一道独特的风景,不仅有宗教含意,还是一种艺术品。在高原的寺庙里、道路旁、帐篷和居所前,随处可见到一串串、一丛丛、一片片印满密密麻麻的藏文咒语、经文、佛像、吉祥物图形的布、麻纱、丝绸和土纸上的各色风幡。这些方形、角形、条形的彩幡被有秩序地固定在门首、绳索、族幢、树枝上,随风飘荡摇曳,十分迷人壮观。

作为福运升腾的象征物,经幡每年都要在藏历新年初一过后某一个良辰吉日换新。换新的日子,人们都穿上节日盛装,聚集一起,举行一次隆重而欢乐的称为“托随”插经幡仪式,祭神祈福。风幡寄托着人们美好的愿望。在佛教信众看来,经幡随风飘动一下,就是诵经一次,不停地向神传达人的愿望,祈求神的庇佑。经幡便成为连接神与人的纽带,风幡所在即神灵所在,人们对神灵的祈求也在。

(1)经幡的3种主要形式

一是经幡印有佛陀教言和鸟兽图案的蓝白红绿黄五色方块布,一块接一块地缝在长绳上,悬挂在两个山头之间。这种经幡一般置于人烟稀少的高山上。

二是经幡是一条3~5米长的狭长布条,单一颜色,或白或红,上面印有佛陀教言,布条的一侧缝接在一根粗长的经杆上。插立在庭院前,这种经幡多见于工布林区。

三是经幡是5块蓝白红绿黄色的星火无字幡条和一块单色镶边的主幡方块布,上面印有佛陀教言和鸟兽图案。一般系挂在柳树枝杆上或民居楼顶上。

(2)经幡颜色的象征意义

经幡作用很明确,是用来祈求福运隆昌,消灾灭殃。因此,经幡的各种颜色是固定的,不能随便更改,并且,其次每块颜色的排列顺序是严格规定的,像大自然中天地不容颠倒一样,不能有任何差错。

经杆上端枝条上的星火条由5种颜色不同的小幡条构成一组,一般有2~3组。

5块幡条的颜色排列及它们所象征的意义:

最顶端为蓝色幡条,它象征蓝天;

蓝色幡条下面是白色幡条,象征白云;

白色幡条下面是红色幡条,象征火焰;

红色幡条下面是绿色幡条,象征绿水;

最下面的幡条是黄色,象征黄土,或者大地。

(3)经幡图文

经幡主幡上印藏文鸟兽图案,藏文内容是佛说经教。文字部分直接传达佛教教义,大多是慈悲为怀、普渡众生的主旨。

经幡4个角上印鹏龙狮虎图和中央的骏马驮宝图,也具有不同的象征意义。

2. 设计构思

彩色经幡具有极高的装饰性,视觉冲击力非常强,是藏区室外常见的独特的宗教文化景观。在保证行车安全的前提下,在路的两侧、桥梁构件上和隧道口等处,适当设置以彩色经幡为创作元素的彩幡景观,既可增添路域文化氛围,又能改善驾车视觉感受。

(五)哈达迎宾景观

1. 文化元素背景资料

哈达是一种礼仪用品,蒙古族人和藏族人表示敬意和祝贺用的长条丝巾或纱巾。哈达用得最多的是白色和蓝色,还有蓝、白、黄、绿、红五彩哈达。五彩哈达只在特定的情况下才用,大多用于献给菩萨和近亲时做彩箭,是最珍贵的礼物。

哈达通常是生丝织品,以绫、绸、丝原料制成,也有用呢绒材料制作的。哈达长短不一，短者三五尺，长者一二丈。哈达上常织以八瑞相及莲花、如意、祥云等图案。

哈达按等级不同，可分为：特等，内库哈达，为高级丝织品；头等，阿喜哈达，为一般丝织品；二等，素喜哈达，为普通品棉纺织品。阿喜和素喜哈达又各分上中下3等。还有把阿喜哈达的仿制品阿扎哈达单独作为一种，把素喜哈达中的下等品索朗哈达（索达）也单独作为一种。

献哈达是藏族人民一种既普遍又崇高的礼节，表达纯洁、诚心、忠诚和尊敬。婚丧嫁娶、民俗节庆、拜会尊长、迎送宾客、朝觐佛像、音讯往来、求情办事以及新房竣工、认错请罪等，都有献哈达的习惯。敬献哈达表示人们对佛的敬仰，对迎见之人的敬意与祝福。

不同情况下献哈达的意义：

节日：表示祝贺节日愉快，祝愿生活幸福、身体健康；

求婚：先由中间人献哈达，如接受哈达则表示可以议婚，退回则为拒绝之意；

婚礼：意为恭贺新禧，祝愿新婚夫妇恩爱如山，白头偕老；

迎宾：表示对来客的迎送和崇高的敬意；

葬礼：表示对死者的哀悼和对死者家属的安慰；

佛法会：向喇嘛和活佛敬献哈达，表示对喇嘛活佛的敬仰和信教的虔诚；

神佛前祈祷：以示信佛者的虔诚和希望菩萨保佑，万事如意；

书信中：表示写信者感情的真诚和意愿的庄重；

拜会尊长：表示对尊长的敬重，祝愿幸福、长寿、吉祥如意；

对手：达表示想化干戈为玉帛，重归于好。

2. 设计构思

哈达是吉祥、祝福的象征，用艺术的手法，设置哈达迎宾景观，表达西藏人民对宾客的良好祝愿。出入口、隧道口建筑立面上，用浮雕、壁画、镂空雕等形式，展示献哈达场景，表达拉贡机场路欢迎天下宾客的敬意。

八、主要构筑物文化景观设计思路

（一）隧道文化景观

隧道文化景观建设，目前较为可行的营建方式是在隧道口构筑物上完成。在路线中主要隧道口实施必要的文化景观建设，适度增添西藏文化元素的景观，以完善路线隧道口文化景观的整体效果和道路文化形象的完整性（见图5-5）。

1. 柳梧隧道文化景观

（1）主要文化元素。藏民族文化中的歌舞、服饰、哈达、唐卡等文化因子。

图 5-5　隧道口文化景观设计示意图

（2）景观形式。采用拼版、高浮雕、彩绘等艺术手法。

2. 加嘎隧道文化景观

（1）主要文化元素。藏民族文化中的建筑、宗教等文化因子。

（2）景观形式。采用浮雕、线雕、彩绘等艺术手法。

（二）桥梁文化景观

西藏独特的地理位置和严酷的气候环境，桥梁上的文化景观构建物应该有良好的环境适应能力，应该保障驾驶员的驾驶安全视野。桥址区属拉萨河山前宽谷地貌，临山傍水，地势平坦，相对高差小，桥址主要顺拉萨河漫滩及河床上展布。

1. 柳梧大桥文化景观

（1）主要文化元素。汉、藏两种文，藏民族建筑装饰性图案。

（2）景观形式。在大桥两端路侧竖立“柳梧大桥”名碑。请有关人士用汉字题写“柳梧大桥”桥名，选用花岗岩作为柳梧大桥形象碑树立在大桥两端路侧，将汉字“柳梧大桥”阴刻于碑面，并阴刻相应的藏文以及装饰图案，红色反光油漆填涂。

2. 拉萨河大桥文化景观（见图 5-6）

（1）主要文化元素。汉、藏两种文，藏民族建筑装饰性图案。

（2）景观形式。在大桥两端路侧竖立“拉萨河大桥”名碑。请有关人士用汉语题写“拉萨河大桥”桥名，选用花岗岩作为柳梧大桥形象碑树立在大桥两端路侧，将汉文“拉萨河大桥”阴刻于碑面，并阴刻相应的藏文以及装饰图案，湖蓝色反光油漆填涂。

图 5-6　桥名文化景观设计示意图

(三)路名形象碑文化景观

在拉贡机场路起点和止点路侧绿地中,用花岗岩或大理石树立拉贡高速路名形象碑。请有关人士汉字题写路名,阴刻,同时刻写藏文,红色反光油漆填涂;碑石高 5 米(见图 5-7)。

图 5-7　路名形象碑文化景观效果示意图

九、实践应用

在公路建设中系统植入地域特色文化,并与公路绿化、生态环境保护统筹协调,其理论研究和实践应用在国内处于探索阶段。西藏地区在政治、文化、生态、社会等方面都有着极其特殊的地位,要在拉贡机场路上系统植入和传承西藏特色文化,建设具有品位的文化景观,其工作量和工作难度均较大,实际应用中必须审慎而行,局部试点,及时调整,总结经验,逐渐推广。

《西藏拉贡机场路“公路与文化、环境景观融合设计”关键技术研究》专题研究工作，与依托工程西藏拉贡机场路建设进度错位，部分研究成果不能同步用于公路文化景观建设，有待后期完善。

在推广应用方面，进一步加强与公路建设单位的协调沟通，促进研究成果运用于拉贡机场路后续文化景观建设及维护中。充分考虑将《西藏拉贡机场路“公路与文化、环境景观融合设计”关键技术研究》专题研究成果用于指导西藏其他公路文化建设，为形成西藏公路文化建设系统结构提供参考。

第二节 云南公路文化景观建设实践探索

云南省的公路文化景观是在建设文化公路理念指导下的全省范围内的公路文化建设实践。在尊重社会文化的前提下，运用文化学的原理，不以割裂自然、人文景观为代价进行建设和营运，将人、文化和公路有机结合，强调人、文化与公路的和谐相处，形成“一路一特色，一路一风景”的公路建设和发展模式。同时，文化公路也是文化产业的重要组成部分，文化产业是经济欠发达地区发展循环低碳经济、落实国家生态文明建设规划的理想选择。

云南省近 10 年来文化公路和公路文化景观建设成果明显，为公路文化建设提供了可资参考的经验。“七彩云南路，文化踏歌行”是云南公路文化建设的形象诠释。2003 年，云南启动第一条旅游文化公路建设——昆明至石林高速公路文化建设，首次在公路建设中植入文化景观，广泛吸取昆明地区特有的文化元素，将云南十八怪、金马碧鸡、牛虎同案、石林阿诗玛等文化元素系统融入到小喜村收费站、小团山隧道、阳宗隧道、清水沟隧道等景观工程上，获得公路文化景观建设的成功经验。

在文化强省理念的指导下，近万公里的高等级公路的构筑物、观景点（区）、服务区、出入口以及休息区等，都有反映当地历史、民族风情、文学艺术、自然生态等文化景观。滇西公路文化长廊建设、保龙保腾高速公路文化景观建设、乐律武公路文化建设、大丽高速公路文化景观建设等成为云南公路文化建设的亮点。

一、保龙高速公路文化景观建设案例

（一）背景概述

保山至龙陵高速公路（以下简称保龙高速公路）是云南省保山至腾冲高速公路保山至龙陵段。在保腾高速公路建设过程中，立项了“保山至腾冲高速公路科技文化示范工程”项目，其主要研究内容由 3 大部分组成。一是实施科技

创新,攻克技术难题,提升公路品质;二是依托公路载体,以科技为支撑,展示丰富资源,传承地域文化,提升公路文化品位;三是通过保山至腾冲高速公路科技文化示范工程的实施,把保山至腾冲高速公路打造成国内知名的高速公路品牌。其中,保龙高速公路示范工程建设是"保山至腾冲高速公路科技文化示范工程"项目的主要组成部分。

2008 年 7 月,云南省交通厅召开厅长办公会,正式下达了保山至腾冲高速公路科技文化示范项目计划。高速公路建设各相关部门及科研单位,在经过一系列先期研究和准备工作后,召开保龙高速公路示范工程建设协调会,确定了保龙高速公路文化建设的 7 个方面内容。

把保龙高速公路打造成高品质的科技文化示范路,是凸显其国际战略意义、深刻政治意义、深远历史意义和重大现实意义的需要。其中,保龙高速公路的科技文化示范是整个示范项目的重中之重。因此,实施保龙高速公路示范工程建设,特别是文化建设,对整个示范项目的实施将起到良好的示范作用和推动作用。通过示范工程沿线丰富的自然资源的展示,可以进行科普知识的宣传教育;通过悠久灿烂的历史文化资源的展示,可以进行历史文化的教育;独特的滇西抗战文化资源展示,可以进行爱国主义和民族精神的宣传和教育。

保龙高速公路文化景观建设是"保龙高速公路科技文化示范工程"项目和保龙高速文化建设的重要组成部分。保龙高速公路文化景观建设,主要体现在沿线主题文化景观建设和公路构筑物形象命名两个方面,是保龙高速公路文化建设成就亮点之一。

保龙高速公路主题文化景观,主要由蒲缥主题文化景观点、佛掌山主题文化景观点、怒江大桥主题文化景观点、松山主题文化景观点和公路建设主题文化景观等 5 个部分组成。

(二)文化景观建设原则

保龙高速公路文化景观设计依据《保山至腾冲高速公路科技文化示范关键技术研究工作大纲》、《保龙高速公路文化建设框架方案》完成。同时,依据路域地形、气象、地质、水文等自然条件,沿线历史文化、经济、社会等人文资料,国家及地方相关规范、标准、办法等进行具体设计和建设。

保龙高速公路文化景观建设坚持以下原则。

1. 安全性原则

保龙高速主题文化景观设计完全建立在 4 处临时停车点等场地和设施安全现状基础上,确保设计不影响已有的任何安全设施功能的正常作用。禁止超越依托工程现场竣工图及现场交底的设计范围。按建设方意见,蒲缥观景点北侧

中部回填土区域暂不作处理,待其自然沉降稳定。凡涉及安全因素的景观均不在此区域构建。

2. 简洁性原则

保龙高速主题文化景观有4处设置在临时停车点。临时停车点的技术定位是为驾乘人员提供临时停靠需要的场地,只供车辆作短暂停留。因此,文化景观设计力求简洁大方、直观醒目,起到传递概念性文化信息、旅游信息的作用。

3. 协调性原则

设计充分考虑观景点野外环境因素,力求做到文化景观从材质、色彩、形态、体量等方面都与自然环境协调相融,最大限度地保护生态环境,原则上不设计开挖项目。

4. 耐久性原则

所有构景材料与工艺都力求做到经久耐用,以适应野外露天环境,并且,尽可能减少后期养护成本。主要材料选择天然石材,如怒江石、火山石等。绿化植物尽可能选择适应本地气候、土壤的植物,以提高成活率。

5. 功能优先的原则

文化景观构建必须首先满足临时停车点交通、安全等功能的优先,确保车辆进入、停放、驶离安全顺利以及驾乘人员小憩、步行安全方便。

6. 经济性原则

文化景观建设要注重节材、节工,合理利用现有资源。尽可能以本土材料为主,就地取材。景观作品形象简洁,制作简易,工艺简单。通过综合协调性分析设计,有效控制建设成本。

对临时停车点4处观景场地不作大的改变,尽可能保持场地平整竣工现状。车行道、人行道已硬化的路面原则上不再改动;已种植的植物尽可能减少移植。在满足设计要求的前提下,有效利用现有资源,减少投资。

(三)文化景观建设思路

保龙高速公路文化景观建设的总体思路,主要有以下4个方面。

1. 筛选观景点区域最具代表性的文化元素作为构景主题

路域文化丰富多彩,不可一一展示,设计应筛选观景点区域最具代表性的文化元素作为构景主题。蒲缥观景点主要突出蒲缥古人类文化遗址,佛掌山观景点主要介绍宗教传说,怒江大桥观景点主要展示大桥概况,松山观景点则主要铭记松山血战历史。

2. 用简洁、形象的手法表现文化主题

选择生态、天然并经久耐用的材料，用简洁、形象的手法表现文化主题。佛掌山、怒江大桥观景点主要用天然景观石树碑，刻写文字的形式展示文化内容。蒲缥、松山观景点除用天然景观石刻写文字外，用花岗岩塑造简单人物、碑等形象展示文化内容。

3. 适当设置驾乘人员短暂休息、逗留场地及设施

基于现状最大限度地满足停车需要的场地、必要的驾乘人员短暂休息、逗留场地及座凳（石材）。

4. 基于安全需要的设计、施工

观景区域原则上不设计功能性建筑物。设置必要的安全防护栏，将车辆进出通道、停车位与驾乘人员休息、观景场地分隔。

（四）主题文化景观主要内容

1. 蒲缥主题文化景观

（1）位置

蒲缥主题文化景观位于保龙高速 K523+460～K524+600 段。

（2）文化元素

位于蒲缥镇北端塘子沟村后台地的“唐子沟古猿人遗址”，距今 12000 年左右，为旧石器时代晚期文化遗址。1987 年 12 月，被云南省人民政府公布为第三批省级重点文物保护单位。1987 年考古发掘，发现大量实物标本和丰富的文化遗迹。遗址面积 1000 余平方米。出土的 2300 多件标本包括：人体头骨、上下全颌骨和单颗牙齿化石 7 件，各类石器 400 件；各类骨器 124 件；各种动物化石标本 1800 余件，果核化石和炭化石根若干；动物骨骼化石碎片 200 余公斤。还有柱洞、火塘等古人类居住用火遗迹。

古蒲缥人居住的环境一面背山，三面临水，是一块宜居宝地。古蒲缥人已经具有原始的建造房屋的能力，所建“建筑”是迄今为止在我国发现的最早的房屋。他们已掌握了人工取火技术，告别了茹毛饮血的时代。房屋和熟食，是蒲缥人维持生计的两大手段。就社会形态而言，“蒲缥人”处于原始社会的母系氏族公社阶段。

（3）文化景观设计

在观景平台前，用天然怒江景观石竖立“蒲缥”名碑。阴刻“蒲缥”二字，红色油漆填涂。位置在蒲缥历史文化名镇简介碑旁。用天然怒江景观石塑立“蒲缥历史文化名镇”简介碑（见图 5-8，图 5-9）。

图 5-8　蒲缥主题文化景观点效果图

图 5-9　蒲缥主题文化景观点实景图

采用隶书阴刻下面内容：

云南历史文化名镇——蒲缥

据《群蛮志》载："蒲人，即古百濮，本在永昌西南。缴外讹濮为蒲；缥人，即骠人，因蒲人缥人，遂以名其地——蒲缥。"著名的唐子沟旧石器文化遗址处于镇北端。

蒲缥镇2006年被确定为云南省历史文化名镇，曾是南方丝绸古道上的重镇，被称为"生死驿站"。该镇山川秀丽，历史悠久，自然人文景观众多。有徐霞客曾考察过和传说中诸葛亮火烧藤甲兵的盘蛇谷，有至今保存比较完好的陕西会馆以及明清建筑风貌犹存的老街子，有著名爱国侨领梁金山的故居，另外还有哑泉、温泉、文昌宫、塘子寺、侯氏家族祖祠、方家寨二台坡新石器文化遗址等名胜古迹。蒲缥物产丰富，甜大蒜、水晶石榴、甜柿等特色产品饮誉四方。

欢迎您到历史文化名镇蒲缥来：访古猿遗址，走丝绸古道，听金山传奇，泡蒲缥温泉，品生态水果！

在区域北靠近红岩水库侧设置观景平台，供驾乘人员观赏红岩水库、远眺蒲缥古镇美景；以一个家庭 3 人塑像的形式，在绿地中适当位置设置“蒲缥人”生活场景（见图 5-10～图 5-12）。空地作简单园艺处理，摆放具有代表性的生产和生活工具，比如“蒲缥人”用于装水的石坑、弓箭、火堆等；在区域东侧较高处设置仿古草亭，烘托“蒲缥人”生活场景。目的是展示蒲缥悠久历史文化。

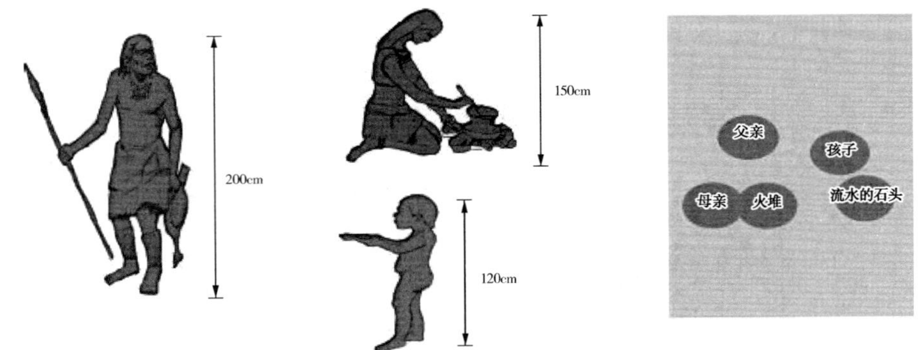

图 5-10　古蒲缥人形象雕塑设计示意图

图 5-11　蒲缥人生活场景景观

图 5-12　蒲缥人生活场景景观

2. 佛掌山主题点文化景观

(1)位置

位于保龙高速 K538+075 ~ K538+200 段。

(2)文化元素

佛教文化、民间传说。

(3)文化景观设计

在佛掌山观景处,用天然怒江景观石树立"佛掌山"名碑。阴刻"佛掌山"三字,红色油漆填涂。位置在佛掌山传说故事碑旁。用天然怒江景观石,造型为一本翻开的经书,树立"佛掌山传说故事"碑(见图 5-13,图 5-14)。

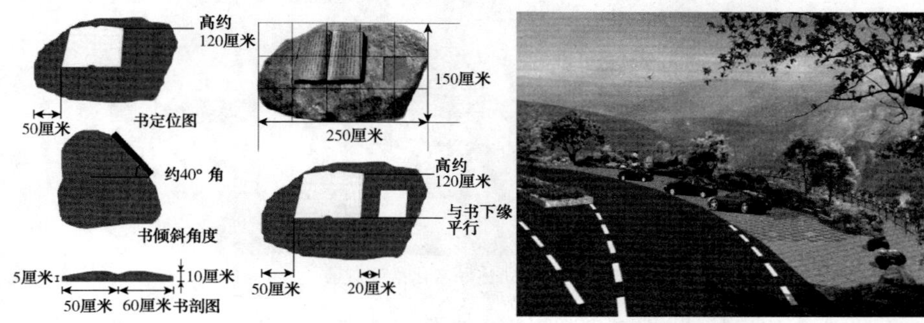

图 5-13　佛掌山主题文化景观设计示意图

采用隶书阴刻下面内容:

佛掌山传说

相传数百年前,信奉佛教的傣族部落世代迁徙奔波,寻求栖息之处。一天,傣族部落的一支随西南丝绸之路古道上的马帮,跋山涉水来到高黎贡山下的潞江坝,一路疲惫的他们决定在此小憩。晚上,头人岩宝龙做了一个梦,梦中,一位慈祥的老人展开五指对他说:“众生苦,行有终,居有所。”梦醒后,岩宝龙百思不得其解。天亮上路前,岩宝龙抬头远眺,看见五座山峰,其状如梦中老人的手指,山峰下的坝子如掌心,手掌背西面东。岩宝龙如醍醐灌顶般顿悟,原来是佛祖托梦。岩宝龙把梦境告诉了族人,大家立即面向山峰顶礼膜拜,决定在此定居。从此,他们世世代代在这个神赐天赋的聚宝盆,过上了丰衣足食、安定祥和的生活,并将这座山尊称为“佛掌山”。

据传,面对佛掌山祈福,将会得到佛祖的赐福和庇护。

也许正是有了佛祖的庇佑,在没有任何现代施工工具的情况下,“水泥靠马驮,钢筋靠人抬,碎石靠槽梭”,保龙路建设者克服了难以想象的艰辛,在仅仅一公里多的佛掌神脉上铸造了14个高速公路大型构筑物,创造了中国公路建设史上的奇迹。

图 5-14 佛掌山主题文化景观实景图

在佛掌山传说故事碑正面一侧刻“佛掌山观景导引图”,指明佛掌山位置。目的是方便游客观赏佛掌山仙境、拍照留念。观赏保龙路四标到六标露天“公路博物馆”,让驾乘人员感受保龙路建设的艰辛及成就。

3. 怒江大桥主题文化景观

(1)位置

位于怒江大桥东桥头往保山路侧。

(2)文化元素

怒江生态文化、怒江大桥建设文化。

(3)文化景观设计

用天然怒江景观石树立“怒江大桥”名碑。阴刻“怒江大桥”四字,红色油漆填涂。用天然怒江景观石,竖立“怒江”及“怒江大桥”简介碑(见图 5-15,图 5-16)。

图 5-15　怒江大桥主题文化景观设计效果图

图 5-16　怒江大桥主题文化景观实景图

采用隶书阴刻下面内容：

怒 江 简 介

怒江，又称潞江。上游藏语叫“那曲河”，发源于青藏高原唐古拉山南麓的吉热拍格。它深入青藏高原内部，由怒江第一湾西北向东南斜贯西藏东部的平浅谷地，入云南省折向南流，经怒江傈僳族自治州、保山市和德宏傣族景颇族自治州，流入缅甸后改称萨尔温江，最后注入印度洋的安达曼海。从河源至入海口全长 3240 公里，中国境内 2013 公里，云南段长 650 公里；总流域面积 32.5 万平方公里，中国境内13.78 万平方公里；径流总量约 700 亿立方米，省内流域面积 3.35 万平方公里，占云南省面积 8.7%。上游大都河谷平浅，湖沼广布，中游处横断山区，山高谷深，水流湍急。水力资源丰富。

怒江因江水深黑，我国最早的地理著作《禹贡》把它称为“黑水河”，云南省的怒族把怒江称为“阿怒日美”、“阿怒”是怒族人的自称，“日美”汉译为江，含义为怒族人居住区域的江。

怒江大桥简介

怒江大桥为预应力混凝土连续刚构特大跨桥梁，全桥总长 2208.08 米，为怒江大峡谷第一长桥。

怒江大桥位于高烈度地震区，地震设防烈度Ⅷ度，桥墩深入水下 80 多米，处于水流湍急区域，设计施工难度极大。经云南省交通规划设计研究院、云南云桥建设股份有限公司、云南公路科学技术研究所、重庆交通大学联合攻关、科学设计和精心施工，于二〇〇八年五月建成。

怒江大桥名碑和怒江与怒江大桥简介碑可两碑合一，相关内容雕刻在一块景观石上。方便游客观赏怒江大桥，了解大桥基本情况，拍摄留影。

4. 松山主题文化景观

(1)位置

位于第十二标段 K575+800～K578+590。

(2)文化元素

松山战役遗址位于云南省保山市龙陵县腊勐乡的大松山，为第二次世界大战滇西抗日的主战场。

松山属横断山系高黎贡山山脉南端高山，由 20 余个峰峦构成，海拔 2200 米的主峰顶上，北、东、南三面可俯瞰气势恢弘的世界第二大峡谷——怒江峡谷。怒江东岸的高山峭壁与西岸的松山对峙，形成怒江天堑。著名的滇缅公路经惠通桥越过怒江后，悬崖峭壁间盘旋 40 余公里。这里是滇缅公路的咽喉要塞，被

美国军事家称为“东方直布罗陀”。

现存的松山战役遗址，主要集中在腊勐乡大垭口村东、西两侧的松山山顶一带，范围约4平方公里。在大小松山、黄土坡等高地上，地堡、战壕、弹坑等随地可见。其中较重要的遗迹有：松山主阵地我军坑道作业遗迹及大爆炸坑；滚龙坡、鹰蹲山等战场遗址；日军发电站、抽水站和慰安所遗址等。1986年5月松山被列为省级重点文物保护单位。

从保龙高速公路松山逛景点，可遥望松山主峰。

（3）文化景观设计

用天然怒江景观石树立“松山”名碑。阴刻“松山”二字，红色油漆填涂。用红色花岗岩造型，树立“松山血战”记事碑。主碑镌刻“松山血战”文字，副碑线雕或浅浮雕抗战将士战斗形象（见图5-17～图5-19）。

图5-17　松山主题文化景观设计示意图（1）

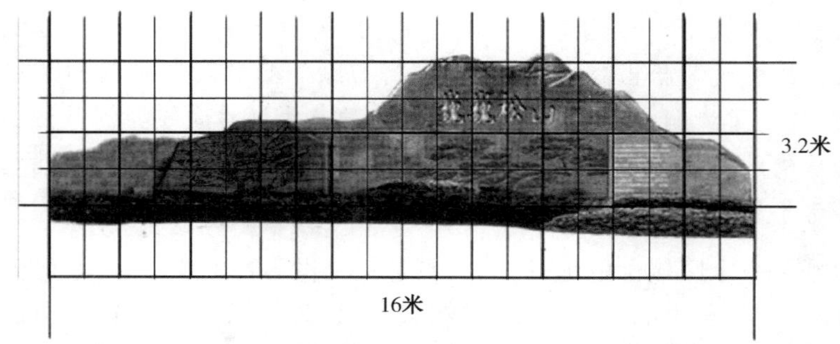

巍巍松山景观以红色花岗岩塑造；主体用毛石，两侧副体配以松山抗战浮雕及文字资料，文字用隶书以阴刻作白色形式表现；主体中间的松树造型用浮雕形式表现；“巍巍松山”四个字用隶书以阴刻作白色，字高50厘米。

图5-18　松山主题文化景观设计示意图（2）

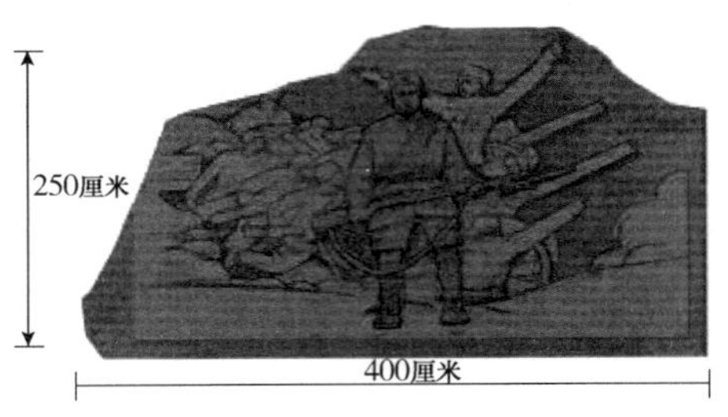

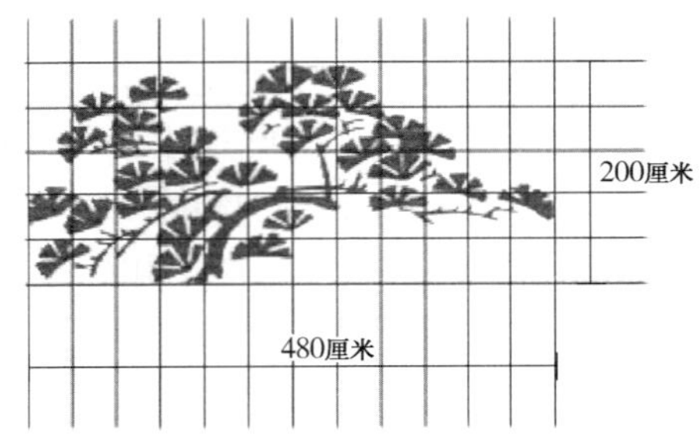

图 5-19 松山主题文化景观设计示意图(3)

采用隶书阴刻下面内容：

松 山 血 战

巍巍松山突兀于怒江西岸，是当年滇缅公路出入滇西地区的“咽喉”要塞。抗战期间，日军为截断国际唯一援华物资运输线——滇缅公路，于1942年5月自缅甸攻陷畹町、芒市、龙陵，准备直取保山、昆明、重庆。情势危急之下，中国远征军毅然炸毁惠通桥，阻敌于怒江西岸。日军入侵被阻于怒江后，在攻占区烧杀抢掠、蹂躏百姓、强征民夫，在龙陵松山上构筑坚固的防御体系，并称其为“东方的马其诺防线”、“东方的直布罗陀”。1944年5月，中国远征军强渡怒江，向日军发起全面进攻。松山血战异常惨烈，鲜血几乎浸泡了整个松山，几乎每一间房屋都是一座碉堡，每一片树叶上至少都有一个弹孔，历经大战10次，小战百余次，最后以坑道爆破的方式攻克松山，全歼日军3000余人，中国远征军牺牲7600余人。

松山血战是山地丛林战的典型战例，被美国西点军校编入教材。滇西抗战龙陵·松山战役的全面胜利，扫除了日军盘踞在滇西的坚固阵地，打通了滇缅公路国际交通线，成为第二次世界大战亚洲反法西斯战场从失败走向胜利的转折点，为世界反法西斯战争取得最后胜利建立了永不磨灭的功勋。

松山既是一个区域性的地理标志，更是一个世界性的文化标识，蕴涵着无言的坚毅，深刻到骨子里的刚强，令人肃然起敬、久久沉思。1993年松山抗战遗址被列为省级文物保护单位，1998年云南省政府定为省爱国主义教育基地，2006年被列为国家级文物保护单位。

在松山名碑正面一侧刻“松山观景导引图”，指明松山位置。方便游客观赏

巍巍松山，了解松山血战情况，弘扬爱国主义和民族精神。配置环境景观和简单休息设施。

5. 公路建设主题文化景观

以保龙高速公路建设单位名碑为主要形式，构建公路建设文化景观，展示公路建设者风采。

选择14家施工单位施工标段适当位置营建。

用天然怒江景观石树立14家施工单位名碑（见图5-20）。阴刻施工单位LOGO（标识）、单位名称、施工标段简介、总结性标语等字样，红色油漆填涂。保龙高速公路各标段纪念碑文字简介包括保龙高速公路建设形象宣传纪实碑、14个土建施工标段纪念碑文字内容。

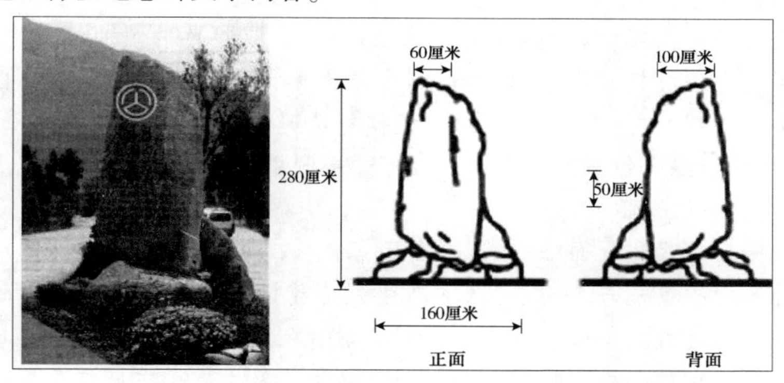

图5-20　松保龙高速公路标段建设纪念碑文化景观设计示意图

建设形象宣传纪实碑包括宣传主题（力拔山兮铸栈道，缚住苍龙架天桥，攻坚克难何所惧，怒水天堑变通途）和保龙高速公路工程简介（见图5-21）。

（1）保龙高速公路工程简介碑景观

景观形式：天然巨型景观石，横卧，印刻碑文，红色油漆填涂。配植景观植物。

碑文：

“保山至龙陵高速公路（以下简称保龙高速公路），东起隆阳区辛街乡大官市，与已建成的大保高速公路相连，西止龙陵县龙山卡，与规划修建的龙瑞高速公路相接。主线长76.27公里，按山岭区双向四车道高速公路标准建设。项目总投资55.44亿元，于2004年12月27日开工建设，2008年9月8日全线建成通车。保龙高速公路是国高网（G56）杭州至瑞丽公路云南境内的一段，是云南省第三个利用亚行贷款建设的高速公路项目和法国开发署在基础设施领域来华投资的第一个项目。

保龙高速公路纵横怒山山脉，跨越怒江天堑，穿越高黎贡山腹地，沿线地理环境特殊，地质地貌复杂。共经过31条断层带、48处滑坡、7处岩崩、8处岩溶塌陷；56.3%的地段为中等以上地质灾害危险路段；30.9公里的连续长下坡需克服高差1261米；桥隧长度达37.6公里，占全线总长的49.3%。其中，桥梁235座，隧道16座，永昌隧道、怒江特大桥、高黎贡山隧道为三大控制性工程；为了最大限度保证营运安全，全线设置失控车辆自救匝道9个，临时停靠点63个；保龙高速公路土建工程共分为14个土建标段组织施工。保龙高速公路沿线地域具有神奇壮丽的高黎贡山、美丽富饶的潞江坝、独具特色的滇西抗战文化、多姿多彩的民族文化、悠久深远的公路历史文化及珍贵稀有的动植物等不可复制的自然与人文资源。根据打造滇西公路历史文化走廊的要求，结合沿线自然与人文资源的合理开发利用，保龙高速公路实施了系统文化建设工程。

根据工程建设面临的实际，在云南省科技厅、云南省交通运输厅及有关部门的重视与支持下，保龙高速公路建设实施了科技与文化示范工程。通过科技与文化示范工程的实施，经过建设者一千多个日日夜夜的攻坚克难、锐意创新和精心打造，终于在怒水贡山之间这条惊魂之

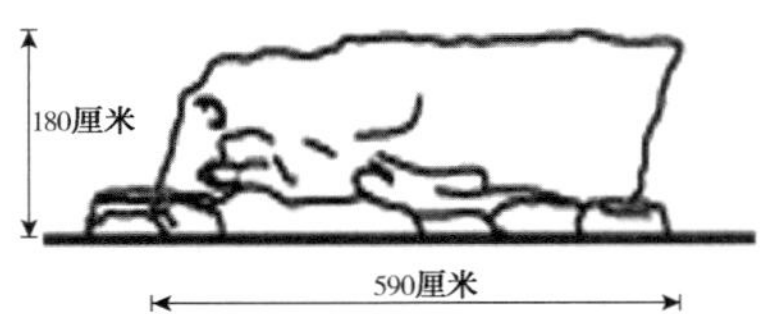

图5-21　松保龙高速公路工程简介碑文化景观设计示意图

旅上筑起了极其壮美的安全通途，在滇西公路文化走廊中增加了一道亮丽的风景线。已建成的保龙高速公路不仅是一条科技之路、安全之路，而且是一条文化之路、和谐之路。

(2)冷水箐段建设纪念碑景观

第一合同段：冷水箐段

正面：路从峰出绕山转；云南阳光道桥股份有限公司(原云南第五公路桥梁工程公司)

背面：K513+200~K520+360，长7.16公里；主要工程：大桥9座、中桥1座、小桥2座、大型滑坡1处；代表工程：K518+388米双幅8~29.5米T形梁桥；主要特点：全线最小半径位于本标段，弯道最多，有大型滑坡，道路与山峰融为一体。

(3)大干岩段建设纪念碑景观

第二合同段：大干岩段

正面：蒲缥古镇系彩练；云南第三公路桥梁工程有限公司

背面：K520+360~K529+300，长8.94公里；主要工程：特大桥2座、大桥16座、中桥7座；代表工程：蒲缥大桥；主要特点：软基础路段全线最长，全线最长标段，穿越名人故里和历史文化名镇蒲缥。

(4)马家寨段设纪念碑景观

第三合同段：马家寨段

正面：永昌古道新穿越；中铁二十局集团二公司

背面：K529+300~K533+705.22，长4.37529公里；主要工程：长隧道2座、小桥2座；代表工程：永昌隧道；主要特点：隧道横穿断层连续破碎带全线最长，达300多米。

(5)团山坝段建设纪念碑景观

第四合同段：团山坝段

正面：力挫艰险铸栈道；云南路建集团公司(云南公路桥梁工程总公司)

背面：K533+705.22~K539+940，长6.23478公里；主要工程：特大桥2座、大桥11座、中桥7座；代表工程：佛掌山大桥；主要特点：岩羊坡段横坡全线最陡，构造物多在悬崖峭壁，地势险峻。

(6)上坝子段建设纪念碑景观

第五合同段：上坝子段

正面：神脉串起路桥隧；中铁十二局集团

背面：K539+940~K543+500，长3.56公里；主要工程：大桥10座、中桥5座、隧道2座、大型滑坡1处；代表工程：K540+629米左幅11~40.0米、右幅2~30+12~

40.0米T型连续梁桥;主要特点:穿越滥渣河全线最大滑坡,全线最高墩桥(90米)。

(7)登高段建设纪念碑景观

第六合同段:登高段

正面:怒江天堑织彩虹;云南云桥建设有限公司

背面:K543+500~K550+600,长7.1公里;主要工程:特大桥4座、大桥4座、中桥1座;代表工程:怒江大桥;主要特点:横跨怒江第一长桥,云南跨江第一长桥,怒江水流湍急,深水桩基础施工难度极大。

(8)新城段建设纪念碑景观

第七合同段:新城段

正面:潞江大道惠三农;中铁十五局集团公司

背面:K550+600~K559+158.13,长8.83721公里;主要工程:大桥26座、中桥7座、小桥2座;代表工程:潞江坝立交;主要特点:施工干扰全线最大,涉农问题全线最突出。

(9)梅子沟段建设纪念碑景观

第八合同段:梅子沟段

正面:险山悬岩桥隧连;云南第二公路桥梁工程有限公司

背面:K559+158.13~K563+940,长4.78187公里;主要工程:特大桥2座、大桥18座、隧道4座;代表工程:户冲河隧道群及芭蕉林大桥;主要特点:全线最大跨径连续刚构桥(165米,芭蕉林大桥),地形最险要,有全线最高边坡。

(10)李子坪段建设纪念碑景观

第九合同段:李子坪段

正面:桥隧与自然和谐;中铁隧道集团公司

背面:K563+940~K568+000,长4.11939公里;主要工程:特大桥1座、大桥10座、长隧道2座;代表工程:神雕大桥;主要特点:全线最长的环山旱桥,唯一住吊脚楼的项目部。

(11)沙田段建设纪念碑景观

第十合同段:沙田段

正面:人背马驮何所惧;中港第二航务工程局

背面:K568+000~K571+650.99,长3.65227公里;主要工程:特大桥2座、大桥9座、中桥10座、大型滑坡3处;代表工程:沙田滑坡群建桥;主要特点:钢筋靠人抬,水泥靠马驮,碎石靠槽梭,沙田连续滑坡群,为全线最大的滑坡群。

(12)镇保段建设纪念碑景观

第十一合同段:镇保段

正面：攻坚克难战“五毒”，首次穿刺高黎贡；中铁十九局三公司

背面：K571+650.99～K575+800，长4.15858公里；主要工程：大桥6座、长隧道2座；代表工程：高黎贡山隧道；主要特点：全线最长隧道，实现人类对高黎贡山的首次穿刺，隧道在两个大断层中间穿行，大涌水、高地应力、断层破碎带发育旺盛、强风化及高埋深“五毒”俱全。

(13)汉滚塘段建设纪念碑景观

第十二合同段：汉滚塘段

正面：修路惠民双丰收；贵州省桥梁工程总公司

背面：K575+800～K578+590，长2.81385公里；主要工程：大桥14座、中桥2座、长隧道2座；代表工程：K576+400双幅7～40.0米T形连续梁桥；主要特点：第一片T梁全线最先架设，带动老百姓在参与施工中增收和学习技术。

(14)小田坝段建设纪念碑景观

第十三合同段：小田坝段

正面：雨锁雾绕难挡路；云南第一公路桥梁工程有限公司

背面：K578+590～K584+309.63，长5.71963公里；主要工程：大桥12座、中桥19座、隧道2座；代表工程：镇安立交，K579+272双幅2～40+6～41.5米T形连续梁桥；主要特点：全线雨雾最大，年降雨量在2000毫米以上，连接保腾路。

(15)黄草坝段建设纪念碑景观

第十四合同段：黄草坝段

正面：路在傈僳村延伸；西南交通建设工程总公司

背面：K584+309.63～K589+200，长4.89037公里；主要工程：大桥11座、中桥1座、高填方1处；代表工程：高填方；主要特点：地下水丰富为全线第一，经过傈僳族村寨，连接龙瑞路。

二、大丽高速公路文化景观建设案例

(一)大丽高速公路概况

大丽高速公路起于云南大理，止于丽江。是国家高速公路网规划的杭州至瑞丽公路的联络线，是连接我国西部地区国道主干线的重要路段，是出滇、入藏、通川的重要通道，是国家西部大开发战略3个重点公路建设项目之一。

大丽高速公路按照精品之路和国优工程的目标要求进行建设。公路文化建设的水平和层次必须与该目标相适应，力争把大丽高速公路打造为云南第一、国内领先、国际先进的文化旅游公路。大丽高速公路穿越洱源、剑川等地区，沿途

自然环境优美，自然资源富集。

坚持敬重自然，顺应生态，建设与自然和谐相融的景观公路，是大丽高速公路文化景观建设的关键所在。大丽高速公路位于大理至丽江这片历史文化积淀深厚的土地上，沿线历史文化资源丰富，民族民俗文化丰富灿烂，以公路为载体，展示和传承沿线特色文化，助推沿线旅游文化产业发展，是大丽高速公路建设的重要任务；大丽高速公路特殊的地理位置和区位优势，决定了大丽高速公路的建设必须认真践行“路畅人和”的核心价值观，充分拓展公路的服务功能，促进滇西公路文化走廊建设及大香格里拉旅游圈旅游资源开发，推动沿线各民族地区经济社会的可持续发展。

大丽高速公路文化景观建设在《大丽高速公路文化景观建设规划》方案指导下进行。方案提出了大丽高速公路文化景观建设的总体理念，形成了大丽高速公路文化景观建设基本思路。在此规范下，由有关单位联合组成大丽高速公路文化景观设计团队，数次深入现场点对点进行文化建设内容的实地考察调研，多次就文化景观设计听取有关方面意见和建议，在对原道路设计、课题组概念性规划方案及原绿化设计方案消化吸收的基础上，认真按照实用与审美相结合，功能性与发展性相结合，民族性与现代性相结合，景观性与自然性相结合的总体要求全面开展文化景观设计工作，形成了优化设计方案。

（二）文化景观设计基本思路

在整个文化景观建设方案设计过程中，主要把握以下思路：

一是“大丽高速公路文化建设研究”课题组在云南省交通运输厅、云南省公路开发投资有限责任公司的领导下，经过深入调研和认真研究，提出了大丽高速公路文化景观建设的总体理念及概念性规划。设计团队把课题研究提出的总体理念和概念规划落实到了设计方案中。

二是认真落实建设单位关于“建设文化旅游公路，打造建设管理品牌”、“打造云南第一、国内领先、国际先进的公路文化”的目标定位及有关要求。同时，创新公路文化景观建设的理念和模式，按照建设单位的要求，充分调动沿线地方政府和人民群众参与大丽高速公路文化景观建设的主动性和积极性。

三是认真落实“文化内容特色化，景观小品普适化，景观用材生态化，景观建设经济化”的建设理念。坚持因地制宜，就地取材，用好用活指挥部收集的石材、腐殖土和移栽的所有树木，节省投资，控制成本；坚持景观树木、花卉本土化，景观用材经济、耐用、生态、环保；艺术生动地展示沿线最具特色的文化内容，尽量使文化景观具有影响力和吸引力。

四是认真落实“道路、自然环境、文化景观、工程及运营安全统筹协调”的指

导思想，尽量减少对自然生态的影响，避免文化景观建设破坏自然环境和形成新的安全隐患，力争做到路与自然环境、路与景观、路与安全、景观与自然环境、景观与安全相互借力，和谐统一。

五是认真落实“总体规划、分期设计、分步实施、先行试点、全面推进”的工作部署。文化景观设计团队多次开展了点对点的现场调研和分析论证，提出了文化物化及景观设置的具体设计方案。确保每一个文化景观都是一幅件作品，全线文化景观形成一条生动化、生态化、经济化、特色化的文化艺术长廊。

（三）文化景观建设基本理念

1. 节能减排理念

在景观、灯饰、标识标牌等方面尽可能利用太阳能、风能等清洁能源；尽可能利用反透视、悬浮等技术，体现节能减排。

2. 经济实用理念

用好用活指挥部所收集的石材、所移栽的树木；因地制宜，就地取材，变废为宝，体现经济实用。

3. 生态环保理念

尽可能保护生态环境，观景点、隧道景观尽可能保持原生态，尽可能避免过多的人工痕迹，体现生态环保。

4. 文化植入理念

在沿线适宜位置重点植入公路交通文化，适当展示地域特色历史文化和民族民俗文化。植入的文化尽可能与道路及环境协调，与自然及绿化景观和谐相融，同时合理把控文化景观建设的量与度，控制建设成本。

5. 艺术鉴赏理念

所有文化景观不仅突出了文化特色和内涵，而且具有大众普适性和艺术鉴赏性。

6. 功能拓展理念

沿线设施及景观，特别是服务区、停车区及港湾停靠站，兼顾了交通运输功能、文化传承功能、旅游助推功能、培育公投新的经济增长点功能。

此外，大丽高速公路文化景观建设工程采取总体规划、分段设计、分步实施的思路推进。一期文化景观建设项目主要有：大丽高速公路主题形象及分段形象展示、港湾停靠站（观景台）、桥名及责任碑石、隧道文化景观及责任碑石；二期文化景观建设项目主要有：服务区、停车区、收费站、加水站、变电所、立交区涉及的文化景观内容、视觉系统及标识标牌等；三期文化景观建设项目主要有：主题雕塑、历史文化墙、文化景观收尾或补充工程。

（四）文化景观建设主要原则

1. 安全通畅原则

在保证工程安全和后期运营安全的前提下，依托大丽高速公路周边生态环境及文化景观营造文化景观，改变原有单一、简单的驾乘环境，减缓司乘人员的视觉疲劳感，进一步提高行车安全，确保运营畅通。

2. 文化艺术性原则

在充分挖掘和提炼路域特色文化因子的基础上，通过景观设计、雕塑艺术、书法艺术、导视标识等多种方式，将公路交通文化、地域历史文化、民族民俗文化、地域生态文化等特色文化有机植入景观之中，提升大丽高速公路的文化品位。

3. 生态低碳原则

重视沿线生态环境保护，通过新技术、新材料、新工艺的应用，使文化景观工程充分体现低碳性、生态化，使大丽高速公路的文化景观与自然景观和谐相融。

4. 经济实用原则

按照"因地制宜、就地取材、变废为宝、耐久实用"等要求，在文化景观建设中尽可能用好用活指挥部所收集的石材、腐殖土及移栽的树木，尽可能采用经久耐用、经济实用的材料，减少文化景观建设的工程投资，降低建设成本。

5. 地域民族性原则

在文化景观建设中，充分尊重地域特性和民族民俗文化特色，分主题段展示文化，充分体现大丽高速公路文化景观建设对沿线地域文化旅游产业发展的助推与促进作用。

6. 服务全方位原则

通过文化景观建设和服务功能拓展，努力做到展示传承文化、增进民族团结、助推旅游发展、树立大丽高速公路形象、培育云南公路投资有限公司（以下简称云南公投）经济增长点等多功能统筹协调；努力做到服务驾乘人员、服务沿线群众、服务地方经济社会发展和服务云南公投事业发展的全方位、高质量和高水平。

（五）文化景观展示的主要内容及布局

1. 重点突出公路交通文化特色

一是将大丽高速公路建设风采墙、滇藏公路烈士纪念墙由原来的九河停车区调整到车流量、人流量较大的双廊服务区，以扩大宣传面和影响力；二是在大丽高速公路建设风采墙中增加"路畅人和"核心价值观的展示；三是在九河停车区增加茶马古道展示的分量；四是主要标识系统采用云南公投 LOGO，加大对云

南公投企业文化的展示分量；五是在适当的位置，通过碑刻等方式宣传和展示云南公路交通文化、云南公投企业文化。

2. 路域特色历史文化和民族民俗文化

一是在港湾停靠站适量展示具有特色的地域历史文化。二是适当设置旅游景点景区的宣传标示标牌。三是通过服务区的历史文化墙、雕塑墙、雕塑小品等，有重点地展示地域历史文化及民族文化。四是在隧道、收费站、停车区等的命名及外观装饰设计中适当融入地域特色文化元素。五是把展示和传承地域文化的部分景观作为规划体现在设计方案中。

3. 大丽高速公路的视觉识别系统

一是把原设计的大丽之道改为大丽高速。二是将云南公投 LOGO 融入到主体景观标识标牌中；分段形象、服务区及港湾停靠站主体景观中既使用了云南公投 LOGO，同时针对大丽高速公路沿线人文与自然特点和建设管理特色，对Ⅵ（形象识别）系统进行了富有特色的设计，将云南公投企业文化元素合理融入到了视觉系统中。

4. 主题文化雕塑景观设计

所有的主题文化雕塑景观设计将围绕指定的设计内容，突出主题，体现特色，增强文化内涵、艺术表达效果和视觉冲击力。在结构设计、艺术造型、色彩搭配、建筑体量、用材选择等方面加强展现大丽高速特色。

5. 服务区文化景观设计

一是与服务区规划设计单位，特别是沿线养护设施设计人员的交流与沟通，对服务区的功能布局认真进行优化；二是在服务区的设施建设和文化景观设置中，既考虑了人性化服务的功能拓展，又体现了文化景观的地域特色和亮点；三是通过一定的艺术方式，适当增加公路交通文化内容；四是减少了对地域历史文化、民族民俗文化的展示内容，控制文化景观建设数量和投资成本；五是着眼于培育云南公投新的经济增长点，充分考虑后续经营开发，将部分文化景观建设内容纳入了本次总体设计，可考虑暂不实施，也可考虑由沿线地方政府建设或招商引资建设的方式。

（六）文化景观展示的主要形式

大丽高速文化景观主要通过园林环境、雕塑作品、导视标识、文化传媒等形式在路线中展示。通过对景观用地进行比选，因地就势布置景观空间，以多种景观形式，融入特色文化元素，形成具有中国传统园林空间韵味的格局；提取当地最具特色和影响力的文化元素设置主题雕塑，通过多种材质、多种颜色表达不同文化主题；在整体视觉识别系统（VIS）的基础上，根据各个地区的不同民俗、历史、景观文化背景，分段提炼出具有特色的设计元素，并将这些视觉符号与良好的导视功能相融合；文化传媒包含文化景观建设总结推广、大丽高速建设采风集、大丽高速公路宣传画册、大丽高速公路建设电视片、大丽高速公路建设之歌、相关专著和媒体报道等。

(七)文化景观景观序列设计

大丽高速公路文化景观设计序列包括，主题形象及分段形象展示设计，服务区文化建设内容及景观设计，停车区、港湾停靠站(观景点)文化建设内容及景观设计，隧道文化景观及责任碑石设计，主要桥梁名、立交桥名展示及责任碑石设计，收费站、加水站及变电所等相关交通设施文化景观设计，主要雕塑文化内容提炼及表现方式设计，文化标识标牌及应用设计，大丽高速公路加水站、变电所环境设计等。

1. 交通文化序列

反映滇西北交通的前世与今生(茶马古道文化、滇藏公路文化、大丽高速公路建设文化、云南省公路开发投资和建设单位企业文化)的公路交通文化景观序列。

2. 传承沿线地区灿烂的历史文化

大理段：风光大理；

剑川段：智巧剑川；

九河段：交融九河；

丽江段：和合丽江。

3. 展现路域河山壮美

大理段：观苍洱风光，推介大理旅游景区景点；

剑川段：观剑湖风光，推介剑川旅游资源；

丽江段：近观拉市海，远眺玉龙雪山，推介丽江旅游景区景点。

4. 展示沿线独特的民族民俗文化

大理段、剑川段：融入白族文化元素(民族服饰、民族节庆、白族民居等)，展示和传承大理白族文化；

丽江段：融入纳西族文化元素(纳西古乐、东巴文化、纳西抢婚等)，展示和传承纳西文化。

在文化景观序列设计中，突出公路主题形象，设计分段形象展示景观。在起点和终点，分别用“有凤来仪”和“玉龙腾飞”雕塑体现“大丽高速，龙跃凤鸣”(或“大丽高速，壮美通途”)的主题形象(见图5-22)。

在各文化主题段，以不同的艺术表现方式，分别展示“风光大理”、“智巧剑

川”、“交融九河”及“和合丽江”4 个分段形象。

图 5-22　大丽高速公路形象碑景观效果图

（八）主要文化景观点建设

1. 双廊服务区文化景观

双廊服务区文化景观建设围绕“风光大理”主题，系统植入大理历史文化，拓展公路服务功能。在植入文化时，充分考虑白族建筑、白族扎染、白族彩绘、大理石制品等地域特色文化元素。艺术展示大理特色文化及旅游资源；服务设施及服务区景观融入文化元素。

主要景观实物有：

（1）主体建筑风貌景观。建筑风格采用大理白族民居建筑风格。

（2）望海亭。刻写展示《苍洱赋》。

（3）历史文化景墙。以浮雕的形式展示白子国的传说、六诏统一、天宝战争、苍洱会盟、大理买马记、元跨革囊等重大历史事件。

（4）景观石景观。利用本段收集的景观石介绍大理文化及旅游资源。提取大理石材的形态颜色作为景观灯的设计元素，抽象出形态简洁的标识牌，并将标识牌与景观灯巧妙结合在一起。采用景观石或其他材料造作休闲坐凳及垃圾桶。

(5)绿化景观。栽种大丽高速公路建设指挥部职工捐赠的纪念树,并在树旁简介大丽高速公路建设的生态理念及生态化建设举措。双廊服务区以茶花、大青树等乡土树种为主;采用公路工程建设移栽的树木进行绿化。

(6)标识标牌文化景观。双廊服务区标识标牌文化景观融入大理特色文化元素设计标志性指示牌、功能性指示牌、店名招牌;特色标识标牌适当展示云南公投企业文化及地域特色文化;服务区内设置导视牌,把服务区功能布局图与周边旅游资源分布图整合在一起。

(7)纪念墙文化景观。双廊服务区设置滇藏公路烈士纪念墙和大丽高速公路建设风采墙。针对双廊服务区文化景观内容,特别是滇藏公路烈士纪念墙(上行线、B 区)、大丽高速公路建设风采墙(下行线、A 区)及云南历史文化墙所设置的具体位置、建筑体量等方面,与相关单位进行详细沟通和具体对接,确保文化景观与公路构筑物和环境的融合协调(见图 5-23)。

图 5-23 双廊服务区下行线(A 区)景观效果图

2. 剑湖服务区文化景观

剑湖服务区文化景观建设,围绕“智巧剑川”主题,系统植入剑川历史文化,拓展服务功能。在植入文化时,重点考虑剑川木雕、石雕手工艺文化、生活民俗事项等民族文化元素。艺术展示剑川特色文化及旅游资源;服务设施及服务区景观融入剑川文化元素。

主要景观实物有:

(1)主体建筑风貌景观。采用剑川民居建筑风格,重点考虑木雕和石雕文化元素;景墙及错台采用剑川格子门为文化墙设计元素,介绍剑川木雕文化、石

雕文化、石宝山、寺登街等文化与旅游资源。

(2)景观石景观。以收集的五花石为载体,宣传剑川历史文化及旅游资源;采用收集的景观石或其他材料制作休闲坐凳及垃圾桶;在剑湖服务区上下行线置五花石刻写“云南公投 LOGO · 大丽高速”及“智巧剑川”分段形象。

(3)景观小品。景观灯将剑川木雕石雕和室外导视牌有机融合到一起,做成既是导视牌又是景观灯的艺术品;通过情景雕塑小品,展示剑川的雕刻工艺。

(4)标识标牌文化景观。融入剑川特色文化元素设计标志性指示牌、功能性指示牌、店名招牌;特色标识标牌适当展示云南公投企业文化及地域特色文化;服务区内设置导视牌,把服务区功能布局图与周边旅游资源分布图整合展示。

(5)植物景观。以柿子树、滇杨等本土树种为主;采用公路工程建设移栽的树木进行绿化。

3. 拉市海服务区文化景观

拉市海服务区文化景观建设围绕“和合丽江”主题,系统植入丽江文化,拓展服务功能。在文化植入时,重点考虑东巴文化、纳西族建筑、生活民俗事项等文化元素。艺术展示丽江特色文化及旅游资源,服务设施及服务区景观融入文化元素。

(1)主体建筑风貌景观。采用丽江民居建筑风格,融入东巴文化元素;服务区松海中设置架空折型观光栈道。

(2)传说文化景观。以艺术地形为载体展示丽江石城传说、虎跳峡传说、三江并流传说、玉龙第三国传说、人与自然为两兄弟等传说故事。

(3)东巴文化景观。用收集的青石为载体,简介丽江特色文化及旅游资源;提取东巴文化的元素或者将其景观灯设计为东巴文字形状。

(4)标识标牌文化景观。融入丽江特色文化元素设计标志性指示牌、功能性指示牌、店名招牌;特色标识标牌适当展示云南公投企业文化及地域特色文化;服务区内设置导视牌,把服务区功能布局图与周边旅游资源分布图整合在一起。

(5)景观石景观。服务区置青石刻写“云南公投 LOGO · 大丽高速”及“和合丽江”分段形象。采用青石或其他材料制作休闲坐凳及垃圾桶。

(6)植物景观。以梅子、雪桃等本土树种为主。采用公路工程建设移栽的树木进行绿化。

4. 停车区文化景观

停车区文化景观建设重点在普和、洱源、九河和港湾停车区,其他停车区以满足基本功能为主,视其情况适当融入文化元素。

(1)普和停车区文化景观。在普和停车区内置景观石刻写“云南公投 LOGO · 大丽高速”及“风光大理”分段形象。

(2)洱源停车区文化景观(见图 5-24)。在洱源停车区简介洱源历史文化及旅游资源,简介“小三塔”传说故事。

图 5-24　洱源停车区梅子文化景观局部效果图

(3)九河停车区文化景观。在九河停车区设置茶马古道文化展示碑、情景雕塑及“百路图”;红色文化展示碑;上下行线均置青石刻写“云南公投 LOGO · 大丽高速”和“交融九河”分段形象。

(4)港湾停车区文化景观(见图 5-25)。在港湾停车区重点打造风花雪月港湾停靠站、镜海港湾停靠站,其他港湾停靠站主要满足游客临时停车观景的需要。在景观石上刻写港湾停靠站名,但不出现港湾停靠站字样,例如“镜海港湾停靠站”只需刻写“镜海”即可;在右所(军马场)港湾停靠站内置景观石刻写“云南公投 LOGO · 大丽高速”及“风光大理”分段形象;在拉市海港湾停靠站,置青石刻写“云南公投 LOGO · 大丽高速”及“和合丽江”分段形象。

5. 公路构筑物文化景观

(1)隧道文化景观(见图5-26)。隧道文化景观建设,重点对文献隧道、下山口隧道、双龙隧道、丽江隧道、叶榆隧道、风情岛隧道等进行打造,其余隧道以生态化处理为主。根据不同文化主题段的文化特色,适当融入文化元素。隧道名拟请沿线书法家书写,每个文化段隧道名统一采用与桥梁名相同的颜色。隧道洞圈采用反光材料处理,提高夜间行驶视觉安全性,增强隧道景观效果。

图5-25　港湾镜海停车区文化景观效果图

图5-26　叶榆隧道文化景观效果图

(2)桥梁文化景观(见图5-27)。桥梁文化景观建设,主要采用公路工程建设所收集的石材,分别以不同的艺术表现形式营造。在石材正面展示26座大桥名及桥梁概况,在石材背面刻写责任碑内容;请沿线书法家书写桥名,每个文化段桥名统一采用一种颜色，在全线形成一条具有特色的书法艺术长廊。

(3)收费站、加水站文化景观(见图5-28)。结合所处文化段的文化特色，在设计单位建筑结构设计的基础上，适当进行文化元素的点缀及装饰。大理段收费站融入大理特色文化元素、剑川段收费站融入剑川特色文化元素、丽江段收费站融入丽江特色文化元素；所有的收费站采用LED显示屏滚动显示相关交通信息、天气状况、旅游资源信息，发布有关通知及欢迎标语。加水站和变电站采用本土植物进行绿化处理，草坪中置放石材(大理段大理石、剑川段五花石、丽江段青石)作为景观石，利用景观石刻艺术展示名称并根据具体情况，适当融入文化元素。

图5-27　名庄大桥文化景观效果图

图5-28　华营收费站文化景观效果图

6. 其他主题文化景观

(1)公路建设主题文化景观。设置滇藏公路烈士纪念墙，主要反映滇藏公

路建设者的悲壮与英勇,简介滇藏公路建设概况、滇藏公路路线分布、滇藏公路烈士名录,刻写《滇藏公路烈士祭》。设置大丽高速公路建设风采墙,主要反映大丽高速公路建设者的风采,包括建设的宏伟场面、具有代表性的建设者抽象形象、建设管理创新理念、工程概况及工程特点、《大丽高速公路建设赋》等内容。

(2)茶马古道文化景观。设置展示碑,以石刻的形式简要介绍茶马古道的概况、茶马古道的路线分布图、茶马古道在滇西抗战中的历史作用等。

三、施孟公路文化景观建设案例

(一)依托工程基本情况

施甸至孟定二级公路施甸县城至链子桥段(以下简称施孟公路)是保山市公路规划"三横三纵三通道"中的第一通道,是施甸县乃至保山市的南大门。道路向南经永德、镇康、国家一级口岸清水河进入缅甸,线路走向是南方丝绸古道的一段。施孟公路的建设,对实现扩大对外开放、搞活边疆经济、增强民族团结、打造滇西公路文化走廊、促进民族文化交流、巩固边防,对完善保山市公路运输网络、满足日益增长交通量的需要、促进区域经济发展等都具有重要意义。

施孟公路改建工程,是文化景观建设工程的依托工程。本路段路线全长约63.8公里,共设桥梁12座,其中:大桥2座,中桥6座,小桥4座;全线涵洞126道,其中圆管涵6道、暗盖板涵120道。平面交叉共28处,其中公路平面交叉4处。所处地理位置属于横断山地怒山山脉,路线整体走向为北南走向,总体地势为北高南低。区内地形为山岭重丘地形,由于受地质构造与运动的影响及河脉切割侵蚀,使得区内地貌表现为重峦叠峰、沟壑纵横、地形破碎、高低悬殊的特征,主要以山区坝子为主。

(二)路域自然、文化背景

1. 路域自然概要

施甸县位于滇西边陲,怒江东岸,地处横断山脉中南段,地势北高南低,地形是两山夹一坝。西隔怒江与龙陵县相望,东至枯柯河与昌宁县接为邻,南至勐波罗河与临沧市的永德县相连,北与隆阳区接壤,形成三水环抱之势。全县东西最大横距45公里,南北最大纵长79公里,总面积2009平方公里。冬无严寒,夏无酷暑,部分地区为亚热带气候区,干湿季分明。境内河流均属怒江水系,有大小支流69条。路线沿施甸河走向一段,崇山峻岭,深壑峡谷,雄伟壮丽。施甸河自北向南,在河尾村南跌入谷地,形成深切V形峡谷,最后汇入怒江支流勐波罗河,落差超过1100米。

2. 路域主要特色文化

施甸历史悠久,距今约8000多年的“姚关人”就在这块土地上繁衍生息,开辟着祖国边陲的这块土地,谱写着灿烂的史前文化。施甸县是一个彝、布朗、傣、白、回等22个民族的杂居地,各民族文化相互交融渗透,形成了施甸县异彩纷呈的多元文化体系。施甸乃永昌古郡南通缅甸的重要驿站,南方丝绸古道、滇缅公路从北部过境65公里。

布朗族是最古老的土著民族,2002年被国务院确认为全国22个特少民族之一。世居于施甸东山、南山一带,总人口8201人。布朗族自称“埃乌”,他称“本人”,俗称“花濮蛮”,至今仍保留大量的原始农业崇拜风俗。布朗人热爱歌舞,每逢喜庆日子,都进行歌舞表演,形成了完整的布朗族土风舞乐,具有鲜明的地域特色和民族个性。布朗舞蹈有“打歌”、“跳会”,“打歌”源于原始狩猎围火分食时期。布朗族服饰极富特色,色调鲜艳,做工十分讲究,八银饰配七彩服装五色花草鞋绣艺精湛。布朗人嗜酒,习惯喝烤茶,居住的是杆栏式的房屋建筑。

施甸傣族聚居在施甸县旧城乡,旧城傣家有悠久的民族文化,有独特的民族风情习俗。旧城傣族信仰小乘佛教,一直保留着关门节、嘎摆、泼水节、堆沙、打陀螺、甩秋千等民间传统文艺体育活动。

施甸的历史源远流长,有距今8000年的智人头骨化石,多处旧石器、新石器遗址,出土大量石器、陶片和兽骨化石。在姚关境内先后出土春秋战国至东汉时期的青铜器,展示了2000多年前施甸县境内的人民从事原始农业、牧业和狩猎的场景。明代爱国将领邓子龙在施甸境内破缅敌象阵,三战三捷,固守边防,载入史册。留下了“五关”、“三桥”、“一泉三洞”、“一祠三亭”“二寺二庙”等遗址遗迹。

抗日战争时期,滇西反攻战役中,施甸全境成为抗日烽火前线,施甸人民群众为反攻日寇的胜利,做出了重要贡献。留有大营盘、惠通桥、滇缅公路、由旺子孙殿、莆草地望江台碉堡、滇西抗战江防遗迹等抗战名胜。

施甸山清水秀,人杰地灵。清代名儒徐崇岳被《中国名人大辞典》收录;有20世纪20年代在海外从事革命活动的先驱段古秋,有参加护国运动、北伐战争、抗日战争和云南起义的祝鸿基、段家番等高级将领也在名人辞典中。

施甸山峦起伏,气候宜人,土地肥沃,是最适宜人类居住的好地方。境内胜境颇多,集地文景观、水域风光、生物景观、遗址遗迹景观等区域为一体,旧志书载有“施甸十八景”。温泉资源区是滇西火山热海旅游区内具有特色的高品质温泉度假、疗养区。

姚关镇重峦叠嶂,溪流蜿蜒,有“高原水乡”的美誉。山邑野鸭湖湿地,海拔1780米,风光旖旎。2005年,姚关镇被云南省人民政府评为“生态乡镇”;2006年,被云南省环保厅纳入60个“旅游小镇”。

施甸坝区物产丰富,田园风光美不胜收。旧城干热河谷生态区特产丰富,盛产甘蔗,桂圆、芒果等各种热带水果,成熟期早。3个傣族村寨,寨内植被良好,浓荫密布。勐波罗河边河谷台地构造明显,有大片卵石河漫滩。

3. 特色文化元素提炼

分析路域文化、生态资源,提炼路域特别是施甸县的文化元素,通过文化景观建设技术的合理应用,结合公路科技创新与安全保障,协调路、人、文化和生态的和谐共生,塑造保山市南大门交通形象,将施孟公路打造成一条高品质、有品位的科技之路、安全之路、畅通之路、生态之路、富民之路、文化之路,促进地方经济社会发展。

路域具有深厚的文化积淀,从8000年前的姚关晚期智人化石遗址,到约3500多年前的多处旧石器、新石器遗址,以及先后出土的春秋战国至东汉时期的青铜器,都证明施甸的文脉悠长。西汉元封二年(公元前109年)就设置了不韦县;南北朝(齐)(479~502年)时期置不建县;元朝至元十年(1273年)设石甸长官司;明洪武十七年(1384年)更名施甸,洪武二十二年置施甸巡检司,嘉靖十九年(1540年)置姚关守备道;清顺治六年(1649年)设平彝州,十八年裁州并入保山县,乾隆三十五年(1770年)设永昌府分防施甸巡政厅;民国元年(1912年)设施甸分治县,二十一年裁撤分治县。1962年12月1日,经国务院第123次会议批准设立施甸县。绵延的历史长河,使施甸文光熠熠;各族人民在这片土地上和睦相处,代代生生不息,创造出灿烂的文化。

施孟路几乎从北向南贯穿施甸全境,它既是一条推动经济社会进步的交通大动脉,也是一条搏动有力的传承历史文化的血脉。因此,将这条路的总体形象概括为“文脉之旅”。

(三)施孟路文化景观建设的基本原则

1. 遵循道路设计规范,确保安全第一

文化景观设计以道路建设工程技术设计为基础,严格遵守道路工程设计技术指标。在确保道路建设和交通安全的前提下,有效利用选定的位置场地布局景观。特别是观景区(平台),要充分考虑行车、停车及观景的安全,从技术层面提供安全保证。

2. 保护环境,与自然生态融为一体

秉持环保理念,使文化景观与路、自然环境和谐共生,相得益彰。路线特别是 K26～K63 段地形复杂，大多在崇山峻岭、崖壁深谷，生态脆弱，地质灾害易发。不论是组合要素的观景区，还是单一要素的景点，都坚持保护环境，与自然生态融为一体的原则，减少开挖与回填对环境的破坏，避免将文化景观建成城市园林景观。

3. 筛选文化元素，突出路域文化特征

在丰富的文化积淀中，筛选具有地方特色的元素，提炼特色因子，运用适宜的表现形式和技术方式予以展示。特色文化元素具有标志性影响力，是形象精髓。不论是形象概念，还是文化内容，都要坚持突出路域文化独特魅力。

4. 简洁明快，经济耐用，维护方便

施孟路是二级公路，与高速公路的封闭性不同，是开放式的公路，因此，文化景观设计力求简洁明快、经济耐用和便于维护。从安全的需要和观赏效果的要求出发，道路文化景观不可繁复。在色彩、造型、内容、体量等方面都应坚持简洁明快的原则。

道路文化景观设计遵循投入少、经久耐用的原则。在设计中，尽可能避免大体量开挖、回填和构筑；因地制宜、依山就势，合理布局、就地取材。二级公路上的文化景观地处开放式的野外环境，容易老化、破损，设计上要兼顾方便维护。原则上不使用易老化的人工合成材料，不构筑极高、悬空等景观物，不构筑需经常性清理、维修的设施。

（四）文化景观序列设计

1. 分段布局

施孟路文化景观建设采取“一线三段多点”布局。

一线：以“文脉之旅”为文化主线。

三段：文脉施甸段（绕县城一段）、人文姚关段（姚关古镇、旧城一段）、遂通古今段（沿勐波罗河一段）。

多点：在路线沿途设计文脉施甸文化展示景观点、滴水崖文化展示景观点、水上坡文化展示景观点和遂通桥文化展示景观点以及姚关街连接点、河尾村河岸、峡谷入口、大关路口、古树、高边坡、高填方、悬挑桥、典型生态点、地方特产、公路建设等多处文化展示景观点，展示历史文化、公路建设文化、生态文化等。文脉施甸文化景观点主要展示施孟公路建设文化。该文化景观点主要配合施甸县城市景观规划实施；滴水崖文化景观点主要观赏自然景观和展示少数民族文化；水上坡文化景观点主要观赏勐波罗河自然奇观（水上坡）；遂通桥文化景观点主要展示施孟公路建设文化、古交通文化等。

2. 分类主题

(1)文化形象塑造

将 K0+000—K63+754.18 线段分为 3 个文化形象段,分别用不同的文化元素塑造公路文化形象。

绕县城一段以县域名称命名为“文脉施甸”。

经姚关古镇一段,以历史文化名镇名称命名为“人文姚关”。

沿勐波罗河一线以古道途中遂通桥名称命名为“遂通古今”。

(2)历史、民族文化展示

施甸县对外宣传形象概念为“金色布朗,文脉施甸”。路域(段)所经施甸境内,历史厚重,文脉凸显,民族众多,民俗丰富,为路域文化展示提供了丰富的素材。在道路文化景观建设工程设计中,选择有代表性的文化元素,用适当的方式展示“金布朗之乡”和“文脉施甸”总体形象;展示“姚关人”和邓子龙等历史文化;展示丰富多彩的民族民俗等文化,既是传承地域文化的有效方式,也是提升道路文化品位的举措。

(3)自然生态文化展示

路域(段)所经处崇山峻岭、高山峡谷、密林湿地等风光壮丽、景色宜人。构建观景平台、设置生态景观标识,展示峡谷、林木、山水等生态文化;展示车、路、人、环境、文化和谐共生,供路人观赏大好河山。

(4)公路建设文化展示

施孟路所处地理位置属于横断山地怒山山脉,地势北高南低,地形为山岭重丘,地貌为重峦叠峰、沟壑纵横,地形破碎,高差极为悬殊的。建设者克服各种艰难险阻,用智慧、辛劳和铺路石精神筑就一条科技文化通途,这种铺路石精神是值得铭记与弘扬的,通过适当的方式,选择具有代表性的技术点以及公路建设(施工单位)作为公路建设文化加以展示公路建设科技攻关与创新文化以及展示公路建设“铺路石精神”文化。

(五)文化景观建设主要内容

1. 文脉施甸文化景观区

(1)起点形象景观。文脉施甸段为施孟路的起始段,也是绕城经过施甸县城的一段,全长 4 公里多。作为施孟路公路文化建设内容,此段主要考虑在起点 K0 附近营造施孟路总体形象文化景观。在 K0+145 附近用大型天然景观石树立施孟路名碑,正面阴刻请书家书写的“施孟公路”四个大字。在 K0+190 附近用天然景观石树立施孟路建设纪念碑,碑体上方书写“文脉之旅——施孟二级公路”和路线简图,下为施孟路的基本情况简介(见图 5-29)。

(2)望甸台景观(见图5-30)。在K3+350~K3+400(已建成路段平面图图纸桩号)附近路线右侧空地,设"望甸台"观景台,观施甸县城全貌景点。观景台布置标识碑、施甸简介碑、景观亭、停车位、石凳等。景观亭名"望甸亭",混凝土结构,做仿古仿木效果;步道天然石块铺装;绿化带灌木乔木搭配;石凳用天然条石制成。

图5-29　施孟公路起点形象碑景观效果图

图5-30　望甸台文化景观效果图

置塑石正面刻写简介施甸的文字,背面刻写"文脉施甸"四个字。

施甸县简介碑文:

施甸地处云南西部,位于东经98°54′—99°21′、北纬24°16′—

25°00′之间，东与昌宁县为邻，西与龙陵县隔江相望，南至勐波罗河与永德县相连，北与隆阳区毗邻。县内最高海拔2895.4米，最低海拔560米，年平均气温17℃左右，年平均降雨量945毫米。全县辖13个乡（镇），总人口33万多人，其中农业人口30.3万人。有彝族、回族、傣族、布朗族、白族、傈僳族、佤族等20多个少数民族。施甸各民族在每年的12月至来年的2月份有杀年猪、做腌腊食品的习俗。施甸县域东西最大距离45公里，南北最大距离79公里，土地面积2009平方公里。

施甸历史悠久，西汉置不韦县，元代置长官司，清乾隆三十五年设施甸巡政厅，民国初年设施甸分治县，1962年12月1日，经国务院批准设立施甸县。

施甸境内矿产资源有储量丰富，现已开发和探明的主要有铅锌矿、饰面石材、石灰岩、汞、锑、泥炭、石膏。地热资源丰富，有石瓢、娲女等38℃~78℃的温泉28眼，其中石瓢温泉是云南唯一的碳酸温泉。

施甸历史传承较早，有可考人类文化约18000年，姚关晚期智人化石距今8000多年，有西山大寨门古生物化石景区，被中外地质学界称为“中国海林檎的故乡”。境内有明代名将邓子龙抗缅平叛古战场；有滇西抗战遗迹，是打响滇西抗战第一枪的重要战略阵地。

施甸气候宜人，四季如春，又有“一山分四季，十里不同天”的立体型气候特征，盛产粮、烟、糖、茶等，有火腿、茶叶、豌豆片、骨头渣等名优土特产品，美味可口的粉丝已进入东南亚和西欧市场，水豆豉、萝卜丝肉等腌腊食品以其色鲜味美深受顾客青睐。

在观景台绿地靠公路侧塑石，置望甸台名碑，两面均刻写“望甸台”三个大字，用以标识观景台位置。

（3）三块石水库观景台景观（见图5-31）。在K10+970~K11+020（已建成路段平面图图纸桩号）附近路线左侧空地，设“三块石水库”观景台，观赏三块石水库风景。观景台布置标识碑、三块石水库简介碑、停车位、石凳等；步道天然石块铺装；绿化带灌木乔木搭配；石凳用天然条石制成。

置塑石正面刻写简介三块石水库的文字，背面刻写“山水迤逦”四个字。

三块石水库简介碑文：

三块石水库位于施甸坝南部山间，怒江水系的姚关河上游，距县城15公里，坝址在姚关镇蒜园村三架湾，地理坐标东经99°13′，北纬24°39′，因库内有一孤山，孤山西北角有一古生叠石，裂隙分层形成三块而得名。

三块石水库主坝高41米,总库容2340万立方米,水库控制径流面积43.2平方千米。水库功能以农业灌溉为主,兼有下游发电、村镇供水和防洪等功能。设计灌溉面积4.1万亩,下游梯级电站装机总容量2.565万千瓦,村镇供水1400户,防洪保护人口1.2万人,保护农田0.71万亩。

工程于1977年10月开工建设,1982年枢纽工程完建,1985年12月总体工程竣工。工程由枢纽工程、引水工程、输水工程和坝后电站四部分组成。

水库枢纽建筑物有主坝、副坝和输水(泄洪)隧洞。主、副坝坝型为均质土坝,坝高分别为41米、11米,顶长196米、114米,顶宽均为5米。

在观景台绿地靠公路侧两端各塑一塑石,置三块石水库观景台名碑,正面刻写“三块石水库”大字,用以标识观景台位置。

图5-31　三块石水库观景台文化景观效果图

(4)姚关火星山、野鸭湖湿地景观。在K16+780(已建成路段平面图图纸桩号)附近路线右侧岔道口,空地处置塑石,正面刻写“姚关火星山、野鸭湖湿地”大字,并刻方向标,用以标识姚关火星山、野鸭湖山邑湿地旅游景区方位。清理碑石环境,碑石旁简单配置灌木绿化。

2. 滴水崖文化景观区

将K28+300~K28+950段(滴水崖、蝙蝠洞一线)作为滴水崖文化景观区。主要功能为观赏峡谷、瀑布、村寨、梯田、云雾等生态文化景观。

(1)滴水崖观景台景观。在K28+350附近建造滴水崖观景平台。设置停车点、休息区、观光亭子、卫生间、座凳、绿化带等;设置景观标识。将滴水崖天然

水通过管道引入观景平台,构造水体景观及用作卫生用水。临崖修建混凝土安全防护栏,做仿木效果。观光亭子名“滴水亭”,混凝土结构,做仿古仿木效果。步道天然石块铺装。水体景观用天然岩石构砌。绿化带灌木乔木搭配(见图5-32)。

图5-32 滴水崖观景台文化景观效果图

置塑石正面刻写简介施甸布朗族、傣族等少数民族的文字,背面刻写“金色布朗”四个字。

少数民族简介碑文:

施甸县是个多民族县,境内有2个少数民族乡、12个少数民族村,世居彝族、回族、傣族、布朗族等22个民族。

布朗族人自称“埃乌”,他称“本人”,秦代为哀牢国百濮群族的一支,属南亚语系,有语言、无文字。布朗族有着极为丰富的民族文化,至今仍保留着具有鲜明特征的民族语言、服饰、歌舞和风俗习性。布朗人热爱歌舞,每逢喜庆日子,都进行歌舞表演,形成了完整的布朗族土风舞乐,舞蹈有“打歌”、“跳会”等。布朗族服饰极富特色,色调鲜艳,做工十分讲究,八银饰配七彩服装五色花草鞋绣艺精湛。布朗人嗜酒,习惯喝烤茶。因布朗族“特、少、稀”,故在当地有“金布朗”之称。

施甸傣家民族风情习俗独特,民族文化历史悠久。至今仍保留着关门节、嘎摆、泼水节、堆沙、打陀螺、甩秋千等民间传统文艺体育活动。

施甸各民族在每年的12月至来年的2月份有杀年猪、做腌腊食品的习俗。同时,施甸每年举办的“金布朗民俗节,天天过大年”活动已成为传承布朗文化、展示施甸形象及对外交流的一个平台。

在观景台设置滴水崖观景名碑。塑石正面刻写"滴水崖"三个大字，背面刻写"临崖观瀑"(此处可观看施甸大峡谷、滴水崖瀑布和蝙蝠洞瀑布)。或在观景台的路对侧的崖壁上，择一稳固岩体，摩崖题刻"滴水崖"三字。

(2)蝙蝠洞景观。在 K28+900 附近蝙蝠洞上方置塑石，标识蝙蝠洞瀑布所在位置，塑石上刻写"蝙蝠洞"三个大字。或在塑石的路对侧的崖壁上，择一稳固岩体，摩崖题刻"蝙蝠洞"三字。

3. 水上坡文化景观区

将 K46+580 弯道处旧车道建成水上坡文化景观区。主要功能为观赏勐波罗河景观。构筑两层观景平台，梯步道连接；设临时停车点；石座凳等。保护古树(榕树)。平台外沿修建混凝土安全防护栏，做仿木效果。平台、梯道用天然石块铺装，梯道宽 1.5 米。因透视环境造成的视觉差，形成勐波罗河水从低处流向高处的奇异现象。在平台内用塑石雕刻"水上坡奇观"示意图，并作引导指示与说明。在平台上层路旁置塑石，刻写"水上坡"三个大字，标识水上坡观景平台(见图 5-33，图 5-34)。

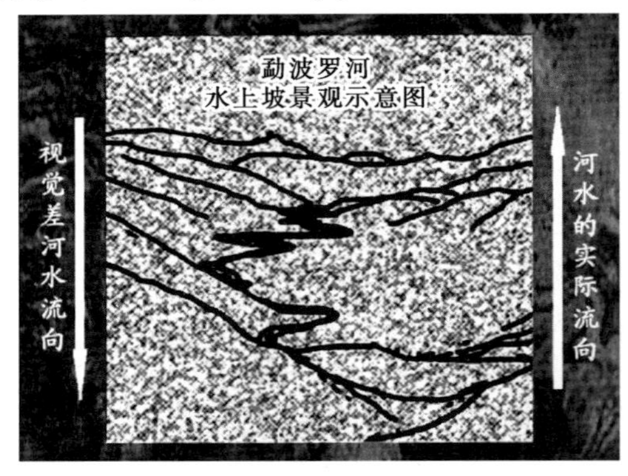

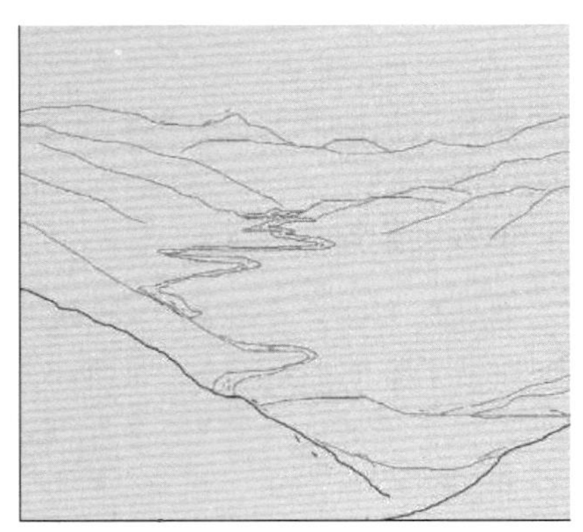

图 5-33　水上坡观景台"水上坡"景观导视设计示意图

4. 遂通桥文化景观区

在 K62+730 附近作为遂通桥文化景观区。在 K62+750 附近，正对勐波罗桥，用大型天然景观石树立公路名碑，请书家书写"施孟公路"四个大字。整修遂通桥头环境，在勐波罗桥碑亭外用塑石树立"遂通桥简介碑"(见图 5-35)。

遂通桥简介碑碑文：

遂通桥，又名链子桥。位于施甸县与永德县分界的勐波罗河上葫芦口处，是通往镇康及出缅甸的驿道桥。系清光绪三十四年(公元1908 年)建。桥以 10 根铁链在两岸悬崖间穿壁悬吊而成。桥净跨

30.8米，高 8.5 米，面宽 2.5 米。北端桥亭之外有当年修桥时留下的摩崖题刻三幅及功德纪略碑两块。

图 5-34 水上坡观景台效果示意图

图 5-35 遂通桥文化景观区局部效果图

据碑刻记载：光绪三十一年（公元 1905 年）冬，永昌知府谢宇俊倡议，施甸乡绅杨超然约请本地乡绅赵端、李宝仁、段效孟、尹善等人筹建。谢宇俊因感“铁桥飞跨，长虹高悬，风景又别增一胜”，遂在桥北石壁上题写了“遂通桥”、“定乱靖边”两幅大字和随感诗一首，并撰写建桥纪略一文，铭记捐资建桥的功业。

1988年8月20日，位于遂通桥旁的勐波罗桥建成后，施甸、永德两县的公路联通，遂通桥停止使用。

对勐波罗河桥碑亭进行修整。加盖六角攒尖顶，琉璃瓦铺盖；亭柱作仿古处理。亭内地面用天然石块铺装，亭子周边环境清理，配种乔木灌木绿化。

5. 姚关人故园文化景观

在K20+360附近，道路交汇口路旁，塑景观石，刻写“姚关人故园”大字。旁设塑石，刻写“姚关人”简介（见图5-36）。

图5-36 姚关人故园文化景观效果示意图

“姚关人”故园简介碑文：

“姚关人”故园

施甸“姚关人”遗址位于姚关镇小汉庄村万仞岗岩厦台地。1987年9月下旬进行了抢救性清理，出土“姚关人”头骨化石一具，鸟类和哺乳类动物化石标本100余件，石、骨、角器100余件，火塘两个。动物化石品种有鸟类、猕猴、虎、熊、牛、鹿、麂、麝、豪猪、羊等，石器中有单平面砾石手

锤和琢孔环形器、砍斫器、敲砸器、刮削器、尖状器等。火塘内炭屑、烧骨、红烧土密集,灰烬层与石灰华胶结为坚硬板块。化石的石化程度及石器特征与蒲缥塘子沟遗址基本一致,年代距今亦当在8000年左右。

"姚关人"头骨化石是古人类化石为云南旧石器时代遗址中迄今为止所见最完整的头骨化石,对于研究施甸县以及怒江流域的人类历史、生物史、古地理和古气候都有较高的学术意义。

6. 大关古战场遗址文化景观

在K34+135、K34+200处通往遗址的支路口附近两端,设立"大关古战场遗址"标识碑,方便游客前往游览。碑石正面刻写"大关古战场遗址",并标明方向(见图5-37)。

图5-37 大关古战场遗址文化景观区效果图

在K34+160处,修建观景平台,塑邓子龙抗缅平叛记事碑,刻记邓子龙抗缅平叛在大关破缅兵象阵战事。碑文内容如下:

邓子龙大关破象阵

明万历十年(1582年),云南滇西陇川宣抚司记室岳凤弑主叛国,投靠缅甸洞吾王朝瑞体,里应外合,犯我边境。明神宗皇帝任命邓子龙为永昌参将,携兵三千,日夜兼程赶到永昌(今保山)。邓子龙以施甸为主战场,在姚关、湾甸、三尖山等地抗敌,三战大捷,平息了叛乱,稳固了边防。

邓子龙在姚关境内各重要通道设立防御关卡，共五个，分别是大关、小关、里骚关、芭蕉关、茨竹关，称五关。大关位于姚关镇大岭岗村大关箐东约一公里的山梁上，整个建筑分关楼、护关墙、护关壕三部分。现关楼复修，护关墙遗址尚存。大关是旧城进入姚关的重要关卡，当年邓子龙在此破缅兵象阵，杀得缅叛军血流满涧，尸横成山。邓将军以诗"攀枝花鸟惊遗镞，偃草坡猿泣败髅"生动刻画了当时悲惨的战争场景。

7. 姚关河滨河景观

在 K25+050～K25+550 附近，河尾村姚关河改直河道段路边绿地，设置滨河景观带，建滨水景观。河岸种植垂柳等绿化植物；置三处 U 形亲水梯步，混凝土构筑；绿地中间用天然石块铺装步道；置天然岩石构景，刻写"上善若水"四字，另置天然景观石陪景。绿地两边植灌木构成隔离带（见图 5-38）。

图 5-38　姚关河滨河景观效果图

8. 姚关大峡谷景观

将公路沿线所经过的姚关河一级水电站水闸后，经大岭岗，跨中山河、鞧架河、旧城大沟，到新街，跨大龙沟、龙坎河，沿勐波罗河到达链子桥北桥头一线峡谷地带，命名为"姚关大峡谷"。在 K27+130 附近临崖侧塑石，正、反面刻写"施甸大峡谷"名字，标识施甸大峡谷（见图 5-39）。

9. 植物（独木）景观

在 K39+900 附近对大青树周围进行保护性清理，设置塑石，刻写大青树标识。

在 K41+020 附近对古树周围进行保护性清理、维护，形成一小型景观平台。

设置塑石，刻写古树标识及简介。

图 5-39　姚关大峡谷景观碑效果图

10.公路建设文化景观

（1）代表性工程景观。依托工程沿线有多处高填方、高边坡、安保设施、悬挑桥等，选择其中四处作为公路建设科技文化展示点进行展示。在 K38+500 附近，设立高填方标识，标注“施孟路第一高填方”。此处填方高达 81.8 米，是路线上高填方的典型代表。标识上注明填方的技术数据及设计、施工基本情况；在 K35+800 附近，设立高边坡标识，标注“施孟路最高边坡”。此处边坡高达 100 多米，是路线上高边坡的典型代表。标识上注明边坡的技术数据及设计、施工基本情况；在七个回头弯段，选择彩色路面作为安保技术有代表性防护点，设置标志碑，介绍安保设施的功能及主要技术参数。设立安保多样化标识；在 K28+160 处，滴水崖大桥搭桥处设置标志碑，简介滴水崖悬挑大桥主要技术参数。

（2）桥梁景观。依托工程沿线共有桥梁 19 座，其中：大桥 2 座，中桥 10 座，小桥 7 座。选择其中 5 座桥梁，用施甸文化元素命名桥梁，并用塑石铭刻，每座桥梁两端各置一处（见图 5-40）。

根据相关的文化主题，选择具有施甸文化代表性的元素，对路线桥梁进行文化命名。

（3）公路建设文化景观。在起点（K0+230 处右侧）、终点（K62+740）设置施孟公路设计、施工、监理、科研等建设单位记事碑。记事碑选用塑石或施工现场弃用的天然巨石，正面刻写包括设计、施工、监理、科研等建设单位名称、所承担的工作等在内的内容，做总体说明。

图 5-40　桥梁名景观碑效果图

命名桥梁参考表　　表 5-1

序号	桥梁技术名称	位　置	文化命名	文化元素
1	滴水崖中桥	K28+029	滴水崖大桥	生态文化
	滴水崖大桥	K28+160		
2	中山河小桥	K34+206	子龙桥	邓子龙抗缅平叛历史文化
3	龙坎河大桥	K56+500	金布朗大桥	布朗族文化
4	清水中桥	K58+300	通古桥	古道历史文化
5	温泉 1#桥	K59+062	温泉桥	温泉文化

第六章　公路文化景观建设评价

第一节　文化景观生态环境评价

公路建设与营运过程中,对沿线一定范围内的生态环境会产生不同程度的影响。尤其像西藏高原地区,生态自我修复能力弱,公路建设难度大,对自然环境的影响远比平原地区大。选线不当及施工中引起局部自然生态失调,会对沿线生态环境产生不良影响。在公路施工、运营与养护过程中,有害物质进入土中,污染地下水,导致饮用水和农业用水质量下降;由于地下水位变化和土壤遭到污染,可能使农作物减产,使用消冰雪的盐对水、土壤和农作物都有不良影响;汽车尾气和盐类有害物质影响公路沿线树木花草等植物生长,公路附近的动物容易被汽车撞伤、压死;公路选线不当,会破坏地貌、休息场所、风景名胜、文化古迹和自然保护区等。

公路文化景观建设或多或少都会对路域生态环境带来一定的影响。有的影响是直接的,如景观设施的土建工程,对岩土、植被、水体等的破坏;有的影响是间接的,如文化景观设置对环境景观系统的冲击等。特别是在生态自我修复能力较弱的高原高寒地区,有的负面影响是不可逆的,结果得不偿失。因此,在文化景观建设时,要充分估计对生态环境的影响,最大限度地降低负面影响。

对公路文化景观建设的评价,至今没有一套成熟的具有效力的评价体系。随着公路交通事业不断深入发展,在积累一定的实践经验基础上,构建从设计到施工、检测、检验和管养的评价体系,使公路文化景观建设有标准可遵循,将是今后的客观需要和趋势。

一、对生态环境负面影响

(一)文化景观建设工程的影响

与依托公路工程建设不同,公路文化景观建设工程对生态环境的影响总体来说是比较低的,也是可控的。

1. 公路建设工程对生态环境的影响

(1)对生态系统的完整性造成持续影响。条状形态的公路会造成对地域的分隔,破坏地域的整体性和延续性,改变沿线地区地表状态。尤其是封闭状态的高速公路,尽管用跨线桥、地下通道等构筑物将路线两侧沟通,但是,延绵成百上千公里的人工构筑物,从路基到路面都以实物形态将路域切割开,原生态环境系统被人为地撕裂成块状。在这种状况下,生态系统中的生物受到的阻隔,特别是动物的迁徙受到的影响将是非常严峻的。

(2)对生态环境造成局部破坏。通常情况下,公路路基工程特别是高等级公路路基较高,土方量较大,施工期间路堑的开挖、路基的填方对地表的扰动较大,路线两侧局部范围已有的植被易遭到破坏,土壤疏松,这种微地貌的改变,对降雨集中季节在雨水的冲刷作用下,不可避免地造成一定程度上的水土流失,给自然生态环境造成一定的影响。路基的取土、弃土,施工前临时占地,使路线所经过地区耕地及植被面积减少,路线两侧范围天然植被破坏。施工机械的碾压、人员的踩踏,使施工期临时用地土壤结构发生改变,影响作物生长,非耕地植被的自我恢复能力减弱。桥梁和隧道的修建,都会不同程度地破坏地表水和地下水系统,弃渣处置不当还可能随汛期暴雨流失,淤塞沟渠、河道等。

(3)建设性污染对环境的影响。建设性污染主要来自于公路工程施工过程中,产生的噪声、振动及排放的废气、废水、废渣。一些穿越聚居区和生态敏感区域的公路路段,施工中由于大型施工机械的作业,产生的噪声、振动会对周围生态环境造成影响。施工中排放的废气、废水、废渣也都会影响周边的空气质量、植物、水体以及耕地等环境。

2. 公路文化景观建设工程对生态环境的影响

可能造成对路域生态环境负面影响的文化景观建设工程,主要是比较大型的景观区。大中型文化景观区有的是单独设立的,有的是利用服务区、停车区等多功能区域设立。大中型文化景观区由于占地面积大,调用的资源多,土石工程量大,极易破坏区域生态环境。特别是在岩土易流失、植物易损毁、水系易失衡等敏感区域,应避免设置大中型文化景观区。

大型文化景观区工程,应将生态环境保护放在重要位置,并纳入依托工程的环境评估中。在大型文化景观营建过程中,一是要最大限度地保护原生态物,能不砍的树不砍,能不开挖的土不开挖,能保留的水体尽可能保留;二是要科学合理地修复生态系统,及时稳土固石、种草植树、引水导流;三是尽可能就地取材,用本土生态材料构建景观物。

保龙高速公路潞江坝服务区是一个大型服务区,建设过程中较好地控制了

文化景观营建工程对生态环境的影响。潞江坝服务区具有的地域文化特色，区域内规划有云南公路文化陈列馆、滇西抗战历史博物馆、民族民俗文化街、云南公路建设纪念塔等大型文化景观和设施。其中云南公路文化陈列馆，用大量的文化史料展示了从最古老的木桥、石桥、到怒江大桥，从南方丝路古道到保龙高速公路发展的历程和路域社会的变迁。包括修建滇缅公路、中印公路时的感人故事和昆玉路获得鲁班奖，思小高速公路被交通运输部授予示范路称号，小磨高速公路被交通运输部确定为典型设计示范工程，保龙高速公路"水泥靠马驮，钢筋靠人抬，碎石靠槽梭"的建设艰难等都被一一呈现。民族民俗文化风情街是另外一个亮点，多姿多彩的云南民族文化被集中展示，让行人感受云南民族风情，特别是傣族、傈僳族、布朗族等少数民族的民风民俗及历史。规划设计的云南公路建设纪念塔高达30余米，耸立怒江西岸。这些大型文化景观和设施，不可避免地需要大量开挖和填埋土石方，对地表物造成破坏。建设单位坚持文化景观建设与生态环境保护并重的理念，开挖填埋之处，同步进行固体、绿化，及时修复植被，在土建工程和景观工程结束后较短时间内，恢复了草木丛绿的环境。

（二）文化景观物对视觉环境的影响

公路文化景观视觉污染是指那些规划布局、设计不合理，造型失度，色彩不协调，无美感的杂乱无章并且与路域环境格格不入的低劣景观所形成的视觉环境污染。文化景观规划选点布局，一个重要的原则就是不要随意打破自然环境原有的视觉平衡，特别是大体量和对比色的文化景观的设置，更要十分谨慎。

以下文化景观，有可能形成视觉污染：

（1）体量过分大，并且凸显在周边环境之上的景观；

（2）在成片的树林、草地以及宽阔的水体、原地等单质视野背景下设置的景观；

（3）背景杂乱、地形复杂、构筑物较多、标识标志较多等处设置的景观；

（4）造型怪异的景观；

（5）金属、玻璃、塑料等材质构建的景观；

（6）色彩耀眼，与环境对比强烈，反差较大的景观；

（7）无内容、无美感的景观。

二、生态文明建设的客观要求

生态文明建设是我国新时期一项保证可持续发展、惠及子孙后代的重大战略决策。公路文化景观是以对生态环境负面影响较大的公路依托工程为营建基础，与公路工程一样，都肩负着生态文明建设的重任。总的来说，文化景观建设

中,要把握好以下要求:

1. 提高公路文化景观建设中环境保护意识

党的十八大以来,中央站在战略和全局的高度,对生态文明建设和生态环境保护提出一系列新思想、新论断、新要求,为努力建设美丽中国,实现中华民族永续发展,走向社会主义生态文明新时代,指明了前进方向和实现路径。建设生态文明,关系人民福祉,关乎民族未来。生态环境保护是功在当代,利在千秋的事业。要清醒认识保护生态环境、治理环境污染的紧迫性和艰巨性,清醒认识加强生态文明建设的重要性和必要性,以对人民群众、对子孙后代高度负责的态度,真正下决心把环境污染治理好、把生态环境建设好。生态文明建设是经济持续健康发展的关键保障,是民意所在民心所向。

公路文化景观建设应贯彻生态文明建设精神,在文化景观设计建造中,强化环境保护意识,促使人们密切关注环境的可持续发展,从而提高人们的环境保护意识,为实现经济与环境保护的良性互动、协调发展助力。

2. 公路文化景观建设与环境保护同步

公路文化景观建设的作用之一是展示旅游文化,传递旅游信息,吸引更多的游客到路域景区旅游,而旅游者无不把良好的生态环境作为最基本的出游条件。旅游资源的重要特色及优势,在于其原生态民族文化和原生态自然景观,保护好良好的生态环境是旅游业赖以生存和发展的基本前提。因此,公路文化景观建设与环境保护存在着内在的一致性,景观营建与环境保护应同步进行,协调推进。

保龙高速公路设有一个大型服务区和四个观景区。在文化景观建设是与景观区生态修复同步进行的,较好地实现了文化景观建设与环境保护同步(如图 6-1 所示)。

a)

b)

图 6-1　保龙高速蒲缥观景区文化景观建设工程竣工前后环境对比

a)竣工前;b)竣工后

3. 公路文化景观融入生态环境,形成天人合一的和谐关系

公路文化建设融入生态环境,形成天人合一的生态文化景观,既是生态环境保护的要求,也是公路文化景观自身审美的需要。以生态环境为背景的公路文化景观,从自身审美与作用的需要出发,都要将对环境的适从、借景、互补作为主动选择,体现文化景观的艺术创造性。天人合一是公路文化景观审美价值的最高境界,它展示的是公路文化景观这一以大地、山川、林木、蓝天为伴的特殊景观形式,超乎技术层面的人与自然和谐共生的理念。

昆明乐律武路的公路文化景观建设,紧紧依靠依托工程,高度融入路域环境,巧妙利用路线与溪河相伴而行的关系,打造出文化景观与路域山水融为一体的生态文化景观之路。全线文化景点、休闲点、景观水体及各文化路段的文化命名,充分展示了道路环境山水林木交融的特点。如主要文化景点、休闲点的命名有"隐谷探幽"、"枕山栖谷"、"林荫送爽"、"竹海听涛"、"竹林云海"、"林海田园"等;景观水体的命名有"小河淌水(观水)"、"涓涓细流(观水)"、"树荫照水(观水)"、"三叠垂帘(观水)"、"彩云映帘(听水)"、"林海溅花(听水)"、"泉水叮咚(听水)"、"幽谷飞歌(听水)""水中摘云(玩水)"、"挽溪逐梦(玩水)"、"戏水撒欢(玩水)"等;路段的命名有"山水共色——西山之春"、"彩云飞歌——彩云之声"、"行路流水——七彩之路"等。

4. 传播生态文明建设思想

公路文化景观内容十分丰富,用多种景观形式可表达宽广的主体内容。用文字、图片、造型等文化景观形式传播生态文明建设思想,宣传环境保护的意义、政策法规、科普知识等,对于推动生态文明建设具有较好的作用和效果。

保龙高速公路穿越高黎贡山国家生态保护区边沿,生态保护重任在肩。文化景观建设中,将所有的隧道用高黎贡山珍稀动植物命名,在隧道口用景观形式加以展现,景观营建与生态文明建设宣传一举两得,效果明显(见图6-2,表6-1)。

保龙高速公路隧道文化景观名称一览表 表6-1

序	隧道技术名称	位　　置	隧道文化景观名称
1	芭蕉林隧道	K559+158~K559+430/K530+400~K533+189	芭蕉林隧道
2	户冲河1号隧道	K562+315~K562+545	杜鹃王隧道
3	户冲河2号隧道	K562+845~K563+165	大桫椤隧道
4	户冲河3号隧道	K562+845~K563+165	木兰隧道
5	潮田隧道	K566+579~K567+090/K566+600~K567+155	雪兰隧道/蝴蝶兰隧道
6	里寨隧道	K568+845~K568+970	山茶花隧道

续上表

序	隧道技术名称	位　　置	隧道文化景观名称
7	范家寨隧道	K570+824～K571+060	木棉花隧道
8	镇保隧道	K572+165～K575+045/K572+165～K575+066	高黎贡隧道
9	汉滚塘1号隧道	K577+765～K578+345/K577+725～K578+285	铁杉隧道
10	汉滚塘2号隧道	K579+600～K579+980	秃杉隧道
11	张家寨隧道	K580+600～K580+800	老榕树隧道

图6-2　保龙高速公路隧道文化景观实景图

第二节　文化景观安全评价

一、选点布局对交通安全的影响

(一)文化景观序列密度交通安全的影响

所谓的把公路建设成文化景观长廊，并非连续性构建文化景观，事实上也不可能把主体功能是交通的公路打造成观景廊道。呈线状分布的公路文化景观，必须控制合适的序列密度，以保证公路交通安全畅通。

公路文化景观序列密度，指的是一段公路路线上分布的文化景观点数量，或者文化景观点相隔的距离。我们可以用一个基准里程来衡量文化景观疏密程度，表述为：公路线路(高速公路指单线)百公里所设置的文化景观点的数量，即为公路文化景观序列密度。如某公路100公里距离内，共有15个文化景观，可

以认为这条公路文化景观序列密度为 15%。

公路文化景观序列密度应该控制在怎样一个范围内，才比较适宜，对行车安全不产生影响？目前，并没有一个准确的实验数据。笔者曾对保腾高速公路过往驾驶员做过调查，大多数被调查对象觉得 3~5 公里出现一个文化景观点，令人欣悦；如果不到公里就出现一个文化景观点，会令人心烦。

根据测试，通常公路文化景观序列密度在 20%左右比较适宜，对交通安全的潜在影响较低。适度的、有节奏的文化景观序列密度，可以有限地刺激驾驶员的视觉，引起心理的兴奋，有助于消除驾驶车辆的疲劳感。

（二）文化景观选点定位对交通安全的影响

在控制文化景观序列密度的基础上，文化景观营造选点定位相当重要。公路文化景观营建点的分布，并非等距离几何间隔。在控制总体序列密度后，每一个文化景观点具体位置，应以线路线型技术特征对安全要素的要求，以及文化景观与环境配置后所产生的空间视觉场对行车安全的影响，综合判断选址的合理性。

通常情况下，下列路段不适宜作为文化景观营建点：

(1)视线不佳的弯道；

(2)视线不佳的坡道；

(3)多雾、侧风路段；

(4)狭长路段(明槽、峡谷)；

(5)隧道内；

(6)桥梁上；

(7)环境杂乱、复杂路段；

(8)其他可能导致行车安全隐患路段。

公路构筑物文化景观应该考虑多方因素，适当选择安全有保证的构筑物作为景观营建平台。一是不因文化景观营建而影响构筑的技术功能；二是不因文化景观营建使驾驶员产生误判而影响行车安全；三是不因文化景观营建影响构筑物后期维护保养和检修；四是便于文化景观维护。

二、景观形体对交通安全的影响

（一）文化景观体量对交通安全的影响

1. 路线环境对文化景观体量设计的影响

路域环境与公路构筑物形成的线路环境，对文化景观体量设计有着直接的影响。室外环境多样变化，文化景观背景复杂，观景角度多变。如何确定一个与路线环境相对协调的景观体量，必须进行实地观测和比选。一般情况下，空旷开阔，视野宽阔，林木稀疏等路线环境，文化景观单体体量可稍大。路线起伏弯曲，视野狭窄，谷地坡地等路线环境，文化景观单体体量可略小。不过，总体而言，路域环境下，文化景观体量应比相似城市社区环境的单体景观大15%~20%。

除路域环境影响文化景观体量设计外，观赏方式也制约文化景观体量大小。一般情况，主要在行驶车辆上动态观赏的文化景观，其体量要比静态观赏的文化景观体量略大10%。

2. 文化景观体量对交通安全的影响

过大的单体文化景观，在距离车行路线较近的情况下，会对驾驶员产生压迫感。这种压迫感来自于高大体量单体文化景观出现在驾驶员视线范围内时，相对位移引起视觉的不适，造成驾驶员紧张。特别是跨线、临近路线、隧道口、桥头等处的大体量景观，以及弯道处、坡道处突然出现的大体量景观，往往容易让驾驶员感到倾危和紧迫，出现心理和肢体的紧张反应。

体量较小，与环境不适的文化景观，容易引起驾驶员的注意力分散，影响行车安全。如路旁灌木中若隐若现的文化景观，不清晰的轮廓，会造成驾驶员短暂的猜测和疑惑。

（二）文化景观材料对交通安全的影响

采用与环境融合的材料营造文化景观，既可以使景观效果与环境协调，又能适应驾驶员视觉需要，减少安全隐患。不同的材料有不同的质感、色彩和反光性，形成景观实体后，这些性能有可能带来驾驶员不同的视觉感受，有的是危及行车安全的负面作用。

经验告诉我们，以下材料不宜用作营造文化景观的主要材料。

（1）反光材料。如玻璃、光面金属、反光油漆以及其他反光材料。这些材料反射的阳光、车灯光等，极易刺激驾驶员的眼睛，使驾驶员视觉眩晕，危及行车安全。

（2）发光材料。用电源做能源的发光体，不适宜用作文化景观营建材料。文化景观上的发光体，一是容易刺激驾驶员的眼睛，影响驾驶员的视觉；二是容易与交通灯光标识混淆，造成驾驶员的误判。

（3）荧光材料。文化景观上使用荧光材料，最大的隐患就是与交通标识混淆，特别是夜间行车，很容易引起驾驶员的误判。

（三）文化景观造型对交通安全的影响

文化景观造型对交通安全的影响，主要源自驾驶员的好奇感引发对景观造型的解读，从而分散驾驶注意力。

总体而言,公路文化景观造型应简洁大方,主题鲜明,写实性强,符合大众审美情趣,通俗易懂。尤其是在行驶车辆上动态观赏的文化景观,更应力求简洁,一目了然。

1. 动态观赏文化景观造型对交通安全的影响

一些设置在路线旁或在跨线构筑物上的文化景观,通常是在行驶的车辆上动态观赏。这些景观的造型不宜复杂,应尽可能简单明了。一般采用平面构图形象或者整体简单造型,不宜过多雕饰和烦琐构图,更不宜设置内容丰富、造型多样的情景组合景观。

造型复杂、构图烦琐的文化景观,极易引发驾乘人员解读,分散精力,危及行车安全。奇异、繁杂的景观,常常是车上枯燥乏味的乘员议论的对象,带动驾驶员参与讨论,由此构成安全隐患。

2. 静态观赏文化景观造型对交通安全的影响

静态观赏的文化景观大多设置在服务区、停车点、观景台等区域,驾乘人员需停车观赏。这些区域的文化景观对行车安全影响甚微,可根据景观自身需要构图造型。

(四)文化景观色彩对交通安全的影响

1. 与交通安全相关的敏感色

与交通安全相关的敏感色,主要是指与国家相关法规规定的标志标识色彩相同或相近的颜色。如,交通信号里的警告标志使用黄色;交通信号里的禁止标志使用红色;交通信号里的指示标志使用蓝色;交通信号里的旅游区标志使用棕色;等等。在文化景观中使用与交通安全相关的敏感色,容易使驾驶员产生联想,引起误判,影响行车安全。

2. 公路文化景观适宜中性色

中性色中的灰色系列通常比较柔和,给人轻松、沉稳、大方的感觉,不刺眼,可避免视觉疲劳。中性色还能比较自如地与其他颜色搭配,自然地融入环境。

一般情况下,公路文化景观主体或者大面积的色彩,除了要避免使用与交通安全相关的敏感色外,应尽可能使用能协调地融入环境的中性色。有的景观营造材料,如石材、木材,其色彩本身就是或者接近中性色,应该成为主要用材。文化景观使用中性色能较好地与交通安全相关的敏感色区别,对行驶中驾驶员视觉刺激较弱,增加行车安全性。

当然,在一些不直接影响驾驶安全的区域设置的文化景观,可以适当采用满足景观内容和形式需要的其他色彩。如服务区、停车区、观景区、出入口等区域设置的文化景观,可以主要根据文化景观本身的需要,设计不同色彩风格的景观。

第三节　文化景观对路域经济社会发展的评价

一、对路域经济发展的积极影响

公路文化景观建设,对路域经济的发展起着重要的助力作用。当今世界,旅游业已经成为发展最快的产业,被称为“朝阳产业”、“无烟工业”。旅游业的飞速发展,已经成为中国经济增长重要力量,是国民经济战略性支柱产业。在拉动中国经济的“三驾马车”中,旅游消费的贡献不可低估。

包括西藏、青海、云南、新疆等在内的西部地区,旅游业面临着千载难逢的发展机遇。在这一背景下,旅游资源深度开发、旅游产品系统打造、旅游客源市场拓展和旅游区生命周期延展等多方面,都将产生深刻的变化。公路文化景观建设,很好地利用了作为旅游必要条件的公路交通这一不可或缺的平台,大力宣传推广路域旅游产业,其作用和效果将是其他许多手段无法比拟的。

以保腾高速公路文化景观建设为例,在短短 60 多公里的路线上,规划建设的文化景观紧扣腾冲旅游主题,使这段高速公路成为游客进入腾冲前的旅游文化“浏览器”。

(一)把握展示旅游文化的基本思路和原则

1. 找准文化景观建设的切入点

在公路文化景观建设中,保腾高速公路紧紧联系依托工程,从依托工程实际出发,找准文化景观建设切入点,确保文化景观建设取向正确。保山至腾冲高速公路起于保山至龙陵高速公路小田坝互换点,止于腾冲县中和乡,全长 64 公里。项目概算投资 46 亿余元,双向 4 车道,设计时速 80 公里/小时。全线共有特大桥 2 座,大桥 114 座,中小桥 48 座,分离式隧道 3 座,互通式立交 4 处。其中,龙江特大桥为云南省首座大跨径加劲吊桥,桥高达 278.3 米,是保腾高速公路的控制性工程,也是项目创造“历史文化之旅、自然景观之旅、国际通道之旅”的标志性建筑。公路穿越高黎贡山、龙江大峡谷等自然生态屏障,沿途环境优美,地域特色文化丰富,自然资源富集,旅游景观密布。坚持敬重自然,顺应生态,建设与自然和谐相融的旅游文化景观公路,是保腾高速公路文化景观建设的关键所在。

保腾高速公路沿线历史文化资源丰富,民族民俗文化独具魅力,以公路为载体,展示和传承沿线特色文化,助推沿线旅游文化产业发展,是保腾高速公路建设的重要任务。公路特殊的地理位置和区位优势,决定了保腾高速公路的建设必须认真践行“路畅人和”的核心价值观,充分拓展公路的服务功能,努力将该

路建设成为民族团结之路、惠民便民之路、促进旅游事业发展之路。高品质建设好保腾高速公路对完善国家高速公路网和云南省干线布局，对畅通西南国际大通道、融入“孟中印缅经济走廊”建设，对打造滇西公路文化走廊、重铸南丝路文化辉煌、实施“两强一堡”战略，对推动沿线各民族地区经济社会的可持续发展都具有重要而深远的意义。

2. 理清旅游文化景观建设思路

基于保腾高速公路沿线自然、人文资源特征及特殊的区位优势，结合云南打造滇西公路文化走廊的部署和要求，在文化景观建设过程中，要重点落实“文化内容特色化，景观作品普适化，景观用材生态化，景观建设经济化”的建设理念。一是坚持因地制宜，景观树木、花卉本土化，景观用材经济、耐用、生态、环保，节省投资，控制成本。二是艺术生动地展示沿线特色文化内容，尽量使文化景观具有参与性和吸引力。三是将“节能减排和低碳公路”的建设要求，体现到文化景观建设中。与此同时，认真落实“道路、自然环境、文化景观、工程及运营安全统筹协调”的指导思想。尽量减少对自然生态的影响，避免文化景观建设破坏自然环境和形成新的安全隐患，力争做到路与自然环境、路与景观、路与安全、景观与自然环境、景观与安全相互借力，和谐统一。

在文化景观建设工程与依托工程衔接上，确立分期建设的思路。保腾高速公路工程建设先于文化景观建设工程竣工，工期上的时间差带来文化景观建设时间紧，任务重。为保证文化景观建设能够更好地配合公路的建成通车，结合保腾高速公路建设进度安排，采取分期建设的思路推进保腾高速公路文化景观建设。隧道文化景观、主题形象及分段形象展示、桥名石展示设计、标段责任碑石、旅游文化标识标牌作为一期工程。腾冲服务区文化景观设计、港湾停靠站文化景观设计、取土场设计作为二期工程。

保腾高速公路文化景观建设主要通过充分展示路域特色旅游文化，彰显公路交通建设精神内涵，创设具有特色的保腾高速公路视觉系统，构造具有文化品位的高速公路服务区来实现。

在充分展示路域特色旅游文化方面，一是在港湾停靠站适当展示具有特色的地域历史文化；二是适当设置旅游景点景区的宣传标识标牌；三是通过服务区的历史文化墙、雕塑墙、雕塑小品等，有重点地展示路域历史文化及民族文化；四是在隧道、收费站及跨线桥等的命名及外观装饰设计中适当融入地域文化；五是将展示和传承地域文化的部分景观作为远景规划设计。

在彰显公路交通建设精神内涵方面，一是把公路交通文化特别是保腾高速公路建设文化、公路建设单位企业文化摆在重要位置；二是服务区增加公路交通文化，如南丝路简介、南方丝路路线分布图、南丝路历史作用，史迪威公路路线分布图、史迪威公路历史作用等；三是主要标识系统采用公路建设单位 LOGO，加大对企业文化的展示分量。

在创设具有特色的保腾高速公路视觉系统方面，一是主题形象、分段形象、服务区及港湾停靠站主体景观中使用公路建设单位 LOGO；二是针对保腾高速公路沿线人文历史及自然特点，对 VI 系统进行延展设计；三是将公路建设单位企业文化合理融入视觉系统设计中。

在构造具有文化品位的保腾高速公路服务区方面，一是加强与服务区规划设计单位，特别是建筑结构设计人员的交流与沟通，对服务区的功能布局认真进行优化；二是在服务区的设施建设和文化景观设置时，既要充分考虑人性化服务的功能拓展，又要切实体现文化景观特色和亮点；三是通过一定的艺术方式，适当增加公路交通文化内容；四是合理表现地域历史文化、民族民俗文化的展示内容，控制文化景观建设数量和投资成本；五是要着力重点展示路域旅游文化，助推地域旅游事业发展。

3. 把握好展示旅游文化的基本原则

在展示路域丰富的独具特色的旅游文化方面，保腾高速公路文化景观设计主要遵循确保公路交通安全通畅；提高公路交通文化品位；高度重视公路建设生态环保；切实促进工程与文化景观相协调；积极彰显地域民族文化特色；努力拓展良好的服务功能等原则。安全通行是公路建设的基本原则，保障安全通行是公路建设的重中之重。因此，文化景观建设必须坚持文化创意服从于安全通行的基本原则，合理进行文化景观建设。保腾高速公路文化景观的建设，将围绕“保腾高速公路科技示范工程”课题组研究成果，以课题研究所提出的总体理念和思路作为理论指导，将公路文化景观建设的有关部署和要求逐项落实到设计及施工全过程，力求所设计出的文化景观能够在符合交通安全规范的同时，具有良好的视觉美感，有效缓解驾乘人员视觉疲劳，营造安全、舒适、愉悦的行车环境。在充分挖掘和提炼路域特色文化因子的基础上，通过景观设计、雕塑艺术、书法艺术、导视标识等多种方式，将公路交通文化、地域历史文化及地域生态文化等特色文化有机植入景观之中，提升保腾高速公路的文化品位。“不破坏就是最大的保护”。在保腾高速公路文化景观的设计中，秉承生态化建设的原则，按照“节能减排和低碳公路”建设的要求，重视沿线生态环境保护，文化景观工程充分体现低碳性、生态化。同时尽可能采用经久耐用、经济实用的材料，减少文化景观建设的工程投资，控制建设成本。保腾高速公路文化景观的建设，将以“道路、自然环境、文化景观、工程及运营安全统筹协调”为指导思想，尽量减少

对周边自然生态的影响，避免文化景观形成新的安全隐患，力争做到路与自然环境、路与景观、路与安全、景观与自然环境、景观与安全相互促进，和谐统一。在文化景观建设中，既充分尊重地域特性和民族民俗，同时又应当积极彰显地域民族文化特色文化特色，分段展示和传承地域特色文化、民族民俗文化，并切实发挥保腾高速公路文化景观建设对路域文化旅游产业发展的助推与促进作用。通过文化景观建设和服务功能拓展，努力做到展示传承文化、增进民族团结、助推旅游发展、树立行业形象等多功能统筹协调；努力做到全方位、高质量和高水平的服务驾乘人员，服务沿线群众及服务地方经济社会发展。

(二)围绕旅游文化规划设计主题景观

保腾高速公路文化景观设计构思，要立足旅游文化的展示，从深入提炼文化元素、艺术性的文化表达、凸现文化景观重点三方面来实现。文化景观设计内容主要包含主题形象及分段形象展示设计；隧道文化命名及文化景观设计；桥梁文化命名及桥名石展示设计；腾冲服务区文化景观设计；港湾停靠站文化建设内容及景观设计；标段责任碑石展示设计；旅游文化标识标牌应用设计。

1. 文化元素筛选提炼

根据保腾高速公路沿线自然及人文资源分布的实际，结合保腾高速公路文化景观建设的目标定位，从公路交通文化、地域历史文化、路域生态文化和民族民俗文化等方面筛选和提炼文化元素。

在公路文化方面，路域积淀的文化内容，许多都具有独特旅游文化吸引力。如南方丝绸之路文化、高黎贡山古道文化、史迪威公路文化、保腾高速公路建设文化等反映滇西南交通的前世与今生的公路交通文化。

在地域历史文化方面，作为保腾高速公路终点的腾冲，自古以来成为极边，千百年来一直都在沉积历史文化精髓。腾冲的戍边文化、侨乡文化、抗战文化等都是地域历史文化最重要的内容。

在路域生态文化方面，路域尤以高黎贡山国家生态保护区为骄傲。腾冲无与伦比的优秀自然生态系统，包括火山热海、湿地、森林、江河等景观化的自然物，在旅游文化价值评估中，都是顶级和不可复制的；龙陵的温泉、黄龙玉，腾冲的翡翠、火山石、硅藻泥等，都是路域生态文化的杰出代表。

在民族民俗文化方面，公路沿线傣族、景颇族、傈僳族、布朗族等少数民族文化和以腾冲和顺古镇为代表的聚落文化，都蕴含着十分丰富的旅游文化元素，从路域民族民俗文化各种形态中提炼总结出的独特的民族民俗文化元素，用适当的景观方式加以展现，能很好地向游客传递旅游文化信息，引导游客游览。

2. 文化景观布局与序列设计

对路线地形进行深入分析、梳理,因地就势布置景观设置空间,疏密有致地安排文化景观布局点,形成地域特色明显的文化景观序列。提取沿线最具特色的公路文化、民俗文化、历史文化和生态文化,采用多种材质、多种颜色和多种形式加以表达。在整体视觉识别系统基础上,根据各个地区的不同民俗、历史、景观文化背景,分段提炼出具有当地特色的设计元素,并将这些视觉符号与良好的导视功能相融合,进行针对性的地域文化视觉导视设计。

在起点处以雕塑形式体现"保腾高速,龙腾极边"的主题形象。在各文化主题段选取适宜位置,以不同的艺术表现方式,分别展示"龙予龙陵"、"龙行高黎"及"龙腾极边"3 个分段形象。

保腾高速公路腾冲服务区,不仅是提供服务的重要窗口,展示交通运输行业形象的重要窗口,还是展示和传承文化最重要的平台和载体。因此,在服务区规划设计具有腾冲地域文化特色的主题文化景观,从建筑物、文化景观小品、特色标识标牌及植物等方面系统植入特色文化,提升服务区的文化品位,拓展服务区的综合服务功能,助推腾冲旅游文化产业发展,培育旅游经济增长点。

围绕"保腾高速,龙腾极边"主题,系统植入腾冲历史文化,拓展公路服务功能。在植入文化时,充分考虑腾冲火山地质地貌、温泉等地域特色元素。艺术展示腾冲特色文化及旅游资源;服务设施及服务区景观融入文化元素;设置特色超市,主要经营腾冲特色旅游商品,如:翡翠、火山石、腾冲饵丝、大救驾等;规划特色餐饮及相关特色旅游项目。

重点打造公路交通文化景观,适当植入腾冲历史文化,宣传推介腾冲旅游文化资源。建设重点建筑群落,融入火山、温泉等元素进行装饰。重点文化景观小品打造中,以火山石等当地特色石材塑造公路交通文化展示墙,介绍保腾高速建设概况、路线分布图、南方丝路文化、史迪威公路文化等,适当展示腾越文化(抗战文化、侨乡文化、玉文化及地质文化等)及腾冲名人轶事、"三宝"、名村名镇等;采用以火山石装饰的石灯;采用火山石或其他材料打造的休闲坐凳及垃圾桶;融入腾冲特色文化元素设计标志性指示牌、功能性指示牌、店名招牌;特色标识标牌适当展示云南公投企业文化及地域特色文化;服务区内设置导视牌,把服务区功能布局图与周边旅游资源分布图整合在一起;以乡土树种为主的植物景观;在上行线 B 区设置徐霞客雕塑;在下行线 A 区设置仿玉式文化小品;在服务区规划特色餐饮及相关特色旅游项目。

重点打造滇桥荟萃港湾停靠站及高黎览胜港湾停靠站,其他港湾停靠站主要满足游客临时停车观景的需要。凡在景观石上刻写港湾停靠站名,不出现

"港湾停靠站"字样,例如,"滇桥荟萃港湾停靠站"只需刻写"云南公投 LOGO · 保腾高速"及"滇桥荟萃"即可。

重点打造隧道桥梁文化景观。根据不同文化主题段的文化特色,对于滇玉隧道、鹿山隧道、腾越隧道、来凤隧道 4 个隧道,适当融入文化元素。隧道名请沿线书法家书写,每个文化段隧道名统一采用与桥梁名相同的颜色。隧道洞圈采用反光材料处理,提高夜间行驶视觉安全性,同时增强隧道景观效果。以不同的艺术表现形式在石材正面展示桥名及桥梁概况,在石材背面刻写责任碑内容;桥名请沿线书法家书写,在全线形成一条具有特色的书法艺术长廊。

(三)凸显路域代表性特色旅游文化亮点

1. 总体形象文化景观

提炼腾冲地域特色文化,融入腾冲玉石文化元素,在公路起点设置保腾高速公路主题形象"保腾高速　龙腾极边"文化景观。配置文化墙,展示、传承公路交通文化,包括保腾高速建设概况、路线分布图、南方丝路文化、史迪威公路文化等;适当展示腾冲丰富灿烂的腾越文化(地质文化、戍边文化与抗战文化、古镇侨乡文化、商贾贸易文化、玉文化等)。

保腾高速公路总体形象概念定位为"保腾高速,龙腾极边"。腾冲玉石交易频繁,有"翡翠第一城"的美誉,玉文化浓厚,公路起点雕塑拟借用翡翠手镯样式,采用 4 个翡翠圈错落排列,给人塑造一种艺术美感及想象的空间。翡翠圈内艺术性地排列"龙腾极边"四字,基座外围刻写"保腾高速"四字。整个雕塑突出展示腾冲作为"中国珠宝第一城"的重要地位,有效宣传推广腾冲地域特色文化。景观物主体高 6.5 米高,醒目、大气;材质选用耐腐蚀、不易褪色的花岗岩等(见图 6-3)。

2. 隧道文化景观

保腾高速公路龙玉隧道口(龙陵端)文化景观的构造,主要体现了如下特色:以云南知名玉石腾冲翡翠为设计元素;隧道洞门采用翡翠手镯环造型装饰设计,隧道名以翡翠毛料石刻写;洞口前置石刻写责任碑内容;隧道出入口两端设计风格均保持一致;隧道洞圈采用反光材料处理,提高夜间行驶视觉安全性(见图 6-4)。

3. 抗战主题文化景观

保腾高速公路服务区滇西抗战主题文化景观,主要用文化墙的形式,展示中国军民滇西抗战的英雄壮举。文化墙采用浮雕墙与文字介绍相结合的形式,两端采用寸氏宗祠门前石斗,顶部以宗祠大门门头(南亚风格)为设计元素,既弘扬与传承滇西抗战精神,又使得文化展示具有历史深度(见图 6-5)。

图 6-3　保腾高速公路总体形象名碑景观效果图

图 6-4　龙玉隧道口景观效果图

滇西战役，历时 8 个月零 16 天，共歼日军 22600 多人，我军伤亡 64860 余人。1943 年 3 月，中国驻印军 6 万将士，一面筑路，一面进攻缅北之敌，亦大获全胜。1945 年 1 月 27 日，中国远征军与中国驻印军、盟军胜利会师于缅境芒友。滇缅、中印公路胜利打通。滇西抗战，创全歼日军之范例，开收复国土

之先声，国人深受鼓舞，盟国为之振奋，滇西人民功不可没。仅保山地区就出动支前民工 20 多万人，修公路，建机场，筑工事，运军粮、送弹药、抬担架，牺牲民工 24600 多名。其中保山县就补充出动骡马 119 万多工日，驮牛 32 万多工日，死亡牛马 5900 多头。供应军粮大米 3580 万公斤，马料 445 万公斤，猪牛肉 232000 多公斤，其他物资不计其数。海外侨胞爱国爱乡，出钱出力，共赴国难。南洋侨领陈嘉庚，组织华侨机工 3000 多人回国运送抗日军需，1000 多名机工为国捐躯。保山旅缅侨领梁金山，动员华侨，捐资修建惠通桥，捐献汽车 80 辆，抢运抗战物资。中国军队和滇西人民在抗日战争中，不畏强暴，不甘沦亡，为正义献身，为和平而战，其反抗日本帝国主义侵略之伟大爱国精神，光照日月，永垂青史。

图 6-5　滇西抗战主题文化景观效果图

4. 侨乡主题文化景观

腾冲是云南第一侨乡，侨乡文化是腾越文化的重要组成部分。和顺、绮罗是腾冲县内侨属侨眷最多的地方，各种侨乡宗祠、民居和有文化品味的建筑至今保存完好。亦侨亦商亦儒是腾冲侨文化的显著特点，“男儿走四方，找钱建家乡”是腾冲侨文化的典型代表。古老的火山台地之上，成千幢特色民居依山傍水而坐，鳞次栉比，举手投足之间便可触摸到斑驳的岁月和丰厚的侨乡文化气息（见图 6-6）。

5. 火山地质主题文化景观

以火山为主要特征的腾冲地质文化，也是腾越文化的重要组成部分。腾冲附近有各种类型的火山堆、火山口、熔岩台地、熔岩流、堰塞湖泊等火山地貌形态,构成奇特的火山旅游景观。这些火山形成于距今约 340 万年到 1 万年间,其中距今约 1 万年左右形成的火山共 4 座。较早时期形成的火山熔岩由于遭受长期强烈风化,火山锥体大多破坏,仅保存 6 座仍能见穹丘地貌或火山山体的火山。地质文化景观墙以柱状节理的纹理为元素设计石柱,展示腾冲特有的火山地质文化(见图 6-7)。

图 6-6　侨乡主题文化景观效果图

图 6-7　火山地质主题文化景观效果图

6. 高黎贡山生态主题文化景观

高黎贡山作为国家级自然保护区和世界生物圈保护区网络成员,横空出世,纵贯千里,经历了万古恒寂的苍茫。在人类环境意识普遍觉醒,科学发展观渐入人心,“回归自然”的渴望日趋强烈的今天,高黎贡山已成为举世瞩目的人类自然遗产,“三江并流”奇观中一个魅力无穷的绿色品牌。并以其生物多样性、景观多样

性、文化多样性备受海内外生态学界、文学艺术界以及越来越多的大自然恋者的极大关注和推崇。高黎贡山有高等级植物2000多种,野生动物600多种,被称为"自然博物馆"和"物种基因库",因此也被称为"人类的双面书架"。而"世界杜鹃花王"——大树杜鹃也在高黎贡山,树龄达280多年,以鲜艳的硕大无比的花朵和磅礴的气势独领风骚。此外还有与大树杜鹃齐名共同录入《永昌二芳记》的山茶花,而秃杉、银杏、红花木莲,这些对生存条件格外挑剔的树种,在高黎贡山也能找到它们的福地,尽情地繁衍生长。高黎贡山生态文化主题景观见图6-8。

图6-8　高黎贡山生态主题文化景观效果图

7. 古西南丝绸之路主题文化景观

"古西南丝绸之路"的川滇段有两条道路。一条走"古牦牛道(灵关道),从成都出发,经双流、新津、邛崃、名山、雅安、荥经、汉源(窄都)、越西、喜德、冕宁、西昌、到达会理以后,折向西南行,经攀枝花,渡金沙江至云南大姚,最后到达大理。另一路从成都出发,经彭山,沿岷江而下,经乐山、宜宾,再沿秦代开凿的"五尺道"南行,经高县、筠连、向西折入横江河谷,经豆沙关、大关、昭通、曲靖、昆明,最后到达大理。两条路在大理会合后,经保山、腾冲、盈江到达缅甸境内的八莫,从八莫出发又有水陆二途到印度。从印度又可通中亚、欧洲。通过"古西南丝绸之路",中国的丝绸、蜀布、筇竹杖、工艺品、铁器等源源不断地输出,国外的琉璃、宝石、翡翠、光珠等输入。到了唐代,这条丝路更加兴旺发达,经久不衰。它是中印两个文明古国最早的联系纽带,对中外社会、经济、文化的交流做出了重要贡献。

上述这些主要的主题文化景观,对于展示路域旅游文化资源,导引游客游览动机,传递旅游景观信息,助推极边腾冲旅游事业发展将产生积极的作用。

二、对路域城乡社会和谐发展的积极影响

(一)公路文化景观在和谐城乡建设中产生积极作用

公路文化景观建设在促进路域城乡建设和谐发展方面具有很好的推动作用。公路是沟通城乡的重要途径,是推进新城镇建设的必备基础条件。在当今我国大力推进新城镇建设背景下,公路文化景观建设使得连接城乡的通道成为文化交流与传承的纽带。路域文化的发掘和保护、特色文化的再发现,使原本被大山和大河、丘陵隔断的区域与城市融合,区域文化得以交流,居民文化素质得到提升,观念会更加的开放,各民族之间会更加的相互了解和理解,和谐城乡建设会得到全面的发展。

通过公路文化景观建设,能够更新路域人们的思想观念,增强开放意识,提高居民的文化素质,从而营造有利于和谐新城镇建设的环境。地处远离大中城市的偏远山区,信息相对闭塞,人们的观念较为落后,不能适应现代经济社会发展创新的要求,这也是制约路域经济发展的一个重要因素。文化景观建设可利用形象手段,传播改革创新观念,提升路域居民解放思想,力图创新发展的要求。公路文化景观建设,助推路域旅游业发展,增加路域居民收入,推动农村社会公共设施的改善,从而使当地居民受益,缩小路域城乡差距。

(二)公路文化景观建设延伸到乡村

公路文化景观建设不仅在国家高级公路、省道县道上进行,还应在通往乡村的公路上因地制宜地适度。新城镇、新农村和美丽乡村建设,为低等级公路文化景观建设提供了广阔的平台,丰富的乡村文化为文化景观建设提供了生动的、多姿多彩的素材。把公路文化景观建设延伸到乡村,是公路文化建设发展的必然要求。

云南省昆明市东川区实施的“东川因民镇通乡油路品质提升设计”项目,针对乡镇公路交通建设发展进行深度分析研究,对乡镇公路文化景观建设进行了有益的实践探索。项目围绕保障公路交通安全畅通前提下,充分展示文化景观优美形象,有效促进文化景观与自然景观的协调相伴,积极实现主体景观与附属景观的和谐相宜,力求体现现代科技与人文因素的互动整合。

1. 通乡公路文化景观建设要求

“东川因民镇通乡油路品质提升设计”项目文化景观设计,明确提出了 7 个方面的要求,作为系统控制文化景观建设总体目标。

(1)充分利用沿线丰富的石料资源,因地制宜、就地取材、降低成本,修建一条经济、适用、耐久的路。

(2)结合沿江公路地形险峻,行车安全隐患突出的特点,认真做好道路安全

防护工程设计，修建一条安全示范之路。

(3)结合沿江公路生态环境脆弱的实际情况，充分利用适宜本土生长的合欢树、高桐等树种，进行边坡绿化和生态修复工程设计，修建一条生态环保之路。

(4)充分研究沿岸雄、奇、险、秀、曲径通幽的自然山水风光，利用地形修建停车区、观景区、观景摄影平台等人性化服务设施，实现以人为本，助推沿江旅游发展，从而带动沿线群众增收致富。通过工程措施和绿化，景观小品营造，实现"路在江上走，水在路边流，车在景中行，人在画中游"的旅游景观之路。

(5)充分利用沿岸和公路开挖出来的各种景观石，作为交通标志、地名标志、文化标志、动植物保护标志以及泥石流灾害防治的科普宣传物品，打造一条科普示范路。

(6)充分挖掘和提炼沿岸的文化资源，利用公路这一载体进行展示和传承。展现东川人民不畏艰险，勇往直前的金沙之魂和负重自强、图谋发展的大无畏精神，全面提升公路的建设品质和文化品位，把沿江公路建成一条特色文化之路。

(7)文化景观设计中最大限度方便群众出行、服务沿线发展，建设一条惠农便民之路。

2. 通乡公路文化景观建设原则

"东川因民镇通乡油路品质提升设计"项目文化景观建设，文化素材主要来源路域历史文化。一是东川铜文化，包括东川铜业历史、古铜栈道及其路线分布、东川铜铸代表性作品、东川铜业发展大事记等；二是东川历史文化，包括石达开部队过东川历史、红军渡金沙江历史等。

东川因民镇通乡油路品质提升的文化景观设计原则，主要把握5个方面。一是以安全通畅为前提，在保证工程安全和后期交通运输安全的前提下，依托通乡油路周边生态环境及文化景观营造，提升通乡油路文化品质品位；二是以文化艺术性为手段，在充分挖掘和提炼路域特色文化因子的基础上，通过景观设计等方式，将东川地域历史文化有机植入景观之中，提升通乡油路的文化品位；三是以环保实用为重点，重视沿线生态环境保护，尽量不破坏公路沿线生态环境，文化景观建设尽量使用公路沿线石材、本土树种，使文化景观工程充分实现低碳性、生态化，使通乡油路文化景观与自然景观和谐相融；四是以路域民族性为特色，在文化景观建设中，充分尊重地域特性，积极展示地域民族文化特色，充分体现通乡油路文化景观建设对沿线旅游文化产业发展的助推与促进作用；五是以优质服务功能为目标，通过文化景观建设和服务功能拓展，努力做到展示传承文化、助推旅游发展等多功能统筹协调，努力做到服务驾乘人员、服务沿线群众、服务地方经济社会发展。

3. 文化景观布局及序列设计

东川因民镇通乡油路品质提升的文化景观布局，采取点线结合结构展开。以公路起点文化景观、金东大桥观景点文化景观、“川滇同心岛”文化景观点、“树桔红军渡”文化景观点、“乱石飞泉”停靠站文化景观以及公路终点文化景观为序列，选位定点，用不同的形式营建。

文化景观序列包含以下主要景观：

(1) 主题形象景观。在公路起点观景点挡墙上刻写主题形象“金沙魂铸赛蜀道——因民镇通乡油路”；在公路起点处观景点展示公路主题形象及简介、科技示范工程简介。

(2) 金东大桥观景点。用三级文化景观平台营建相关景观物，展示以金沙江为背景的文化。

(3) “川滇同心岛”观景点。适宜位置设置景观石，刻写“川滇同心岛”。

(4) “树桔红军渡”观景点。展示石达开部队过东川历史故事；展示红军渡金沙江历史故事。

(5) 公路终点观景点。设置与东川铜历史、铜文化有关的雕塑小品，适宜位置处系统介绍东川铜历史、古铜栈道及其路线分布图、东川铜铸代表作品、东川铜业发展大事记。

4. 主要主题文化景观

(1) 金沙江主题文化景观

金沙江主题文化景观构建三级景观平台。一级观景台设计为“望川台”，以观景为主，观景台适宜位置处以金沙石刻写“望川台”三字，“望川台”防护栏造型采用最原始、古朴的铁链。距停车带垂直高度约 6 米处的位置设置为二级观景平台，观景平台上设有金东大桥简介，适宜位置处刻写“川滇同心架金桥，东川会东变通途”。距二级观景台垂直高度约 3 米处设置为三级观景平台，观景台上进行金沙江文化展示(金沙江概况、金沙江流域分布图、与金沙江有关的诗词)。

在金东大桥观景点三级观景平台文化墙上，用竹简造型艺术地表现金沙江文化。竹简的设置在宽窄、间隔距离、高低起伏上有所变化，体现艺术美感；金沙江流域图分布采用浅浮雕形式表现。

(2) 铜业历史主题文化景观

铜业历史主题文化景观布局在公路终点，用主题雕塑形式加以展现。以人物雕塑的形态还原出东川人民对发展铜业最淳朴、最真实的期盼，既充分体现作为东川骄傲的铜业对经济社会发展和人民生产生活的重要性，又能很好地诠释东川人民对铜的崇敬之情；辅助雕塑以“刀币”为设计元素，展示东川铜业发展

重要历程(见图 6-9)。

图 6-9　东川铜业主题文化景观效果示意图

(3)树桔红军渡主题文化景观

1935 年 5 月,中国工农红军第一方面军第九军团从东川树桔巧渡金沙江,出色完成了中央军委下达的牵敌任务,取得了长征战略转移中具有决定意义的胜利,书写了中国革命史上光辉的一页。

“树桔红军渡”观景点,设置红军渡金沙江情景雕塑,集中展示红军渡金沙江时的英勇、顽强和机智;雕塑基座上刻写红军渡金沙江历史故事;辅以石达开部队过东川历史故事,一成一败,形成强烈对比,彰显历史,昭示经验与教训。配植合欢、凤凰木及攀枝花等植物景观(见图 6-10)。

图 6-10　树桔红军渡主题文化景观效果示意图

第七章　公路文化建设理论思考

第一节　路域文化在公路上的景观化

一、路域文化在公路上景观化的基本原则

（一）文化的景观化

文化是一个极为庞大、丰富和复杂的系统，存在的形式多种多样。路域文化景观化也就是将不同形态的文化内容，用营建可视景观物的方式物化的过程。

在《庄子·齐物论》中有“不知周之梦为蝴蝶与？蝴蝶之梦为周与？周与蝴蝶，则必有分矣。此之谓物化”的论述，这里的“物化”指一种泯除事物差别、彼我同化的意境。在《汉书·扬雄传上》中的“于是事变物化，目骇耳回”，也是相同的意思。此处所指的文化的物化，主要是指把概念化了的文化或者说文化知识转化为实实在在可以通过人体的视觉、听觉、触觉、味觉或者综合感知等方式能够体验到的文化形态。而路域文化在公路上的物化，可以理解为运用现代科学技术和先进理念，营建实物景观，使路域文化在公路上得以景观化展示，从而达到文化的具象展示及传承等目的。

公路有交通运输功能，也有政治、经济、文化交流等衍生功能。从系统论角度看，公路与驾乘人员、行驶车辆、科技成果应用、周边自然环境、路域历史文化密切相连，形成一个不可分割的有机整体。虽然该系统具有强大的交通及其他功能，可望成为文化承载的一种新媒介，但该系统对路域文化的选择性和接受性，还取决于该路域文化的特色程度，以及推广展示意义、旅游文化价值等。由此可见，对具有悠久、丰富历史的路域文化进行筛选，将代表性特色文化元素景观化，须结合公路系统的特点，充分考虑文化附着推广模式的规律以及由此带来的效能等，并依据一定的原则，才能使整个系统既增添新的形象内涵，又能实现科技、文化、动态媒介等现代技术和多元功能的完美整合。

（二）路域文化在公路上景观化的基本原则

要使得一个地区的特色文化有机、有效地在公路上得以景观化展示，必须以

传承性、代表性、可视化等为原则进行文化元素的筛选,并结合景观营建所提供的技术支撑选择物化的途径。下面以云南保龙高速公路为例,具体分析和阐释路域文化在公路上景观化基本原则。

1. 传承性原则

保龙高速沿线地区历史悠久,区位优越,文脉悠长,风光奇美,拥有不可复制的、极具俘获力的人文资源和自然资源,是滇西地区旅游文化产业发展的宝贵财富。公路沿线地区有历史悠久的蒲缥文化、哀牢文化、永昌文化;有千年历史风情的南丝路文化;有写进美国西点军校教材的松山血战;有独特的滇西抗战文化;有以刀杆节、金色布朗为代表的绚丽多姿的民族民俗文化;有壮丽神奇的高黎贡山国家级自然保护区;有壮美的澜沧江;有美丽富饶的潞江坝;有国内知名的黄龙玉;历史悠久的千年茶乡等等。如何将这些不同历史时期、不同形态的文化进行总结提炼,筛选可展示和传承的文化内容,在公路上进行物化传承,这既是文化学也是历史学乃至社会学研究的重要命题。

在考虑文化的择取时,须首先考虑到这种文化的生命力。昙花一现、海市蜃楼般的文化,虽具有瞬间强大的爆发力和感染力,但因为其稳定性不够,人类不易把握,更不易记载留存,所以变化很快、显存时间短暂的文化形态不具有展示价值。同时,不能陷于泛文化的范畴,将所有的事和物都与文化建立联系,而忽略了文化本身具有的基础性和丰富性内涵,即是说,不是所有的文化都具有展示和传承价值,最主要的还是取决于这种文化本身对人类社会和文明发展的进步性意义,取决于能够对区域旅游文化产业带来的促进和发展作用。

传承性的内涵主要有,一是记录和延续了某些时期的重要文化内容,并在一定区域内被广为传播和流传,并且表现出在不同地域内的传递形式;二是从时间概念讲,这种文化形态可能是延续的,没有被人为中止的,或者是通过史料的记载能够发现其完整脉络的文化形态,在时间概念上具有不间断性;三是从传播学角度讲,其本身依托一定的传播媒介,仍然完成了附着、流传、发扬等整个过程,是具有动态特质的。因此,在高速公路上营建路域文化景观,应择取具有传承性的文化种类和形态,如滇西抗战文化、南方丝路文化等,才能在有限的空间范围给过往游客行人留下一种直抵记忆最深处的深刻印象,让路与特色文化得以依托高速公路这一媒介,进行更好地展示。

2. 可视化原则

保龙高速公路区域具有多种文化形态,有历史文化,有自然生态文化,也有民族民俗文化等,这些是在高速公路上进行有选择展示的一个前提和基础。在考虑路域文化生命力的同时,考虑到公路这一媒介的特殊性,应注意这种文化形态是否能够景观化,也就是是否能够构景,被人的感知器官感知。

区域文化是否具有可视性,能否在实际操作过程中进行可视化设计和展现,是决定取舍的原则。我们可以如同在保龙高速公路进行系统文化景观建设一样,通过总结和提炼公路沿线特色文化资源,并以其作为设计创意元素,赋予公路特有的文化内涵,也可以依托公路构筑物、附属设施、景观、标识标牌等系统展示沿途特色自然资源和历史文化资源,实现文化的景观化。

3. 代表性原则

多而全并不是文化的整体特征,文化本身具有较大的差异性。要让文化在不同时期、不同区域、不同载体上产生不同的影响力,焕发出不同的生命力,就必须保护文化的这种差异性。差异性是各种文化能够得以相对独立存在、不被整合淘汰的关键。要让区域文化在高速公路上活起来,文化的差异性必须得以保留,就是要选择具有代表性的文化形态,进行有针对性的展示。在保龙高速沿线地域,仅自然生态资源就数不胜数,在高黎贡山就有数不清的植物和动物,其中许多还是国家级珍稀保护动植物,眼花缭乱的种类不可能都进行展示,特别是在高速公路这一特殊载体上。我们可以有代表性选择一些植物,比如杜鹃王在隧道或者边坡上进行美化利用,却不能将不适合公路沿线土壤的珍稀植物进行展示;我们可以将羚牛通过塑像的方式进行展示介绍,却不能将活体的动物安置到公路边,更不能不加选择地追求大而全,将整个高黎贡山微缩化,把高速公路建设成为微缩的文化博物馆。

在公路上对区域文化进行物化处理时,必须考虑文化形态的代表性。代表性的内涵主要有:一是该区域区别于其他区域的独有文化形态,是我有人无的,或者是人有我优;二是针对本区域的文化,也要进行选择,要结合公路媒介的特点,从所有珍贵的文化中进行挑选予以展示,而不是大而全。

二、路域文化在公路上景观化的实现途径

根据路域文化在公路上景观化的择取原则,要使这些文化的物化符合公路安全、通畅、和谐、品位、人本等新特点,就必须让路域文化形成一个有机的展示体,让这些文化形态在公路沿线活起来,进入行人的感知范围内,才能达到传承文化、助推地方旅游文化、树立良好公路文化形象的目标。

路域文化在公路上景观化的实现途径有很多,常见的主要途径如下。

(一)建立路域文化在公路上景观化建设的理念

路域文化景观化不能停留在理论的范畴,它应该是在科学先进理念的指引下进行的工程,因此必须赋予景观化建设创新的理念。这一理念既要符合公路

建设的规律,更要符合文化自身生长和传播的规律,这种科学先进的理念对具体的文化建设将会起到灵魂性的指导作用,应该成为在公路上进行文化工程建设的核心和主线。

(二)筛选提炼路域特色文化因子

根据公路文化景观化的需要,系统收集路域的历史文化资料。通过走访当地的交通、科技、旅游、文化、环保、宣传、史志等部门,寻访当地文化名人,进行历史文化遗迹遗址实地考察,分类研究各文化形态,筛选提炼能代表当地文化积淀,且可用于公路展示的特色历史文化因子。如保龙高速公路沿线具有特色的历史文化主要有:蒲缥文化、哀牢文化、永昌文化、南丝绸之路文化、生态文化、滇西抗战文化、民族民俗文化等丰富灿烂的历史文化资源以及次生的文化因子。分析研究沿线地区自然资源独特优势,收集沿线地区自然资源资料,考察沿线所有相对集中并具有代表性的自然资源,对公路沿线的代表性生态自然景点或资源进行仔细考察;分析考察资料,对沿线地区自然资源进行分类优势评估,并研究提出可用于公路展示的生态文化因子。

研究沿线文化传承与自然资源利用状况。走访沿线地区有关部门,收集整理沿线文化与自然保护状况及有关规划,实地了解文化传承与自然资源利用现状。分类提出在公路上可展示的人文与自然资源。分类评价人文与自然资源等级,编制可用于在公路上展示和在公路主要构筑物建设时应用的人文与自然资源评价报告。

科学合理地将路域文化景观化,会产生鲜活的效果。不具有艺术美感的物化,只能浪费资源,生产文化垃圾。因此,要使区域文化在公路上活起来,动起来,充满立体效果,就必须有系统科学的物化理念,有规划合理、步骤分明的实施计划,有全新的设计视角和大众化的审美意境,缺少这些环节中的任意一个,都不能达到预期的目的。

(三)在公路构筑物及附属交通设施中进行景观化应用

先研究并确定出在公路构筑物上可利用的文化因子,在择取文化因子景观化应用时,要考虑其与构筑物的配置性,不能违背安全性要求,要考虑与构筑物形成一个整体,不影响驾乘人员的视觉,产生不和谐的审美感受。比如,可以把特色文化因子与每一座桥梁进行结合配置,用文化因子为桥命名,在桥头用特色石材题写桥名,并进行艺术性评价。可以将特色文化因子与每一座隧道进行优化配置,为隧道命名,在沿线隧道洞门进行隧道名题写或碑刻,并进行艺术性处理。以云南保龙高速公路为例,主要隧道和桥梁就是用沿线地域的特色历史文化和生态文化进行命名,并就其名字的表现方式进行了艺术化处理,如:大官市隧道→九隆隧道；马家寨隧道→永昌隧道，户冲河1号隧道→木棉隧道，镇保隧道→高黎贡山隧道等等。保龙高速公路桥梁命名：K523+270特大桥→蒲缥大桥，K544+800大桥→南丝路大桥，K563+810大桥→小熊猫大桥，K570+710沙田河大桥→羚牛大桥，K582+576大桥→松山大桥，K588+613大桥→龙玉大桥等等。保龙高速公路附属交通设施及景观命名：观景点→蒲缥观景点、佛掌山观景点、怒江大桥观景点、松山观景点；服务区→蒲缥服务区、潞江坝综合服务区、龙陵服务区等等。

(四)区域文化的系统布局及景观化展示

公路文化景观建设进入序列设计阶段，所有的路域文化景观化都集中在总体布局平面设计及个体景观设计建设方案中。通过实地踏勘公路沿线，收集沿线环境、工程建设等资料，编制在公路上进行系统文化展示的总体方案，设计总体布局，确定景观序列分段分点的展示内容，绘制平面效果图，设计个体景观，编制文化建设施工方案。通过在公路沿线的主要构筑物、附属交通设施及标识系统设计与建设中，充分融入地方特色文化因子，合理展示地方特色文化，并进行艺术化设计等，将全线打造成一条特色文化长廊。并研究提炼公路分段文化形象主题。根据公路不同路段文化主题，以及路线的长短，将公路分为若干个主题文化段。以保龙高速公路为例，分为3个展示段及5个展示点：保山至潞江坝展示段→永昌历史文化大道，高黎贡山展示段→高黎贡山生态文化大道，龙陵展示段→龙陵松山抗战文化大道；蒲缥观景点，佛掌山观景点，怒江大桥观景点，松山观景点，潞江坝综合服务及文化展示区等等。

(五)在特色标识、标牌及视频系统中进行景观化应用

(1)里程标牌、景点标牌、路况标牌等融入地方特色文化因子，形成特色交通标识标牌；

(2)法规警示、安全警示、环保警示标牌等融入特色文化因子，形成特色标识标牌；

(3)服务区、观景点、休息点设计有特色的服务标识标牌，合理融入特色文化因子；

(4)对全线旅游文化、城市形象、公益事业等各类宣传标牌统一进行形象设计和应用；

(5)研究提出在全线电子信息显示屏、电子查询系统设计中充分宣传沿线地域特色文化，提供人性化资讯与服务的具体实施方案。

(六)路域文化在公路上景观化的传播路径

创作录制公路文化主题歌，可以根据公路品牌打造宣传推广的需要，编制公

路文化主题歌创作方案、发行、推广方案。拍摄公路文化建设专题片,根据公路品牌打造宣传的需要,定期或不定期全过程采集工程建设有关视频资料;收集、整理相关声像素材,编写剧本,编辑制作电视片。编写高速公路文化创新建设丛书,可以根据公路及文化品牌宣传的需要,编写并公开出版系列著作等等。通过以上方式,积聚文化宣传的波散效应,推广传播文化公路建设新理念,传承弘扬区域特色文化,助推路域旅游文化产业发展,构建区域和谐文化。

第二节　公路文化景观建设与公路功能延展

一、公路功能向文化建设领域延展

公路的基本功能是交通,这和其他形式的交通载体功能一样。文化常常借助旅游得到传承交流和创新。对于具有丰富人文、自然资源的旅游区而言,公路还应具备传承文化和助推地方旅游发展的功能。公路是旅游者进出旅游目的的通道,它直接服务于路域地区旅游经济。从这个意义上讲,公路的主体功能在实现交通的同时,客观上已经延伸扩展到了旅游、文化等其他领域。

公路交通是旅游者陆上旅游必选的出行方式。不论游客乘坐火车,还是乘坐飞机到达旅游目的地,最后进入旅游景区都离不开公路交通。在公路网不断完善,自驾游兴起的今天,总体来说,公路交通是一种相对较主流的旅游交通方式。而这种交通方式对于地方旅游业发展的影响也是非常明显的。譬如前几年通车的四川绵广(绵阳—广元)高速公路,就大大促进了广元地区的旅游业发展。通车后,去剑门关等地旅客大大增多。而这样的例子在云南的许多地方表现得也是非常明显,譬如正是因为昆明到大理的高速公路的建成通车,才使得大理和其周边地区的旅游景点获得越来越大的旅客到访量。又如保山到腾冲的高速公路建成通车后,入境腾冲旅游的人数成倍增加,一两年内就达到500万人次/年,很快带动起保山市这样一个自然资源和人文资源非常丰富地区的旅游发展。

促进旅游业的发展需要完善包括公路等在内的有关基础设施,但交通对于旅游的发展并不仅仅是修一条路这样一个简单的问题。在旅游资源丰富的地区修建公路,这条路的功能不应该仅仅是交通,而应该成为本地旅游资源的宣传媒介。

保龙高速公路路域具有丰富的人文自然资源。有历史悠久的蒲缥文化、哀牢文化、永昌文化,有千年历史风情的南丝路文化,有松山血战,有以刀杆节、金色布朗为代表的绚丽多姿的民族民俗文化；有壮丽神奇的高黎贡山国家级自然保护区，有壮美的澜沧江，有美丽富饶的潞江坝；有国内知名的黄龙玉，历史悠久的千年茶乡。而保腾高速公路路域除了以上资源外，更有极边第一城腾冲的万年火山热海，千年古道边关，百年翡翠商城等等。在这样一个具有丰富人文资源与自然资源的地区建设公路，对于拓展公路功能，促进地方旅游文化产业发展，具有十分广阔的空间。因此，更新公路建设理念，使公路本身成为一条文化品位之路和经济促进之路，在旅游资源丰富的地区不仅是必要的，而且是可行的。

保龙高速公路和保腾高速公路，两条公路沿线地区历史悠久，区位优越，文脉悠长，风光奇美，拥有不可复制的、极具俘获力的人文资源和自然资源，是滇西地区旅游文化产业发展的宝贵财富。因此，公路建设应该为旅游文化产业的发展搭建一个良好的平台，通过公路文化景观建设，合理展示人文与自然资源，助推滇西旅游文化产业的大力发展。同时，通过公路文化景观建设，塑造和展示公路交通的良好形象，实现公路的交通功能、文化传承功能与助推旅游发展功能的有机统一和良性互动。

二、公路功能向助推旅游发展延展

结合路域资源，提升道路文化品位，让驾乘人员在公路上品味文化，这将会越来越成为中国公路文化建设的趋势。近几年，交通运输部批准重庆绕城高速公路等多条公路作为科技示范路进行建设，这些示范路都不同程度地重视公路文化品质的提升。重庆绕城高速的一些路段，在其边坡或者挡墙的位置设置了具有鲜明地方特色的文化景观。交通运输部还从 22 个方面立项研究公路文化建设，并拟实施科技文化示范工程。这说明公路建设无论是从设计理念还是从具体施工上都和原来的建设有了明显不一样的地方。这种变化集中体现在将公路建设成为科技之路、文化之路、生态之路、和谐之路以及助推旅游发展的富民之路的观念转变上。

（一）公路功能助推旅游发展的前提

路域丰富的自然、人文资源是公路文化景观建设的前提，也是公路功能延展的基础。巧妇难为无米之炊，建设文化路需要一定资源的支撑。也就是说不是任何地方的高速公路都具备将其建设成为文化品位之路的条件，因为文化品位路的“文化”二字更加强调的是一种地方文化，是一种具有鲜明地域特色的文化形态，当然这里并不排除道路自身的文化建设。也就是说，在既没有优越自然条件也缺乏较深历史文化积淀地区，建设具有鲜明个性和特色的文化品位之路从先天条件而言是欠缺的。但对于具有丰富自然资源和人文资源的云南而言，建设一条高文化品位的公路，不仅是可行的，而且就提升高速公路品质和助推地方旅游经济而言还是必需的。

还是以保龙高速和保腾高速公路为例，沿线规划设计丰富的文化景观序列，其基础是路域自然、人文资源的有力支撑。主要的文化景观对应的文化资源如下：

蒲缥观景点文化景观→蒲缥历史文化；

佛掌山观景点文化景观→宗教文化、山水文化；

怒江大桥观景点文化景观→桥梁文化、江河文化；

松山观景点文化景观→抗战文化；

保龙高速隧道文化景观→生态文化；

保龙高速总体形象概念文化景观→南方丝路文化、公路建设文化；

保龙高速分段形象概念文化景观→公路建设文化；

保腾高速总体形象概念文化景观→极边腾越文化、翡翠文化；

腾冲服务区文化景观→极边腾越文化、地质文化、抗战文化、侨乡文化等；

潞江坝综合服务区文化景观→公路建设文化、抗战文化、生态文化、民族文化等。

(二)公路助推旅游发展功能的技术支撑

公路文化景观建设融合多学科和多技术领域资源。过去绝大多数的公路设计和建设，主要是由土木工程专业的人员完成，很少有从事历史、文化、美学、艺术和景观等学科人员的参与。这在公路只是一种交通设施的时代是合理的。今天的公路建设，不仅有更高的技术标准，而且在交通的基础上附加其他的功能，一条公路的建设已成为一个跨学科跨领域的系统工程。在这样的情况下，只仅仅由工程技术人员完成所有的工作不仅是不现实的，也是不合理的。并且这种多学科人员的参与不仅只是道路的设计或者建设阶段，应该是一个全过程，甚至包括后期的养护管理。

公路文化景观建设与依托工程建设一样，也是一项跨学科跨领域的系统工程，需要融合多个相关学科知识和技术。保龙高速公路文化景观建设就是一个典型的案例。该项目以科技文化示范项目立项，由建设单位、高校、科研机构和设计单位等组成联合攻关团队，吸收了道路、桥梁、隧道、交通、建筑与环境等工程领域，历史文化、旅游规划、景观设计、艺术设计等多学科和领域的专业人员参与。

(三)公路助推旅游发展功能的作用

公路助推旅游功能的实现,以公路文化景观为载体,展示路域旅游资源,促进旅游业发展。在旅游区,用公路文化景观展现路域旅游文化事实上就是一种旅游促销。展示路域文化主要是为提升公路文化品质,而对旅游资源的宣传可促进地方旅游产业的发展。所以虽然在公路构筑物和附属物中展示地方文化有宣传地方旅游产品的客观效果,但还需要专门研究如何利用其他有效方式进行旅游促销。从有关公路文化景观建设的经验看,一般可以利用的传统载体,有旅游景点导游图、广告牌、电子屏幕、服务区文字和图片专栏和视听系统等。而景观化的载体注入文化内容,用可视景观物的形式加以展现,效果更佳。

在一些公路的服务区、停车区、观景区和收费站,常可见以路域旅游文化为元素营造的景观,形象地展示了路域旅游资源,激发路人旅游动机。如保龙高速公路蒲缥观景点,用情景雕塑、文化景观碑展示"蒲缥人"历史文化和蒲缥风土人情、特色物产,引导行人到蒲缥古镇旅游。对于许多路经此地人,由于这一观景点用文化景观形式展示蒲缥旅游资源,获得了旅游信息,萌发了游览蒲缥动机,达到了旅游促销的效果。

三、公路多形式系统展现路域文化实例

公路文化景观是若干单体景观组合成的线状集群,其结构序列是布局设计的关键技术环节。通常情况下,将整个一条路提炼出一个文化形象主题概念,在这一主题概念下,分段定点景观化展示文化内容。每一分段又可选择路域具有代表性的文化形态进行表现,使全线形成特色鲜明的文化长廊。在文化内容的筛选上,关注公路文化景观建设与路域旅游文化展示统筹协调,实现公路的交通功能、文化传承功能与推动地方旅游文化产业发展的功能有机统一。

同样是在旅游地区修建的二级公路,与保腾高速公路一样,龙陵县城至腾冲永乐二级公路(以下简称"龙腾公路")在公路文化景观规划设计时,自始至终立足于路域丰富的人文和自然资源,准确筛选提炼特色文化元素,合理布局文化景观序列,形成疏密有度,节奏适中的旅游文化景观带。下面是《龙陵县城至腾冲永乐二级公路文化景观建设工程设计》的主要内容,从中可以看出,文化景观的结构序列和旅游文化景观化展示等设计基本思路。

(一)依托工程龙腾公路简况

1. 依托工程简况

龙腾公路工程,是保山市交通规划"三纵二横"中"一纵"的主要辅助道路,也是保山市交通规划中,以保山市为中心,形成环区公路,起到区内大通道作用,

重点县与县之间的连接线路。该路段的实施，对实现扩大对外开放、搞活边疆经济、增进民族团结、促进民族文化交流，对优化完善保山市公路运输网络，构建滇西旅游交通环线，满足日益增长交通量的需要，促进区域经济发展具有重要意义。

龙腾公路工程，是文化景观建设工程的依托工程。路线起于龙陵县城市规划道路接320国道GK3503+600处，至终点与原保腾二级公路K61+670处相接，路线全长58公里，其中（以龙江中心K13+180为分界）龙陵段长14公里，腾冲段长44公里。路线主要控制点有起点与龙陵县城市规划道路相接点、香柏河桥位、帮腊掌、龙川江桥位、团田、清河街、勐连、终点与保腾二级路相接点。主要的河流有香柏河、龙川江、大蒲窝河、勐连河。共设桥梁928.47米/4座，其中大桥897.4米/2座，小桥24米/2座；全线主线共设涵洞181道（不含线外涵及边沟涵），其中圆管涵18道、盖板涵163道；全线共设平面交叉36处，其中做平面交叉设计4处。

线路地处云南高原西部，横断山脉南端，高黎贡山脉南延部分。在地质构造上属于青藏滇缅印尼歹字型构造体系的弧形构造带与滇西经向构造体系的复合部位，岩浆活动强烈，岩浆岩广泛分布。地貌属中、低山区，地形起伏较大，地势北高南低。线路经过处山高谷深、林木茂密、叠峰重峦、沟壑纵横，地形破碎；最高峰为小关坡，海拔2072米，最低为龙川江河谷，海拔1100米。全线分为六个土建施工标段及2个路面施工标段。

2. 路域旅游资源概况

（1）龙陵旅游资源概况。

龙陵县位于中国云南西部边陲，全县总面积2884平方公里，与缅甸接壤，国境线全长19.71公里。2003年末全县总人口26万余人，境内居住着汉、傈僳、傣、阿昌等23个民族，少数民族占总人口的5.04%。龙陵是一个山区县，地处怒江、龙川江两江之间，高黎贡山山脉由北向南伸入县境，地势呈中部高而东西倾斜之势，全境崇山峻岭，丘陵起伏，河流纵横。

龙陵县自然资源丰富，水资有怒江、龙川江等大小河流44条，水利电力蕴藏量为54.59万千瓦，是保山市电力开发最大的一个县。区森林资源极其丰富，森林覆盖率为54.6%，有高等植物1000余种，属国家一级保护树种有秃极杉、桫椤等，良好的森林覆盖，为野生动物提供了良好的生长条件，奇珍异兽有孔雀、原鸡、熊、蜂猴、长臂猿等。

龙陵旅游资源，有“东方直布罗陀”之称的滇西抗日主战场——松山战役抗日战场遗址，被国内外誉为“神汤奇水”的邦腊掌热矿泉旅游度假区，有八零八湖山公园，溶洞奇观勐糯仙人洞，小黑山原始森林自然保护区；茄子山水库生态旅游区，独具特色的怒江大峡谷的三江口风光，以及世界珍稀植物桫椤群风景区等。龙陵气候宜人物种丰富，又是“西南古丝绸之路”的要道，中原文化与绚丽多彩的边疆民族文化融为一体，交相辉映。全县的旅游资源可涵盖山、石、泉、林、水、洞、民族风情等，是开展生态旅游、探险旅游、科教旅游的宝地、是休闲度假的好地方。

(2)腾冲旅游资源概况。

腾冲位于云南省西南部，全县面积5845平方公里，国境线长148.075公里；2008年末总人口64.2万人，其中少数民族人口4.8万人。历史上曾是古西南丝绸之路的要冲。腾冲县是著名的侨乡、文化之邦和著名的翡翠集散地，也是省级历史文化名城。腾冲在西汉时称滇越，大理国中设腾冲府。由于地理位置重要，历代都派重兵驻守，明代还建造了石头城，称之为“极边第一城”。有汉、傣、傈僳、回、白、佤、阿昌等世居民族，民族风情丰富多彩。

神秘雄奇的高黎贡山和怒江天险，从三江并流区自北向南逶迤而下，属于国家级自然保护区。以独特而丰富的生物资源，被世界野生生物学会列为具有重要国际意义的A级保护区。腾冲有中国最密集的火山群和地热温泉。90多座火山雄峙苍穹，80余处温泉喷珠溅玉，温泉泉眼数以万计。种种奇观妙景，展现出国家级火山热海风景名胜区的百态千姿和无穷奥秘。

腾冲，这座南方丝绸之路上的历史文化名城，历经沧桑，积淀了丰富深厚的历史文化，边陲古道的马铃声，记录着中、缅、印的商贸历史。春秋战国时期的铜案、铜鼓凝集着两千多年悠久灿烂的文明；石雕佛像，闪烁着中原与东南亚文化交流的光芒；第二次世界大战中，中国军民在这里抗击日本侵略军，首创全歼侵略者的战例，捍卫了中华民族的尊严。庄严肃穆的国殇墓园里安息着为国捐躯的抗日英烈，数千座墓碑向后人昭示着民族精英抵御外辱的浩然正气。走进腾冲名人的故居，走进一座座明清古寺、古碉、古城，走进一座座清幽古老的院落和一道道石板小巷，会在一种特别的文化氛围中受到震撼。在古老的侨乡和顺，还有一座建于1928年，至今仍然是全国规模最大、藏书最多的乡村图书馆。

(二)龙腾公路文化景观建设理念与形象概念

1. 理念

分析路域龙陵、腾冲两地文化、生态资源，提炼路域特色文化元素，通过文化景观建设技术的合理应用，结合公路科技创新与安全保障，协调路、人、文化和生态的和谐共生，将龙腾公路打造成一条高品质、有品位，文化个性鲜明、突出的科技、生态、文化之路，促进龙陵、腾冲及滇西地区经济社会发展。

2. 形象概念

总体形象概念：玉蕴文华。

路域具有深厚的、个性鲜明的文化积淀。特别是玉文化在路域具有不可替代的独有性。腾冲翡翠早已享誉海内外，商贾、旅客慕名而来，趋之若鹜，翡翠文化根深蒂固、枝繁叶茂。龙陵黄龙玉近几年迅速崛起，深受热捧，已成为玉石市场、鉴赏、收藏的新宠。腾冲翡翠与龙陵龙玉就像镶嵌在龙腾路两端熠熠生辉、相得益彰的明珠，璀璨夺目。除了玉文化，两地的历史文化，包括抗战文化，都是十分深厚的。但是，我们在总体文化策划时，试图将"玉"与两地地名、道路名称相结合，构成一个有机载体。于是，得到"玉蕴文华"。

玉蕴：意指龙陵、腾冲深厚的玉文化底蕴。

文华：意指龙陵、腾冲丰富多彩、博大精深的人文积淀。

（三）龙腾公路文化建设的基本理念

1. 遵循道路设计规范，依托道路工程现状

文化景观设计以道路建设工程技术设计为基础，以道路工程建设现状为依托，严格遵守道路工程设计、施工技术指标。道路设计与竣工现状是文化建设的基础平台，文化建设应该始终遵循这一本体，并定位在辅助位置。

2. 确保安全第一

在确保道路建设和交通安全的前提下，有效利用选定的位置、场地布局文化景观。特别是观景区（平台），要充分考虑行车、停车及观景的安全，从技术层面提供安全保证。

3. 保护环境，与自然生态融为一体

文化建设秉持环保理念，使文化景观与路、自然环境和谐共生，相得益彰。龙腾公路线路地形复杂，大多在崇山峻岭、崖壁深谷，生态状况良好，植被丰富，但地质脆弱，灾害易发。不论是组合要素的观景区，还是单一要素的景点，都要坚持保护环境，与自然生态融为一体的原则，减少开挖与回填对环境的破坏，避免将文化景观建成城市园林景观。

4. 筛选文化元素，突出路域文化特征

在丰富的文化积淀中，筛选具有地方特色的元素，提炼特色因子，运用适宜的表现形式和技术方式予以展示。特色文化元素具有标志性影响力，是形象精髓。不论是形象概念，还是文化内容，都要坚持突出龙腾公路路域文化独特魅力。

5. 突出重点、简洁明快，经济耐用、维护方便

在滇西文化走廊建设中，保腾高速公路文化建设是一条承载区域文化的重

要通道,并正在实施建设中。保腾高速几乎与龙腾公路并行,加之龙腾公路是二级公路,与高速公路的封闭性不同,是开放式的公路,因此,文化景观设计力求突出重点、简洁明快。同时,力求经济耐用和便于维护。尽可能使用天然材料,不使用易老化的人工合成材料,不构筑极高、悬空等景观物,不构筑需经常性清理、维修的设施。

(四)龙腾公路文化景观布局序列及主要内容

龙腾公路文化景观采取“一线两端多点”的简洁结构布局,形成疏密得当的景观序列。

1. 文化景观主线

一线:以“玉蕴文华”为文化主线。

用总体形象概念塑造龙腾路总体形象。线路文化景观建设始终围绕总体文化形象塑造展开,用总体形象概念涵盖文化景观建设内容,用代表性的文化元素阐释总体形象概念,使文化主线个性鲜明,形象丰满。

2. 两端重点文化景观

两端:龙陵县起点一端,腾冲县止点一端。

龙陵、腾冲两地,江山壮美、历史悠久、文化深厚、生态天然。利用一条公路作为载体来展示博大的文化,显然是十分有限的。同时,公路的功能主要是交通,也不可变成文化博物馆。因此,在道路与文化之间,除了要找到结合点外,应该选择重点。特别是龙腾公路路域,突出特色文化、代表性文化尤其重要,否则,容易因面面俱到而烦琐、杂乱。鉴于此,我们选择重点在线路靠龙陵县城的起点一端和靠腾冲县永乐止点一端,突出展示玉文化,

(1)龙陵一端,展示黄龙玉文化

黄龙玉,作为我国本土土生土长的玉石品种,是2004年才在龙陵被发现的,是我国玉石品种的新生力量。其色调为黄色,兼有羊脂白、青白、红、黑、灰、绿等色。有“黄如金、红如血、绿如翠、白如冰、乌如墨”之称。目前,黄龙玉被认为是继新疆和田、缅甸翡翠之后发现的最优质的玉种。具有很强的市场前景和升值空间。据玉石专家介绍,一般对于新生的收藏品,人们更多的是抱着观望的态度,但是,黄龙玉从诞生那一刻开始就万千宠爱于一身,受到了业内人士的赞赏。他们认为黄龙玉有着田黄般的颜色、翡翠的硬度,与和田玉等软玉相比,硬度更好、透度更高、色彩更鲜艳丰富。

(2)腾冲一端,展示翡翠文化

腾冲是我国最靠近缅甸翡翠原产地的地区。腾冲人最先发现了翡翠的商业价值,并首开翡翠加工先河,至今已有近600年的加工历史,是东南亚重要的翡

翠加工贸易集散地。从古到今,腾冲诞生了不计其数源于翡翠的传奇,走出了张宝廷、寸尊福等几代蜚声海内外的翡翠大王。2005 年 9 月,腾冲被亚洲珠宝联合会授予“中国翡翠第一城”称号。

3. 多点出彩文化景观

多点:滇西抗战、生态、公路建设等文化景观点。

除了在线路两端重点打造以“玉”为主题的文化外,在线路中,结合线路走向和道路构筑物情况,选择多点,用路域其他具有影响力和代表性的文化元素进行打造,展示路域特色文化。

(1)滇西抗战文化景观点

20 世纪 40 年代,在我国西南边地爆发了一场以维护国家领土主权,反对外来侵略为目的的反帝爱国战争,这就是著名的滇西抗战。龙陵地处滇西交通咽喉,为这次战争的主要发生地,县内的战事进程大致可分为两个阶段:从 1942 年 5 月至 1944 年 5 月为沦陷期。这期间,日本军队倚仗先进的坦克大炮从缅甸经德宏一路东进,强占了龙陵县 2800 多平方公里的大好河山,并先后制造了龙陵大屠杀、慧通桥大屠杀和血洗倒淌水等一系列血腥惨案,把各族人民推入苦海达两年之久。从 1944 年 5 月至当年 11 月为中国军民大反攻时期。这期间,中国政府组织的第十一集团军、第八军等远征军主力为恢复国土,从保山、施甸分 3 路强渡怒江,在各族人民的全力支持下,分别向盘踞松山、镇安、龙陵、平达、象达等地的数万日寇发起了全面反攻,经过 5 个多月的浴血奋战,毙敌 13000 余人,于 1944 年 11 月初将侵略者赶出县境,取得了龙陵抗战的全面胜利。

(2)生态文化景观点

邦腊掌温泉景观点,展示温泉文化。

龙陵县邦腊掌景区位于龙陵县城西北 11 公里的香柏河谷地带,海拔 1300 米,年均气温 16.9℃,年均降雨 1800 毫米,属温带气候,具有气候温和,湿度适宜,森林茂盛,鸟语花香的生态特点。景区内温泉密布,泉眼 600 余孔,密集区日供热水量 4000 立方米左右,最高水温 104℃。邦腊掌温泉有“三奇一神”。泉奇:仅在 0.4 平方公里的区域内,就拥有氡氟泉、碳酸泉和硫磺泉三种温泉,堪称“温泉博物馆”,世间罕见。色奇:同一泉眼的水因季节、气候、水温变化会呈现清、乳、墨等不同颜色。涌奇:部分泉眼因地壳运动形成间歇涌流,被专家们誉为“地球穴位”、“地球的肚脐眼”。“一神”:指邦腊掌温泉有独特的治病效果,水中含有 23 种化学元素,对心脑血管、高血压、关节炎、风湿、皮肤病、胃肠道病等多种疾病有神奇疗效,素有“奇水神汤”之美誉。

高黎贡山景观点,展示生态与环保文化。

高黎贡山属青藏高原南部，横断山西部断块带，印度板块和欧亚板块相碰撞及板块俯冲的缝合线地带，是著名的深大断裂纵谷区。山高坡陡切割深，垂直高差达4000米以上，形成极为壮观的垂直自然景观和立体气候。鬼斧神工般塑造了无数雄、奇、险、秀景观，像银河飞溅、奇峰怪石、石门关隘、峡谷壁影等一幅幅壮景。

高黎贡山被誉为“天然植物园”和“物种基因库”，有拨地参天的大树杜鹃之王、秃杉之王、银杏之王；你会看到云南山茶的始祖，看到世界上最大的人工秃杉林，还有很多稀世的珍禽异兽。在高黎贡山上，从青藏高原到中印半岛以及本地种属的动植物都可以见到，很多古老物种被保存下来，于是高黎贡山也就成为中国云南这个世界的“动物王国”、“植物王国”中最巨大，也最宝贵的一片领土。拥有“雉鹊类的乐园”、“哺乳类动物祖先的发源地”、“东亚植物区系的摇篮”等称号。1986年，高黎贡山被列为国家级自然保护区，1992年高黎贡山国家级自然保护区被世界野生生物基金会（WWF）列为A级（全球最重要的）自然保护区。2000年，联合国教科文组织将高黎贡山国家级自然保护区正式接纳为世界生物圈保护区网络成员。获此殊荣者遍布世界94个国家，共391个保护区，而中国仅有19个，云南省仅有高黎贡山和西双版纳。

高黎贡山崇山峻岭风光壮丽、景色宜人。构建观景平台、设置生态景观标识，可供路人观赏大好河山。展示峡谷、林木、山水等生态文化。展示车、路、人、环境、文化和谐共生。

（3）公路建设文化景观点

龙腾公路所处地理位置属于横断山地高黎贡山山脉，地势北高南低，地形为山岭重丘，地貌为重峦叠峰、河流纵横，高低悬殊。建设者克服各种艰难险阻，用智慧、辛劳和铺路石精神筑就一条科技文化通途。这种铺路石精神是值得铭记与弘扬的。文化建设通过适当的方式，选择具有代表性的技术点以及公路建设单位作为公路建设文化加以展示，重点展示公路建设科技攻关与创新文化和公路建设“铺路石精神”文化。

主要选择龙江大桥等作为公路建设文化景观点。龙江是龙腾公路跨越的最大河流，龙江大桥技术含量高，施工难度大。

（五）龙腾公路主要文化景观及技术要点

1. 公路文化形象塑造景观

（1）起点公路名文化形象塑造景观

在起点K1+600附近，设置公路名形象标识，请书法家题写“龙腾公路”路名，并雕刻于标识体上。

公路名形象标识体可用天然石材加人工材料组合构成,造型简洁明快,加工方便。请书法家题写的公路名字体可以为行楷、隶书、魏碑等。雕刻手法为阴刻,红色反光涂料填涂。标识体旁种低矮灌木饰景。

(2)起点总体文化理念形象塑造景观

在起点 K2+020 处,线路右侧弃土处,设置龙腾路总体形象景观平台。景观平台由龙腾路总体形象碑、龙腾路建设纪念碑、停车位、休息步道、景观石、石座凳、绿化植物等组成(见图 7-1)。

图 7-1 起点公路文化形象塑造景观区效果图

龙腾公路总体形象碑,请书法家题写"玉蕴文华"形象概念用语,并雕刻于碑石上,传播龙腾路文化形象。

龙腾公路建设纪念碑,书写龙腾公路建设纪念事项,并雕刻于纪念碑体上。纪念事项包括公路主要技术指标、技术特点、社会经济效益和设计、施工、监理、文化建设单位等;线刻龙腾公路线路简图,标注主要节点地名。

碑石可选择天然景观石,也可人工塑石仿天然岩石。碑石体量稍大,高度不低于 4 米。请书法家题写的形象概念用语字体可以为行楷、隶书等。雕刻手法为阴刻,红色反光涂料填涂。碑石下置陪石数块,种低矮灌木饰景。

龙腾公路简介

保山市龙陵县城至腾冲永乐二级公路工程,是保山市交通规划"三纵二横"中"一纵"的主要辅助道路,也是保山市交通规划中,以保山市为中心,形成环区公路,起到区内大通道作用,重点县与县之间的连接线路。该路段的实施,对实现扩大对外开放、搞活边疆经济、增进民族团结、促进民族文化交流,对优化完善保山市公路运输网络,满足日益增长交通量的需要,促进区域经济发展具有重要意义。

本路段路线起点位于龙陵县城市规划道路接320国道GK3503+600处，起点桩号为K0+000，经过龙陵水泥厂东，于新寨村南跨香柏河，经邦腊掌旅游度假区东北后，在老腾龙桥下游300米处跨越龙江，向北西经团田乡、小丙弄村，在K30+500处跨大蒲窝河后过蒲川乡清河街村西，路线自小模村开始借杨家小河沟展线，经菽草地、龙河、杨家地、倒坡、三家寨、大寨子，在姚家寨下到勐连河谷，经勐连两跨勐连河至终点与保腾二级公路K61+670处相接，路线全长58公里，其中（以龙江中心K13+180为分界）龙陵段长14公里，腾冲段长44公里。

路线主要控制点有：起点与龙陵县城市规划道路相接点、香柏河桥位、邦腊掌、龙川江桥位、团田、清河街、勐连、终点与保腾二级路相接点。

沿线主要城镇有龙陵县城、团田乡、蒲川乡清河街、勐连街。

沿线主要的河流有香柏河、龙川江、大蒲窝河、勐连河。

路线共设桥梁928.47米/4座，其中：大桥897.4米/2座，小桥24米/2座；主线共设涵洞181道，其中圆管涵18道、盖板涵163道；共设平面交叉36处，其中做平面交叉设计4处。

（3）止点公路名文化形象塑造景观

在止点K58+700处，设置公路名形象标识，请书法家题写“龙腾公路”路名，并雕刻于标识体上。

公路名形象标识体可用天然石材加人工材料组合构成，造型简洁明快，加工方便。请书法家题写的公路名字体可以为行楷、隶书、魏碑等。雕刻手法为阴刻，红色反光涂料填涂。标识体旁种低矮灌木饰景。

（4）终点总体文化理念形象塑造景观

在止点K58+700处，设置一石碑，请书法家题写“玉蕴文华”形象概念用语，并雕刻于碑石上，传播龙腾路文化形象。

碑石可选择天然景观石，也可人工塑石仿天然岩石。碑石体量稍大，高度不低于4米。请书法家题写的形象概念用语字体可以为行楷、隶书等。雕刻手法为阴刻，红色反光涂料填涂。碑石下置陪石数块，种低矮灌木饰景。

“止点公路文化形象塑造景观”与“翡翠文化展示景观区”同在一个区域。

（5）分段文化命名形象塑造景观

分段文化命名塑造形象。以龙江大桥为界将龙腾路分为两段，分别进行文化命名。靠龙陵一段文化形象概念为“龙玉神汤”，命名为“龙玉大道”。靠腾冲一段文化形象概念为“翡翠丝路”，命名为“翡翠大道”。

在分段起止点处，设置分段公路文化命名形象标识，请书法家题写“龙玉大

道”、“翡翠大道”路名，并雕刻于标识体上。分段公路名形象标识体可用天然石材加人工材料组合构成，造型简洁明快，加工方便。请书家题写的公路名字体可以为行楷、隶书、魏碑等。雕刻手法为阴刻，红色反光涂料填涂。标识体旁种低矮灌木饰景。

2. 龙玉文化展示景观区

在 K4+820 附近，弃土场处设置黄龙玉文化展示景观区。此处环境幽静，绿树成荫，场地宽阔，有 30 余亩弃土场可用于打造。由于距龙陵县城只有 4 公里左右，建议结合龙玉文华展示，将此处打造成一个综合服务区域，引入餐饮、玉器交易等服务设施。

景观区由停车位、休息广场、黄龙玉简介标识、综合服务设施、景观石、绿化植物、黄龙玉形象石廊等构成。地面用天然石块铺装(见图 7-2)。

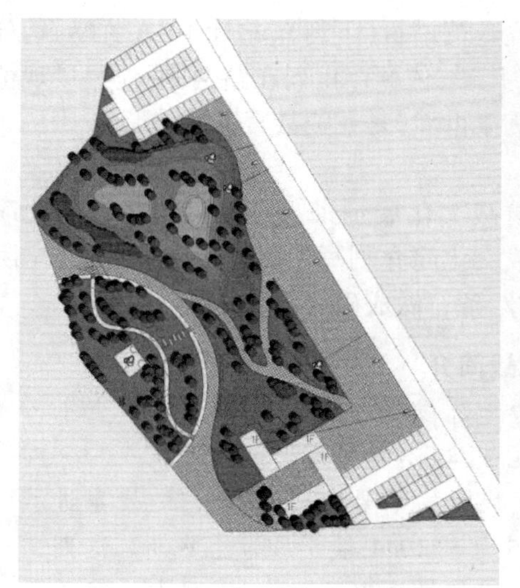

图 7-2　龙玉文化展示景观区平面布局图和俯瞰效果图

(1)黄龙玉介绍

在景观区内置黄蜡石(下料)构景，上书“黄龙玉简介”，阴刻文字，红色涂料填涂。

黄龙玉简介

黄龙玉，又称龙黄石。产自云南省保山市龙陵县小黑山自然保护区的龙江边。是二〇〇四年在云南发现的一种新玉种。黄龙玉主色调为黄色，兼有羊脂白、青白、红、黑、灰、绿等色。有“黄如金、红如血、绿如翠、白如冰、乌如墨”之称。具体说:黄的有金黄、蜜黄、蛋黄、鸡油黄、橘黄、枇杷黄等深浅不一的黄色;红的有鸡血红、朱砂红、猪肝红、玫瑰红等浅红色;白的有雪白、冰白等。被云南省观赏石协会名为黄龙玉。

黄龙玉是玉雕行业中一种新兴美玉。它有和田玉之温润、田黄之色泽、翡翠之硬度、寿山石之柔韧。黄龙玉外观既有翡翠可见的纤维状结构,也有与田黄相似的萝卜纹;其透明度既有令人满意的翡翠的“水头”,又有比和田玉更好的“油头”;其玻璃光泽更引人入胜,再加之黄龙玉的主色是黄色和红色,黄色寓意“富贵”,红色寓意“吉祥”。这是一种非常优秀的玉种,既可以把玩原石,也适合雕刻成各种摆件、饰品,深受消费者青睐,成为当今玉石收藏新贵。

(2)“玉满泉世界”形象石廊

在景观区外线路两侧,每间隔10米置一黄蜡石(下料),共计10方黄蜡石,分别雕刻“玉满泉世界”、“黄龙玉之都”形象用语,依顺序排列在路两侧,配置景观植物构景。阴刻文字,红色涂料填涂。“玉满泉世界”是龙陵县官方网站形象用语。

(3)抗战文化展示景观点

在黄龙玉文化展示景观区内,设置抗战文化展示景观点。设置抗战文化简介标识、再现场景景观和相关配景。抗战文化简介刻写于黑色花岗岩上,文字阴刻,黑体,白色油漆填涂;基座造型,用天然条石做成碉堡(低矮)状。

龙陵抗战简介

20世纪40年代,在我国西南边地爆发了一场以维护国家领土主权,反对外来侵略为目的的反帝爱国战争,这就是著名的滇西抗战。

龙陵地处滇西交通咽喉,为这次战争的主要发生地,县内的战事进程大致可分为两个阶段:从1942年5月至1944年5月为沦陷期。这期间,日本军队倚仗先进的坦克大炮从缅甸经德宏一路东进,强占了我县2800多平方公里的大好河山,并先后制造了龙陵大屠杀、慧通桥大屠杀和血洗倒淌水等一系列血腥惨案,把我县各族人民推入苦海达两年之久。从1944年5月至当年11月为我国军民大反攻时期。这期间,我国政府组织的第十一集团军、第八军等远征军主力为恢复国土,从保山、施甸分三路强渡怒江,在我县各族人民的全力支持下,分别向盘踞松山、镇安、龙陵、平达、象达等地的数万日寇发起了全面反攻,经过5个多月的浴血奋战,毙敌13000余人,于1944年11月初将侵略者赶出县境,取得了龙陵抗战的全面胜利(附表7-1,附表7-2)。

日军侵略造成龙陵人员财产损失统计① 附表 7-1

人员死亡	房屋损失	牲畜损失	粮食损失	家禽损失1
5868 人	9618 间	50047 头	214.7 万公斤	192770 只

龙陵抗战敌我伤亡统计① 附表 7-2

战役名称	作战时间	我军伤亡	消灭日军	对比
渡江攻击战	1944.05.11—05.21	1986 人	605 人	3.28 : 1
松山攻坚战	1944.06.24—09.07	7600 人	3000 人	2.94 : 1
平达、象达侧翼战	1944.05.11—09.22	802 人	523 人	1.53 : 1
龙陵争夺战	1944.06.05—11.03	28384 人	10620 人	2.67 : 1
合计	1944.05.11—11.03	38772 人	13028 人	2.98 : 1

(4)高黎贡山生态文化景观点

在黄龙玉文化展示景观区内,设高黎贡山生态文化景观点。设置高黎贡山简介标识,人工塑石,刻写高黎贡山生态简况,文字阴刻,楷体,浅绿色油漆填涂,景观石、植物等配景。

高黎贡山简介

高黎贡山是横断山脉中最西部的山脉,山高及宽度均较云岭、怒山为小。高黎贡山北连青藏高原,南接中印半岛,使之无论是在气象学还是生物学上,都具有从南到北的过渡特征。高黎贡山北段位于西藏自治区境内,称伯舒拉岭,山体作北偏西走向。进入云南贡山独龙族怒族自治县后,称高黎贡山,呈南北走向,平均海拔约 3500 米。其中,以北段较高,海拔 4000 米以上,尾端约 2000 余米。因怒江切割较深,故相对高度甚大,山势陡峻而险要,是地壳抬升后受河流分割而成的断块山地,多为变质岩组成,下部有大面积的岩浆岩分布。腾冲境内高黎贡山的西坡有近代火山群分布,反映现今地壳活动仍较剧烈(见腾冲火山群)。在保山、腾冲交界处,位于怒江、龙川江谷地之间的高黎贡山上部,1983 年建立高黎贡山自然保护区,属国家级自然保护区。

高黎贡山森林资源极其丰富,珍稀动植物随处可见。有当今世界上最大的杜鹃树种——500 多年树龄的大树杜鹃;有被称为“绿色寿星”的古老孑遗植物——国家一级保护珍稀树种秃杉;有云南樱花的

① 资料来源:http://www.longling.gov.cn/llweb/relic/html/2009/3/78.htm

原始种、云南山茶的原生种，以及其他珍稀树种，是我国珍稀树种汇集的森林。在高黎贡山上，从青藏高原到中印半岛以及本地种属的动植物都可以见到，很多古老物种被保存下来，于是高黎贡山也就成为了中国云南这个世界的“动物王国”、“植物王国”中最巨大，也最宝贵的一片领土。拥有“雉鹊类的乐园”、“哺乳类动物祖先的发源地”、“东亚植物区系的摇篮”等称号。1986年，高黎贡山被列为国家级自然保护区，1992年高黎贡山国家级自然保护区被世界野生生物基金会列为A级全球最重要的自然保护区。2000年，联合国教科文组织把高黎贡山国家级自然保护区被正式批准接纳为世界生物圈保护区网络成员。①

3. 公路建设文化景观

(1)高填方建设标识

在K5+700附近高填方处，此处填方高达数十米，是路线上高填方的典型代表。标识上注明填方的技术数据及设计、施工基本情况。人工塑石，体量适中，高3米左右。阴刻文字，红色涂料填涂。

(2)香柏河大桥建设纪念碑

在K7+400附近，设置香柏河大桥建设纪念碑。书写“香柏河大桥”字样以及建设纪念事项，并雕刻于纪念碑体上。纪念事项包括大桥主要技术指标、技术特点、施工单位等。人工塑石，体量适中，高3米左右。阴刻文字，红色涂料填涂。

(3)龙江大桥观景平台

在K13+400附近，龙江大桥西端桥头，设置龙江大桥观景平台。由停车位、休息观景步道、景观石、绿化植物、石凳等构成。平台地面用龙江卵石铺装。树立龙江大桥建设纪念碑，书写建设纪念事项，并雕刻于纪念碑体上。纪念事项包括大桥主要技术指标、技术特点、施工单位等。人工塑石，体量稍大，高4.5米左右。阴刻文字，红色涂料填涂。

在大桥两端路旁树立龙江大桥标识，标识上书“龙江大桥”几个大字。标识体用人工塑石，高3米。阴刻文字，红色涂料填涂。

4. 邦腊掌温泉景观标识

在K10+100附近，连接邦腊掌温泉景区路口处，设置邦腊掌温泉景观标识，

① 资料来源：http://baike.baidu.com/view/88082.htm

展示温泉生态文化。在标识上刻写“奇水神汤,邦腊掌温泉”。人工塑石,体量适中,高 3 米左右。阴刻文字,红色涂料填涂。

绿化 K8+240、K12+160 处弃土场,种植景观植物,绿化环境,保护邦腊掌温泉生态景观的协调性。

5. 团田生态文化景观区

在 K15+000 附近,设置生态文化景观区。此处线路两侧,各有一圆弧形弃土场,一处在新线与村道之间,面积约 15000 平方米,称 A 区;另一处在新线左侧濒临团田水库,面积约 7500 平方米,称为 B 区。

A 区设为生态景观林绿化区,命名为“龙腾林”。在林地边树立“龙腾林”标识,展示生态文化。在标识上刻写“龙腾林”字样,人工塑石,体量适中,高 3 米左右。阴刻文字,红色涂料填涂。A 区路旁设置停车区。

B 区设为滨水观景平台,命名为“团田览胜”。景观平台形象标识、由停车位、休息区、观景步道、景观石、绿化植物、石座凳等构成。平台休息区及步道用腾冲火山石铺装。在标识上刻写“团田览胜”字样,人工塑石,体量适中,高 3 米左右。阴刻文字,红色涂料填涂(见图 7-3)。

图 7-3　团田生态文化景观区效果图

6. 翡翠文化展示景观区

在龙腾路腾冲县永乐止点 K58+700 附近,与止点“公路文化形象塑造景观”同处,设置翡翠文化景观区。景观区由停车位、休息平台、翡翠简介标识、景观石、植物、翡翠形象景观等构成。休息平台用腾冲火山石铺装。

(1)腾冲翡翠简介

在休息平台内置大型火山石造型,上书“翡翠腾越”及腾冲翡翠简介,阴刻文字,翠绿色涂料填涂。植物配景。火山石用密度较高的黑色原石。

(2)翡翠环景观

在休息平台内塑造翡翠环景观。用人工塑石构造,表面仿翡翠处理。翡翠环上书"中国翡翠第一城——腾冲"。用腾冲火山石做基座,植物配景。阴刻文字,红色涂料填涂。

第三节　文化建设与公路交通科学发展

现代公路交通科学发展阶段,文化建设是公路交通建设不可或缺的主题之一。公路是人类创造的产物,体现了人类社会的文明进步。从根本上说,公路是人类文化的重要遗产,是人类文明的显著标识。公路作为一种文化形态,是一种社会现象,是人们劳动创造形成的产物,同时又是一种历史现象,是社会历史的积淀物。公路文化是一个国家或民族的历史、地理、风土人情、传统习俗、生活方式、文学艺术、行为规范、思维方式、价值观念等在公路建设发展中的整合与显现。所以,公路交通建设科学发展与文化建设发展紧密相连。文化建设发展既是促进公路交通建设科学发展的内在要求,又展示公路交通建设科学发展的美好形象。

一、公路交通文化的内涵与特征

公路交通文化作为交通文化的重要组成部分领域,历史悠久,内涵丰富。从原始社会开始,交通便成为人类保证生存与发展的重要工具。"交通"一词在古代至少有三种含义,即人类"行"动之本能、互相通达之现象、社会交往之工具。现在我们所说的"交通",从一般意义上讲,是指连接城市、乡村和工矿基地之间,主要供汽车行驶并具备一定技术标准和设施的道路。中文所言的"公路"是近代说法,古文中并不存在。"公路"是以其公共交通道路的属性而得名。

世界公路历史,可追溯到公元前3000年。古埃及人为修建金字塔而建设的路,应是世界上最早的公路。中国自古有驿站驿路,但是第一条真正的公路是1906年铺设的广西龙州至镇南关的公路。新中国诞生后,公路交通得到了巨大发展,公路文化作为一种重要的文化种类也开展进入了一个新的发展阶段,公路文化的地位和作用日益彰显出来。

下面,以云南保龙高速公路为例,分析现代公路所彰显的丰厚文化,感受保龙高速公路在公路文化建设中所取得的巨大成就。

2010年8月12日,《中国财经报》发表了一篇题为《一条公路的文化穿越》

的文章，详细介绍了保龙高速公路在公路文化建设中取得的巨大成就。

雷同的人造绿化带，毫无创意的提示牌，如出一辙的道路，当国人驱车行驶在中国的高速公路上，留下的印象多数如此。然而，近日《中国财经报》记者前往云南采访的道路改变了记者对中国公路一成不变的印象。行驶在保龙高速公路上是一种文化享受——怒江大桥、木棉隧道、佛掌山临时停靠点——这条路最让人新奇的是文化因子在道路中的植入，令人对道路所承载的自然景观、历史文化、民族风情记忆深刻，并会盼望着再次经过此路。

K549 特大桥、户冲河 1 号隧道、临时停靠点，相信每个人仅仅看到这样的名字并不会知道途经何处，其实他们曾是怒江大桥（见图 7-4）、木棉隧道、佛掌山临时停靠点的名字。以数字和符号命名公路主要隧道、桥梁、休息处的方式在我国高速公路上并不鲜见，如果记住这些名字并能够一一对应，行者恐怕得有特殊的记忆力。

图 7-4　保龙高速公路怒江大桥观景点公路文化景观实景

保龙高速公路文化景观建设，对全线主要的隧道、桥梁等构筑物和临时停靠点均以具有鲜明地域特色历史文化及高黎贡山珍稀动植物命名，赋予公路构筑物生动的文化形象，让驾乘人员走过保龙高速公路，就能记住沿线的特色文化形态及珍稀动植物资源，感受沿线人文与自然资源的独特魅力。

保龙高速公路道路沿线地域包括了历史悠久的南丝绸之路文化、可歌可泣的滇缅抗战文化、多姿多彩的民族文化以及珍贵稀少的动植物资源，这是不可复制的。因此，在这条公路的修建中，保龙高速公路的建设者秉承了“文化景观与路、自然环境相互和谐，普适性和艺术性相互统一，经济性与品位性的有机结合，文化与路域旅游文化发展良性互动”的建设理念，大量植入路域文化内容，用安全、美观、环保的景观形式，赋予保龙高速公路全新丰富的文化内涵。

范家寨隧道被命名为杜鹃王隧道，因为高黎贡山的杜鹃王世界闻名。杜鹃王生长在千峰叠翠的高黎贡山半山腰，春天的时候，鲜红、粉红的花朵成团怒放，洋洋大观，被称为“云南植物王国尊贵的公主”。户冲河1号隧道命名为木棉隧道，户冲河3号隧道命名为秃杉隧道等等。用高黎贡山上的珍稀动植物名命名主要构筑物，不仅体现高黎贡山生态文化，给公路使用者以生态体验，同时，让公路使用者了解高黎贡山，珍爱高黎贡山，保护高黎贡山生态系统。

文化并非只高堂雄辩和卷帙浩繁，文化遍及人类活动的每一角落。一个小小的创意，一次小小的努力，都能创造出足以传承的财富。以往的公路工程，出于施工技术需要，通常用工程点所在地不知名的小村庄、小地名来命名公路构筑物，缺乏路域特色文化特征，体现不出整个工程所能承载的文化。保山市是东汉时的第二大郡——永昌，在悠久的历史长河中，积淀并形成了独特的永昌文化形态，将马家寨隧道更名为永昌隧道，顿显公路载体传承历史文化的高雅形象。

本书前部分已多次引述的保龙高速公路观景点（临时停靠点）文化景观，选择路域不同的文化内容，分设特色鲜明的主题文化景观，成为保龙高速公路文化建设的亮点。在蒲缥观景点，有展现“蒲缥人”原始生活场景雕塑及蒲缥历史文化等简介；佛掌山观景点，设置有佛经幢，刻写“佛掌山传说”，主要展示宗教文化；在怒江大桥桥头观景点，设置展示怒江风采，“听怒江涛声、观大桥雄姿”景观；在松山观景点，能让人们不自觉地停下来，仰望巍巍松山，追忆悲壮的滇西抗战。

潞江坝综合服务区集中展示路域特色鲜明的代表性文化。服务区规划了包括公路文化陈列馆、滇西抗战历史博物馆、民族民俗文化风情街、云南公路建设纪念塔、云南公路建设纪念馆等文化设施和文化景观。其中的公路文化陈列馆和云南公路建设纪念馆，展示从最古老的木桥、石桥、到怒江大桥，从南丝绸古道到保龙高速公路发展的历程和社会的变迁；修建滇缅公路、中印公路的感人故事以及昆玉路获得鲁班奖、思小高速公路被交通运输部授予示范路称号、小磨高速公路被交通运输部确定为典型设计示范工程、保龙高速公路建设艰难等都将被一一再现。另一个亮点是民族民俗文化风情街，多姿多彩的云南民族文化被集中展示，让行人感受云南民族风情，特别是傣族、傈僳族、布朗族等少数民族的民风民俗及历史。

为甘为铺路石的建设者树碑立传。保龙高速公路在 14 个标段临时停靠点设置每个参建单位的标识。内容包括:单位名称及 LOGO,本段工程特征及简介,其目的在于反映该单位参与怒水贡山筑通途的建设风采,形成保龙高速公路建设文化主线,积淀并传承公路建设文化,这个举措在全国道路修建中是非常罕见。这一举措,对公路建设文化创新发展将起到积极的推动作用(见图 7-5)。

图 7-5　保龙高速公路建设单位名碑文化景观实景图

保龙高速公路系统的文化景观建设,实现了公路的交通功能、文化传承功能与助推旅游发展功能的有机统一和良性互动,不仅提升了公路的文化品位,也助推了滇西旅游文化产业的发展,重铸了南方丝绸之路的文化辉煌。

二、文化建设丰富公路交通科学发展

文化对推动公路交通建设科学发展具有极其重要的作用。公路文化建设丰富了公路交通建设科学发展的内涵,为公路交通建设提供重要的价值取向、科学的思维方式、开拓的创新精神、人性化的理念和不竭的活力源泉。高度重视文化建设发展是公路交通建设科学发展的内在要求,是展现公路交通建设科学发展美好形象的重要途径。因此,在公路交通建设中应大力加强公路文化建设,通过深入挖掘公路文化宝藏,积极利用公路文化元素,切实发挥公路文化功能,充分彰显公路文化特色,不断增强公路文化底蕴,为实现公路交通的科学发展提供强大精神动力。

(一)公路文化建设研究主要内容

公路交通建设自身的系统性和路域经济社会的宽广性,路域文化的多样性,使得公路文化建设研究具有十分丰厚的内容。公路文化建设涉及与公路交通相

关的众多因素,关联整个公路文化建设与发展的对象。研究的主要内容有:

(1)公路交通文化建设的本体论分析研究,包括公路交通文化建设的内涵、公路交通文化建设的方法论、公路交通文化建设的重要作用等;

(2)公路交通文化建设结构形态分析研究,包括公路交通文化建设结构形态的内涵、公路交通文化建设结构形态的表征、公路交通文化建设结构形态的功能等;

(3)公路交通运输方式的文化因素分析研究,包括公路交通运输方式的文化属性、公路交通运输方式的文化设计、公路交通运输方式的文化实践等;

(4)公路交通设施建造的文化因素分析研究,包括公路交通设施的文化属性、公路交通设施的文化设计、公路交通设施的文化建造等;

(5)公路交通景观建设的文化因素分析研究,包括公路交通景观的文化属性、公路交通景观的文化规划、公路交通景观的文化规划实施等;

(6)公路交通运营优化管理的文化因素分析研究,包括公路交通运输优化管理的基本要求、公路交通运输优化管理的文化属性、公路交通运输优化管理的文化实践等;

(7)公路交通人员素质培养的文化因素分析研究,包括公路交通人员的文化属性、公路交通人员文化素质培养等;

(8)公路交通发展趋势的文化因素分析研究等,包括文化观念嬗变与现代公路交通发展、文化能力提升与现代公路交通发展、文化创造更新与现代公路交通发展、文化价值构造与现代公路交通发展、文化环境建设与现代公路交通发展。

公路文化建设主要应当按照公路交通文化建设发展活动规律,针对不同种类、不同层次、不同路域以及不同公路交通驾乘人员而开展的文化建设活动。路文化建设研究离不开"公路交通"这一特定领域,也离不开"文化"这一特定指向。因此,把握公路文化建设的内容与对象,应当本着点面结合、宽窄适度的科学精神,用系统的科学方法和发展的思路进行研究。

(二)公路文化建设研究的示例分析

下面就全国第一个现场公路文化馆"云南公路文化馆"建设中,开展的公路文化建设研究所取得的成效做一个简单介绍,从中我们可以在怎样把握公路交通文化研究内容的深广性、动态性、时代性、创新性等方面获得启发。

保龙高速公路潞江坝综合服务区建成全国第一个现场公路文化馆。"富饶美丽的潞江坝,人人见了人人夸……"被美妙歌声赞誉的潞江坝,南方丝绸之路从这里穿过,是滇缅公路、中印公路、320 国道上的重要交通节点。保龙高速公路的延伸及云南公路文化馆的建成,使这里再次焕发勃勃生机。

云南公路文化馆建在占地 380 亩的保龙高速公路潞江坝服务区,是公路文化建设创新的一项重要举措,是一颗镶嵌在潞江坝和保龙高速公路上的璀璨文化宝石。云南公路文化馆展览滇路历程,馆藏交通人文,融亚热带风光、少数民族风情、公路文化和滇西抗战文化为一体,是云南公路交通历史与现在、自然与人文、公路与文化的有机融合。

为了揭示云南交通发展历程,展示云南公路交通建设成就,弘扬云南交通人文精神,云南省公路建设有关单位,早在 2004 年就做出建设滇南公路绿色生态走廊和滇西公路文化走廊的战略部署,决定把地理位置特殊、区位优势特殊、文化底蕴深厚、自然资源独特的保龙高速公路潞江坝服务区建设成为集滇西抗战文化、云南公路交通文化、地域民族文化为一体的文化大观园,建设成为集优质驾乘服务、民族风情餐饮、特色水果专供及特色商品超市为一体的温馨大驿站,并在潞江坝大型综合服务区建设时重点建设好云南公路文化馆。

云南公路文化馆建设在内容上突出主题,完善辅助内容。主要体现在:以公路文化为主,路域其他文化为辅;以高速公路为主,农村公路为辅;以现代交通建设成就为主,交通发展历史为辅;高科技展示与传统展示相结合等。在功能作用上,强调了把公路文化馆建设成为交通文化展示平台、爱国主义教育基地和行业职业道德教育基地。

云南公路文化馆分为室内和室外两部分。室内和室外有机结合,形成了空间互为补充、相得益彰的展示效果。

室外,通过建成按比例缩小的惠通桥、滇西抗战文化墙、滇缅公路示意图,广场展示的石碾、推土机、军用吉普、坦克、军用十轮大卡车等滇西抗战历史文物,让人们在这些锈迹斑斑的历史文物中感悟修建滇缅公路和滇西抗战的悲壮与不朽(见图 7-6)。在展馆外阳台,摆放着袁滋为五尺道题词碑、霁虹桥碑、茶马古道碑、惠通桥碑、毛泽东和朱德题词碑、一丘田道班等 7 块云南交通名碑,向人们展示云南交通从秦修五尺道到现代公路的发展轨迹。

室内部分包括序、云南公路赋、云南公路交通变迁、云南三大国际通道、云南公路交通建设成就、云南公路交通"六个一百"、云南公路与经济社会宏图远景、云南公路通向未来等 8 个主题展区(见图 7-7)。

云南公路文化馆采用大量的现代先进技术手段,利用多种形式展示公路文化,生动有趣,体验性非常强。

图 7-6　云南公路文化馆室外展场展示的滇西抗战文物

图 7-7　潞江坝云南公路文化馆室内展厅

公路文化馆室内展厅采用现代数字科技手段与传统展示方式相结合，兼顾内容的吸引力与形式的互动性，系统展示云南公路交通的历史变迁及发展过程。布展充分考虑参观众者可读、可视、可记、可参与及艺术审美等需要，通过多台高流明高画质投影机拼接，结合高保真音箱系统和触摸查询控制系统共同组成大场景环幕。当参观者点击某条路相关标识，环幕立即播放与之对应的视频内容及配音，具有强烈的视听震撼。

参观者在感应书页前做挥手动作，书页会随挥手方向进行上下翻页，对应的屏幕上显示出书页上与交通建设相关的内容。参观者还可以通过感应书页上的查询控制系统，查询与交通相关更多内。其中，公路交通“六个一百”选择有历史影响的云南公路交通大事，云南公路交通 100 个有代表性的人物，如史迪威、梁金山、王锡光、徐以枋；云南公路交通 100 件重大事件：如云南第一条公路建成，云南有第一辆汽车，云南第一条高速公路、云南交通100件作品，如惠通桥、霁虹桥、功果桥、红河大桥、怒江大桥、牛栏江大桥、昆玉高速公路、思小高速公路、小磨高速公路、保龙高速公路等；云南公路交通100个感人故事，如吴汉赶山的传说，五跪桥的来历，公桥与私桥之争，桥痴陈宗海，梁金山与惠通桥，三乡造桥一场空，龚继成与继成桥，徐以枋与功果桥，段体才与霁虹善德桥，抗日功勋桥惠通桥，王锡光骑毛驴修路，无名妇女背着小孩、带着小孩修滇缅公路的故事等等；云南公路交通100个精彩一刻：选择在云南公路交通史上最精彩的场景，如炸掉惠通桥——历史在这里转弯的一刻；高黎贡山贯通——人类首次穿越高黎贡山成功的一刻；云南第一条公路建成通车——云南有自己的公路和汽车运输的一刻；少数民族欢呼通车——少数民族村通车的一刻等等。

互动体验区，通过虚拟仿真技术，让参观者模拟驾驶汽车驰骋在云南公路上，透过车窗来观看道路两边壮丽的自然景观，车内的导航屏幕还可实时显示相应道路名称、服务站点、附近民族村落、交通气象等相关信息。

纯虚拟3D沙盘、自动旋转展示装置结合幻影成像，采用全虚拟的大型数字沙盘结合全3D建模展示技术，利用高流明高画质投影机展示典型公路及大型构筑物如保龙高速公路、小磨高速公路、思小高速公路、怒江大桥、牛栏刚大桥等外貌和建设过程。

结合云南公路及相应景点分布设计界面，参观者可选择任意入口为起点，通过控制杆控制画面中的飞行标志，画面上方显示飞过的道路名，当飞到某一个民族聚居地或旅游景点上空时，嘴叼悬浮的彩球，画面演变为该地方的影像视频资料，并显示可采用的交通工具和导航路线。

控制屏上由若干条道路串起云南各个旅游景点的图片，参观者点击选择需要留影的景点后，系统会提示在指定区域拍照，自动合成景点留影，参观者还可在照片留言。最后可打印照片或将其转印在一些有特色的纪念品上留念。

在地面上设置云南建设规划中的七出省、四处境及南亚大通道所到之地，当观众踩在对应区域，画面显示各条道路的路网延伸线及相应的城市风貌及风土民情。

围绕公路交通开发的修路架桥、安全鸿沟、吟诗作对、看图识字等寓教于乐互动小游戏，可让参观者在参与互动中学习交通知识，感受云南交通的发展。

在出口处设置电子留言墙项目，游客可对云南公路文化馆参观感受，对云南公路交通建设、管理及营运提出建设性的意见与建议。

在潞江坝的服务区，可对话云南悠久厚重的公路交通历史，感受云南独具特色的公路交通文化，了解云南公路交通的建设发展成就，追忆滇缅抗战“血线”

建设的悲壮，铭记滇西抗战的历史功勋，体验交通带给我们的快乐，是今年“五一”在潞江坝服务区度假的每一个人的共同感受。

作为全国第一个现场公路文化馆“云南公路文化馆”的建设，具有开创性的重要意义，其所取得的显著成效，为公路交通文化建设提供了十分宝贵的经验。一是深刻把握了公路交通文化内容的深广性；二是深刻把握了公路交通文化内容的动态性；三是深刻把握了公路交通文化内容的时代性；四是深刻把握了公路交通文化内容的创新性。总之，无论是对于云南公路交通文化发展辉煌历史的系统展示，还是对于参观者感受云南公路交通文化发展的现场互动，都体现了公路交通文化内容的创新性特征。

三、公路交通设施建设与文化创新

公路交通设施是公路文化景观重要组成部分。公路交通设施的文化创新是在一定的文化创造原则引导下所进行的有目的、有计划的文化创造活动。从公路交通文化的角度分析，公路交通设施的文化因素主要体现在道路、桥梁、隧洞、轨道等公路交通运输主体设施以及其他附属设施的规划设计和建设管理中。要合理植入文化理念、交通人文精神，引入工程设施文化评价，实施营运管养文化行为。

公路交通设施建设文化创新要把握好以下几个关系：

（一）安全保证与线型美观相统一的和谐交通文化创新

将公路交通设施安全畅通保障与形态优美相统一，是公路交通设施建设的技术与审美结合的文化创新。

公路交通设施的造型美是能够产生直观愉悦的一种和谐的工程结构形象。从公路交通的功能分析，并结合人们使用公路交通设施的丰厚经验，都已充分证明：无论是对各类道路、桥梁、隧洞、轨道等公路交通运输主体设施的文化创新，还是对各类车站、货场、服务区、收费站点、加油加气站、人行天桥与人行地下通道等公路交通运输附属设施的文化创新，都要求公路交通设施在充分保障公路交通运行安全畅通的前提下，创造出优美的造型给人以视觉的愉悦。

公路交通设施的空间形象美或视觉形象美，是科学运用建造公路交通设施的物质材料，通过合理配置设施结构单元，并与其新颖别致的公路交通设施外观形成有机统一，从而在一定空间中塑造直观的和谐形象，展现公路交通设施的独特文化魅力，给人以丰富而悦目的美感。

公路交通设施的优美形态是给人以视觉愉悦的必备前提，而公路交通设施的安全畅通保障则是给人以通行便捷舒畅感的重要基础。把握公路交通设施的

文化创新塑立,绝不能离开公路交通设施的“安全畅通保障”和“形态优美”的两大基本要素。这两大要素的内在联系和相互促进,是公路交通设施的文化内容与形式的高度有机统一,也是公路交通设施文化创新思路的根本要求和必然选择。

(二)传统工艺与现代技术相结合的技术文化创新

在公路工程建设发展历程中,积累了大量的传统工艺,这些传统工艺是构成公路交通设施建设最基本和可行的技术基础。随着科学技术的进步,公路交通设施建设的技术水平也在不断提高。将传统工艺和现代技术相结合,利用电子化、信息化、网络化、数字化、集成化等先进技术手段和方法,搭建智能化公路交通设施建设平台和系统,创新公路交通设施建设技术文化。

随着人们社会生活的不断进步和发展,不仅对公路交通设施有利于保障公路交通运行安全畅通的实用价值有了越来越高的要求,而且对公路交通设施有利于满足精神愉悦的文化价值也有了越来越高的要求。因此,公路交通设施建造施工的传统工艺不改造、不更新、不发展,是决不能适应人们对公路交通设施的需求变化的。在传承公路交通设施建造施工的传统工艺技能时,不断注入现代科技创新活力,就能不断满足人们对公路交通设施的实用和文化需求。

(三)工程规范施工与环境保护协调美观的生态文化创新

公路交通建设与环境整洁美观相协调是至关重要的,提高工程规范与保持环境整洁美观是相互统一、相互促进的,而并非相互分割、相互对立的。公路交通设施建设工程规范施工与环境整洁美化相协调的文化创新思路,就是要一改长期存在的公路交通设施建设开肠破肚外科手术式的地摊作业方式,尽可能使场地整洁美观与环境协调。

工程规范施工,是工程质量保证的需要,环境保护的需要,也是改善工人劳动条件提高工作效率额的需要。工程规范施工,工作环境整洁,可让施工者保持健康的身体和舒畅的心态,在整洁美观的环境中达到提高工作质量和效率的目的。事实证明,公路交通设施建造施工环境如果能够尽量持续保持整洁美化,可以激发建造施工者愉快、高昂的情绪,有利于消除建造施工者的紧张情绪和身体疲劳。在公路交通设施建造施工人员和技术设备大体相同的情形之下,如果劳动环境和生产条件整洁、优美、适宜,劳动生产者的身体健康就会得到保障,使劳动生产者感到由衷的喜悦,劳动工作的积极性和创造性就会得到充分发挥;相反,如果公路交通设施建造施工环境和工作条件肮脏、杂乱、吵闹、丑陋,劳动生产者的身体健康就无法得到保障,劳动生产者的工作积极性和创造性就会受到无形的压抑、挫伤,极其不利于提高劳动生产的效率和质量。保持建造施工环境

的整洁美观，尽可能地保持建造施工环境的安静、整洁、优美，实质上就是保护环境尊重生态的文化精神的积淀，是生态文化在公路交通设施建设中的创新体现。

四、公路交通景观建设与文化创新

公路交通景观建设是公路文化创新的直接体现。现在我们所说的公路交通景观，已远远不是传统意义上简单的绿化景观和标志标识景观。公路交通景观是公路文化建设体系中组成部分之一，包括路域已有的自然和人文景观、规划设计建造的文化景观和绿化景观等所有路线范围的可视景观。

公路交通景观文化创新是公路建设者文化创新实践的一项特殊而重要的活动。其思路通常有以下几个方面：

(一)在保障公路交通安全畅通前提下充分展示景观优美形象

公路交通景观文化创新，要求公路交通景观在充分保障公路交通运行安全畅通的前提下，其造型能够给人以形态优美的视觉愉悦。公路交通景观的造型美是能够产生直观愉悦的、和谐的景观结构形象。公路交通景观的优美形态是给人以视觉愉悦的必备前提，而公路交通景观的安全畅通保障则是给人以通行便捷舒畅感的重要基础。

(二)有效促进人工景观与自然景观的协调相伴

公路交通景观的文化创新，应始终坚持有效促进人工景观与自然景观的协调相伴的思路，在两者之间寻找和谐相融的机制。公路交通景观的文化创新是在一定的文化意识和文化原则引导下进行的，不是单纯的技术构景。公路交通景观不全是纯自然景观，其中一部分是人的文化创新实践的体现，具有人工景观的特征。同时，公路交通景观又不能完全割断与自然景观的联系，不能完全脱离自然景观而成为纯人工景观。公路交通景观的文化创新中，应积极促进人工景观与自然景观的协调相伴，坚持“天人合一”的理念，以人与自然良性互动的生态文明作为公路交通景观文化创新的重要基础，促进公路交通景观环境与自然生态环境的协调相伴。

在公路交通景观文化创新中，要充分考虑自然生态环境因素。我们应该特别关注的生态对象主要有：

(1)动物：珍禽异兽、路域本土地方动物等；

(2)植物：树木、草原、花卉、苔藓等；

(3)地形和地貌：山峦、土塬、沙丘、梯田、奇石峭壁、峡谷、石林等；

(4)水体：江河、湖泊、海岸、沙滩、溪潭、水库、湿地、瀑布、涌泉等；

(5)天象：云、雾、雨、雪、风、日出、日落、朝霞、暮晖等。

在建设公路交通景观的过程中，还要将水坎、挡墙、电网、水网、路网，桥梁、涵洞、立交、出入口、护栏、道牙、分隔带、诱导栅、标牌、指示、通信、照明、铺地、台阶以及维护管理服务站所等与自然景观要素有机结合起来，形成公路交通设施与自然生态环境的和谐相伴。

（三）积极实现主体景观与附属景观的和谐相宜

主体景观与附属景观的和谐相宜，是构成景观文化特色的重要条件，是体现景观整体性的结构文化的基本要求。整体性的结构文化特色，主要是指通过系统的各结构要素有机联系、和谐相伴而形成的一种整体文化的属性。主要包括两个重要层面：一是特定对象的自身形象和形象体系的结构完整性所体现的文化特色；二是特定对象与其他对象即外部环境的协调完整性所体现出的文化特色。

遵循主体景观与附属景观相协调的文化创新思路，才能构造公路交通景观整体性的结构文化特色。公路交通景观整体性的结构文化特色，一方面主要是指通过各类道路景观、桥梁景观、隧洞景观、轨道景观与各类车站景观、货场景观、服务区景观、收费站点景观、加油加气站景观、人行天桥景观与人行地下通道景观以及公路交通人员通过相应的运输组织工作实现其运输功能的整体结构文化特色。另一方面则主要是从公路交通景观系统与经济社会其他系统的相关性来看，公路交通景观系统的结构文化特色与经济社会其他系统景观的结构文化特色也是处于一种多方面、多层次的有机联系之中。如从车站景观、货场景观、服务区景观、收费站点景观、加油加气站景观、人行天桥景观与人行地下通道景观等公路交通景观系统的整体性结构文化特色来看，就必须与经济社会系统其他景观如商场、宾馆、写字楼、社区环境、街道环境等景观相互协调，在多方面、多层次的有机相联中才能确保形成公路交通景观的整体性结构文化特色状态。

（四）充分体现现代科技与人文因素的互动整合

在现代公路交通的发展中，现代科技发挥了特殊而巨大的促进作用。现代公路交通景观建设大量运用了现代科学知识和高新技术手段。如在轨道景观的文化规划建设上，以机械定型所体现的整齐有序来展示轨道景观的文化形态。公路交通景观的文化创造中，大量运用现代建筑科学技术、现代节能科学技术、现代防污染科学技术、现代自动控制科学技术、现代喷涂装饰科学技术以及现代环境科学技术、现代管理科学技术等，体现出公路交通景观文化创造中较高的科技含量，可以明显看出现代科技在公路交通景观文化创造中的特殊而巨大的作用。

公路交通景观不仅是现代科技的结晶，同时也是社会人文因素的载体，是积淀社会人文历史的见证，是彰显社会人文精神的成果。因此，充分体现现代科技与人文因素的互动整合，应当成为公路交通景观文化创造的一项重要原则。无论是对公路交通通道设施景观系统的文化创造，还是对公路交通站场设施景观系统的文化创造，都应当高度重视将相关社会历史人文因素与公路交通景观进行有机结合，从而形成一种历史人文氛围深厚的公路交通景观之美。

（五）"武昆高速公路文化景观设计"项目研究

在保障公路交通安全畅通前提下，充分展示景观优美形象、有效促进人工景观与自然景观的协调相伴、积极实现主体景观与附属景观的和谐相宜、充分体现现代科技与人文因素的互动整合等方面，对公路交通景观建设与文化创新所做的积极探索。

武昆高速公路起于武定县城北，止于小屯互通立交，与昆明市二环快速系统相接，是国家西部开发通道兰州至磨憨公路云南境内的一段，也是国家高速公路网首都放射线"第五射线"北京至昆明的一段，连接中国西北、西南及南亚、东南亚各国，是云南通往四川省的两大通道之一。公路全长63.58公里，走向为南北向布局，全线采用双向四车道高速公路标准建设，其中武定至富民段约37.5公里，设计时速为80公里/小时，路基宽24.5米；富民至昆明段约26.1公里，设计时速为100公里/小时，路基宽26米。全线设特大桥4座，大中桥69座，小桥4座，涵洞95道，互通式立交4处，隧道4座。

武昆高速公路沿线路域特色文化丰富。武定狮子山是一个融自然景观和人文景观为一体的景区。狮子山景区自然景观丰富独特，以"雄、奇、险、秀"著称；佛教文化、牡丹文化、民族文化等多元文化共融，底蕴深厚；富民自然资源及人文资源丰富，被命名为"中国杨梅之乡"；由于地理位置优越，富民拥有"昆明北大门"、"川西门户"的称号。富民还有以小水井苗族农民合唱团为代表的民族文化，以廖新学、严家训为代表的历史名人文化，以九峰山、万佛山为代表的宗教文化，以茶马古道、滇北锁钥为代表的历史地理文化。

1. 武昆高速公路文化景观设计的总体思路

武昆高速公路确立"优质安全、廉洁奉献、务实高效、共建和谐"的建设管理理念，并在这一理念指导下实施武昆高速公路文化景观规划设计和建设营造。规划设计做到三个落实：一是认真把武昆高速公路文化景观建设的有关部署和要求逐项落实到规划设计全过程；二是认真落实"文化内容特色化，景观建设经济化"的建设思路；三是认真落实"道路、自然环境、文化景观、工程及运营安全统筹协调"的指导思想。

2. 武昆高速公路文化景观建设内容和布局

武昆高速公路文化景观设计内容包括主题形象及分段形象展示设计、服务区文化建设内容及景观设计、隧道文化命名及展示设计、桥梁文化命名及桥名景观展示设计、旅游文化标识标牌展示设计、二标抗滑桩板墙文化景观设计。把云南公路交通"路畅人和"服务品牌摆在首要位置,适当把沿线区域的历史文化、民族民俗文化、古滇文化、地域文化植入景观予以体现。鉴于武昆高速公路没有停车观景点,只有一个服务区,因此将文化景观建设的重点放在富民服务区。服务区文化景观设计重点体现滇西公路交通文化及云南"路畅人和"服务文化品牌,适当体现路域历史文化。同时,服务区文化墙设置与服务区总体布局有机结合,不影响服务区基本功能。把地域特色文化融入隧道文化景观建设,同时与周围环境和谐相融。采用艺术方式进行桥名展示,同时在沿线标识标牌中融入地域特色文化。

3. 武昆高速公路文化景观设计原则

武昆高速公路文化景观设计必须坚持以保证工程安全和后期营运安全为前提,积极促进交通畅通。鉴于路域生态环境脆弱,要坚持生态化施工,重视沿线生态环境保护,加强对生态的恢复。要力求人文景观与自然景观的和谐相融。通过充分挖掘和提炼路域特色文化因子,将文化有机植入景观之中,传承路域特色文化,提升公路的文化品位。通过"新技术、新材料、新工艺"的应用,采取因地制宜、就地取材等举措,尽可能减少文化景观建设的工程投资,降低建设成本。在文化景观建设中,充分尊重地域特性和民族民俗文化特色,艺术展示和传承地域特色文化、民族民俗文化,切实发挥武昆高速公路文化景观建设对沿线地域文化旅游产业发展的助推与促进作用。

4. 武昆高速公路文化景观序列结构

从以下 3 个方面进行文化因子的提炼总结,并通过文化景观的建设,展示与传承路域特色文化。一是公路交通文化,包含茶马古道文化、武昆高速公路建设文化、云南省公路开发投资有限责任公司企业文化;二是地域历史文化,包含武定段的罗婺流芳、富民段的滇北锁钥、昆明段的春城彩练;三是民族民俗文化,武昆高速公路沿线民族众多,有彝族、苗族、回族等少数民族,在相应文化段提取当地独特的民族民俗文化元素融入武昆高速公路相关景观设计中。

在起点和终点设置景观展示主题形象,也可在收费站电子显示屏上滚动显示主题形象文字。在各文化主题段的立交区,以不同的艺术表现方式,分别展示"罗婺流芳"、"滇北锁钥"、"春城彩练"3 个分段形象(见图 7-8,图 7-9)。

图 7-8　武昆高速公路主题文化景观效果图

图 7-9　武昆高速公路边坡挡墙文化景观效果图

武昆高速公路只有一个服务区(富民服务区),它不仅是提供服务的重要窗口,展示交通运输行业形象的重要窗口,还是展示和传承文化最重要的平台和载体,因此,在服务区规划设计时,将认真落实"总体布局园林化、功能设置完整化、服务设施人性化、设施建设环保化、文化展示艺术化"的总体要求,提升服务区的文化品位,拓展服务区的综合服务功能。

文化景观建设主要内容有:通过武昆高速公路文化墙展示沿线地域历史文化、民族民俗文化、公路建设企业文化、武昆高速公路建设文化;在标识标牌及景石上展示公路建设企业文化及地域特色文化;根据不同文化主题段的文化特色,

对4个隧道进行文化景观的打造，适当融入当地特色文化元素。

武昆高速公路服务区不仅考虑到实用功能，而且也考虑到与文化景观的有机结合。在富民服务区设计设置文化墙，正面用浮雕方式艺术展示从古到今当地道路的变化过程，展示原始道路(富民茶马古道)到昆绿二级公路到现代高速公路的历史变迁(见图7-10)。

图7-10 武昆高速公路富民服务区文化景观效果图

第四节 文化景观建设启示

一、提高对公路文化景观建设的认识

(一)公路文化景观建设要具有全局的思想

要具有"修建一条文化公路，建设一条文化走廊，形成一条经济枢纽带，带动一片旅游文化产业发展，培养一批公路建设人才，打造一个知名公路品牌"的全局思想，并且将其贯穿到公路文化景观建设的全过程，在公路的规划设计阶段就要同步进行文化文化景观建设的规划设计，并在建设阶段同步实施。

(二)公路文化景观建设要更新传统观念

转变传统的公路建设观念，树立"公路既要满足传统意义上的通达、通畅、安全功能，也应具有展示、传承沿线地域特色文化，助推旅游文化产业发展功能，同时还需要具有带动一片发展，富裕一方经济，造福一方百姓的经济社会发展功能"的全新理念，通过建设理念的更新，努力建设"满足交通功能，具有地域特色，符合发展需求，自然生态和谐，具有文化品位，有利于促进经济社会发展，有利于造福沿线人民群众"的现代文化公路。

（三）公路文化景观建设要有精品意识

建设高品质公路，首先要通过科技创新，提高公路建设的质量；其次要注重系统文化建设，提升公路文化品位。通过建设品质的提高，文化品位的提升，把公路打造成安全舒适的公路之行，全新惬意的文化之旅，沿线人民的致富之路。力争每一条新建公路，都能成为科技含量较高，地域特色鲜明，驾乘人员满意，沿线百姓称道，社会各界认可的知名品牌。

二、弘扬主流文化，精心规划设计

公路文化景观建设必须首先立足科学规划设计，坚持“以人为本”、弘扬主流文化的理念，将公路文化景观建设提高到构建和谐交通、文化交通、生态交通的高度，充分认识其在传递优秀文化正能量上的不可替代的重要作用。

公路文化景观在科学规划设计方面，重点要关注以下几个方面问题：

（一）弘扬主流优秀文化

正确把握文化内容思想性，弘扬主流优秀文化，展示路域代表性特色文化。

文化是一个十分丰富和复杂的系统，历经长时间积淀、传承，呈现出不同的形态和个性。特别是路域传统文化，难免良莠混杂，雅俗同脉，需要设计者认真甄别，精心筛选，提炼出蕴含正能量的优秀文化元素，用于公路文化景观设计。

公路文化景观的文化内容，还应该符合时代发展方向，推陈出新，赋予传统文化崭新的时代魅力。如生态文明建设是当今经济社会发展面临的重要课题，而公路建设又存在破坏生态环境现象，这为公路文化景观传递生态文明建设思想，打造生态文化景观，提供了空间。通过生态文化景观，形象宣传公路与人、自然环境的和谐关系，促进公路交通可持续发展；宣传生态环境的保护和治理，推进生态公路建设。

（二）以人为本，精心规划设计和营建管理

在公路文化景观规划设计、营建和管理中体现以人为本的理念，精心实施各个环节的工作。以人为本是人本主义思想的一个范畴。人本主义思想基于人性的发展需要，不同时期、不同国度和不同群体由于人性价值观的差异，对其理解、解释也不尽相同。当今中国“以人为本”体现在公路交通领域，就是要把握公路交通为民、便民、富民的根本目的。公路文化景观建设不是简单地为公路“搽脂抹粉”、“梳妆打扮”，不是单纯地张扬路域的“文化形象”。提升路域经济社会竞争力，提高路域居民文化素质，增强路域人民自信心，激励路域人民创新发展，以及推进路域生态文明建设和旅游文化事业发展，是公路文化景观建设的根基所在。

以人文本在公路文化景观建设中还体现在规划设计、营建管理等各个环节，从技术层面到管理层面的“以民为本”的务实理念的实现。公路文化景观建设是一种艺术创作活动，要遵循艺术创作的基本规律，展现创作个性和作品艺术魅力。但是，公路文化景观建设不同于艺术家的个体创作活动，它的机制、标准、过程、工艺、手法和作品产生的影响等，都有别于“个人作品”。所以，在公路文化景观在设计规划、营建管理各个环节，要把握好自身特点和要求，立足于面向大众、面向社会这一基础，打造为普通百姓所接受和喜爱的文化景观。

三、公路文化与和谐交通建设结合

和谐交通一般是指各交通主体之间、交通主体与客体、交通子系统与社会大系统、交通与自然等诸要素之间的融洽互动与协调发展。通俗地讲，和谐交通就是安全、便捷、高效、舒适、以人为本、资源节约、环境友好型的交通。和谐交通主要体现在交通功能的正常实现、与生态环境友好共融、文化品质优良和便民富民助推经济社会发展等方面。

(一)从与生态环境友好共融这一点看，和谐交通倡导的是绿色交通理念

公路文化景观建设把发展公路交通与绿色生态经济紧密结合起来。关于绿色通道建设的基本思想和目标，在《国务院关于进一步推进绿色通道建设的通知》中指出：“绿色通道建设是一项社会性公益事业，应动员全社会和全民参与这项工作，鼓动国家、部门、集体、个人一起上，实行谁绿化谁所有，谁投资谁受益，谁经营谁得利，充分调动各方面建设绿色通道的积极性。要坚持遵循客观规律，科学规划、合理布局，宜林则林，宜草则草，适地适树(草)。”全国绿化委员会、林业部、交通部、铁道部《关于在全国范围内大力开展绿色通道工程建设的通知》中提出：“从实际出发进行绿色通道工程建设，要求乔、灌、花草结合，绿化美化、香化结合，生态、社会、经济效益结合。努力实现通道沿线林木连线(岭)成网(片)，花果飘香，空气清新，环境优美，力争每一条绿色通道都坚持绿化线、风景线、致富线。建立一批各具特色、规模不等的果园、茶园、桑园、竹园、药园。”公路文化景观建设要把握好政策动向，利用公路用地为展现路域文化、经济、社会等发展成就和蓝图，助推路域绿色生态经济发展和百姓致富营造氛围。

公路文化景观与绿色生态环境协调融合，既是生态环境保护的需要，也是公路文化景观自身的需要。离开了公路绿色生态背景，文化景观将十分苍白和孤独。传递绿色经济发展理念，向老百姓宣传可持续发展的重要性，是公路文化景观在绿色交通文化方面展示的元素和内容。通过绿色生态交通文化内容的展

示，推动绿色经济发展，把公路建成致富交通线。为社会奉献畅、洁、绿、美的公路交通环境和公路文化窗口。

（二）文化景观赋予和谐交通美的形态和高尚的品质

从审美的角度看，和谐交通是一种美的交通形态。和谐之美在于平衡、均衡、协调和律动，在于独立、包容、多样和融洽。和谐交通让人便捷通达目的地，和谐交通让人舒适安全享受出行快乐，和谐交通引导人融入自然净化心灵。在和谐交通建设中，公路文化景观可以使其价值取向形象生动地为百姓感受，用美的形象展现在路途，刻画于人心。

对传统公路交通的记忆，是颠簸、振动和噪声，是弥天扬尘和飞溅泥浆，是对青山开肠破肚，是对绿水阻塞污染。和谐交通倡导的是高品质的公路设施与高品位的文化景观交相辉映，是安全快捷地抵达目的地和舒适轻松的旅行过程。驾乘人员在平坦的公路上旅行，不时可观赏公路文化景观，了解路域文化，感受文化景观与绿色生态环境融合的氛围，调节旅途心情，增进文化修养，获取旅游信息，使旅行变成生态之旅、文化之旅，尽享和谐交通建设成果。文化景观在现代人性化公路交通建设中，改变了传统公路交通留给人们的不良记忆，赋予了和谐交通美的形态和高尚的品质。

（三）公路文化景观建设需要有一支高素质的职工队伍作保证

和谐交通公路文化景观建设需要一支高素质的队伍，以保证在规划设计、建设管理等各个环节的质量。没有高素质的人才队伍，就难以做出高质量的产品。在公路职工队伍建设中，研究制定公路职工队伍文化建设指导意见，确定目标，提出要求，落实措施；要增加交通文化教育内容，培训传授公路文化景观建设知识，提高职工公路文化景观建设和管护技术水平；重视公路文化景观建设领军人才培养，通过岗位轮训、交流学习和景观营建实践等方式，培养一批既懂公路设施建设，又懂文化景观建设的规划设计人才、管理人才、技术能手和能工巧匠。

四、因地制宜，多样统一

（一）紧扣依托工程，因地制宜

紧扣依托工程，因地制宜营建文化景观，主要把握以下几点：

（1）利用弃场。利用公路红线范围内施工废弃场地设置文化景观，减少景观建设新增用地。

（2）就地取材。充分利用路域本地石材、木材等资源，进行合理改造加工，创造丰富多彩的景观物。

(3)借景造型。巧妙利用路域生态环境景观物作为文化景观借景，组合成协调共融的景观体系。

(4)变废为宝。根据需要，利用依托工程建设废弃物构筑文化景观建设场地、平台和配套环境，变废为宝，降低成本，保护环境。

(二)形式多样，避免千篇一律

文化景观建设要形式多样，风格鲜明，避免千篇一律。笔者在走访多处高等级公路文化景观建设现场时发现，一些公路文化景观缺少文化内涵，少有艺术创造，造型粗糙，布局不合理，出现简单造景的倾向。有的公路文化景观给人的印象是强加在路线上堆砌物，适得其反，成为"视觉垃圾"。

文化景观营建不当主要表现在以下这些现象：

(1)大量使用景观石造景，堆砌石料；

(2)追求景观数量多，景观点间隔距离太短；

(3)盲目构架超大型景观；

(4)景观主体置放位置不当；

(5)植物绿化配置不当；

(6)文字景观过多；

(7)后期维护保养困难；

(8)图案或造型复杂，无法动态观赏。

文化景观营建多样性，是景观性质本身的要求，包含的是艺术创作成果。多样性不仅要求作品内容的多样丰富，也要求植入的文化元素、文化信息的丰富；多样性还体现在景观作品形式多样、造型多样和材料多样等方面。

五、控制数量，适度建设文化景观

形象地说，公路文化景观建设属于锦上添花工程，公路设施建设与环境保护是基础和主体，处于绝对首要位置，不能本末倒置。

(一)适度建设公路文化景观

保护路域原生态是公路文化景观建设的前提。从工程量的角度看，建设工程量越小，对生态环境的影响越小，对生态系统的破坏也越小。公路文化景观建设应适度，在规划设计时，从严控制景观序列密度，调整景点布局节奏，使景观序列呈现舒缓平稳的结构状态。适度的文化景观序列，可有效地控制景观建设工程量，减少对环境的负面影响，减少后期管理维护成本及其过程对环境的再次影响。

同时，在设计公路文化景观序列时，要根据路线生态状态分布情况，灵活调整序列布局。景观序列布局是整个公路文化景观“牵牛鼻子”环节,设计上的失度,会直接造成建设施工产生失控后果。文化景观序列布局,不是简单地几何均分路段配置景观点,而是要通过现场踏勘掌握路域生态系统具体特征后,避开生态薄弱点,合理构架景观序列。有关问题在本书第三章已有详细分析。

(二)文化景观服从交通安全需要

适度控制公路文化景观建设规模,调适景观序列密度,也是公路交通安全的要求和需要。“公路文化长廊”绝非城市园林般的连续性景观带,它的主题构架是以公路路线为纽带,分点分区置景。交通以安全为第一目标,所有公路构筑物及其辅助设施的功能都以实现最大限度的安全保障为首要,包括公路文化景观。

参 考 文 献

[1] 王新华.公路文化[M].人民交通出版社,2008.
[2] 刘文杰.路文化[M].人民交通出版社,2008.
[3] 任明英.道路运输文化[M].人民交通出版社,2008.
[4] 包铭新.丝绸之路·设计与文化[M].东华大学出版社,2008.
[5] 都大明、金守郡.中国旅游文化[M].上海交通大学出版社,2008.
[6] 于乃昌.西藏审美文化[M].西藏人民出版社,1999.
[7] 杨嘉铭、赵心愚,等.西藏建筑的历史文化[M].青海人民出版社,2003.
[8] 陈立明、曹晓燕.西藏民俗文化[M].中国藏学出版社,2003.
[9] 张晓明.素描西藏:地域·生活·文化[M].鹭江出版社,2004.
[10] 琼那·诺布旺典.唐卡中的西藏史[M].陕西师范大学出版社,2007.06.
[11] 张鹰.西藏服饰[M].上海人民出版社,2009.
[12] 廖东凡.漫游西藏[M].西藏人民出版社,2006.
[13] 蒋华春、余筱菁.丽水公路文化建设之思考[J].求实,2008.02.
[14] 马立军.推进公路文化建设的思考[J].交通企业管理,2007.11.
[15] 韩立祥.新时期“路文化”的几点思考[J].研究与实践,2006.2.
[16] 王文朝、雷蕾.浅谈如何加强公路文化的建设[J].科技创新导报,2009.6.
[17] 李斌.公路文化发展趋势及应对措施[J].河南科技,2009.1.
[18] 刘勤生.民族地区公路文化建设的思考[J].发展,2008.11.
[19] 王辉.有效传播和延续公路文化[J].中国公路,2007.18.
[20] 曹集林.用科学发展观建设公路文化[J].中国公路,2004.15.
[21] 丁文魁.风景名胜研究[M].上海同济大学出版社,1987.

后　记

2011年立项的交通运输部西部交通建设科技项目《拉萨至贡嘎机场专用公路建设关键技术研究》(合同号:2011 318 354 640),由四个子课题组成,《公路与文化、环境景观融合设计研究》是其中之一。本书作为该子课题的成果形式之一,在课题研究成果的基础上,系统论述了公路文化景观建设实践与理论关键问题。

公路文化景观建设作为公路交通文化建设的重要内容,具有十分鲜明的实践特点,也是现代公路建设涉及多学科、多技术的跨领域的系统工程。课题研究在总结云南省保龙、保腾、大丽高速公路系统文化建设经验的基础上,对拉萨至贡嘎机场专用公路与文化、环境景观融合建设关键技术进行攻关研究。云南省公路文化景观建设起步较早,积累了丰富的实践经验,渐成体系。因此,本书较多引用了云南省公路文化景观建设示例,意在通过比较研究,更加全面地审视公路文化建设诸多实践和理论问题,探寻我国公路文化景观建设的规律,为今后更多公路的文化景观建设理论研究与工程实践做些有益的铺垫。

《公路与文化、环境景观融合设计研究》取得了多项创新成果。提炼出了西藏机场专用公路可展示的特色文化因子和文化主题,提出了西藏机场专用公路文化建设总体方案;提出了系统展示和传承文化的技术方案,提出了特色文化因子在机场专用公路构筑物及附属交通设施应用的技术方案,并进行了艺术设计;编制了文化与环境景观融合的建设方案,并完成了相关文化景观的设计图;设计了拉贡机场专用公路LOGO,提供了其系统应用方案。这些成果不仅对拉萨至贡嘎机场专用公路建设减少沿线自然环境、人文景观的破坏,对路线公路文化景观建设设计和施工具有直接的指导作用,同时,彰显了西藏浓郁特色文化,提升了公路文化品位,塑造了西藏窗口形象。这些成果为进一步的理论探索贡献了鲜活的素材,也为本书的编著奠定了坚实的技术基础。

作者期盼,以抛砖之作,与致力于公路文化建设的专家、学者和工程技术人员交流,关注我国公路文化建设,共图公路文化品质的整体提升。

在编著过程中,得到了西藏自治区交通运输厅、西藏自治区交通厅重点公路建设项目管理中心的大力支持,得到项目合作单位长安大学、中交公路规划设计院有限公司、交通运输部公路科学研究院、西藏自治区交通公路勘察规划设计院、西藏天路股份有限公司等相关专家的通力合作。尤其是西藏自治区交通厅重点公路建设项目管理中心,在本书编著的前期调研、资料收集和内容审核等方面,给予了热情关怀和悉心指导,并提供诸多工作上的方便。云南省公路投资开发有限公司、云南大丽高速公路建设指挥部也对写作前期资料收集提供支持。重庆交通大学陈开明副教授、张颖淳副教授和林江、苏伯洪老师,在资料整理、文稿校对等方面,给予友情帮助。在本书编著过程中,还参考了大量相关著作和文献资料,引用了一些案例。在此,作者一并致以诚挚的谢意!

由于作者对公路文化景观建设理论问题认识不够深刻,水平有限,书中难免有疏漏、错误之处,敬请读者谅解,并真诚欢迎指正。

作者于 2014 年 9 月